KLARTEXT

Jürgen Funke

SauerlandKOMPAKT

Der Sauerland-Erlebnisführer

DANKSAGUNG

Der Autor bedankt sich herzlich bei allen Personen und Institutionen, die ihm mit Rat und Tat zur Seite gestanden haben, vor allem bei den Tourismusbüros der 38 vorgestellten Kommunen. Besonderer Dank gilt auch dem Pressesprecher von Sauerland-Tourismus e.V., Herrn Rouven Soyka, der die Texte gelesen und wertvolle Tipps gegeben hat.

IMPRESSUM

1. Auflage Mai 2021

Umschlagfoto: Hans Blossey
Umschlaggestaltung: Ina Zimmermann
Layout und Satz: Bettina Steinacker
Druck und Bindung: Multiprint GmbH, Kostinbrod 2230, Slavianska Str. 10 A, Bulgarien
© Klartext Verlag, Essen 2021
Alle Rechte vorbehalten
ISBN 978-3-8375-2317-1
www.klartext-verlag.de

 **KLARTEXT**   Jakob Funke Medien Beteiligungs GmbH & Co. KG
Jakob-Funke-Platz 1, 45127 Essen
info.klartext@funkemedien.de
www.klartext-verlag.de

INHALT

INDUSTRIEKULTUR

SPORT

NATUR & ERHOLUNG

SEEN & FREIZEITREGIONEN

FESTE & EVENTS

ANHANG

VORWORT

SauerlandKOMPAKT – das ist der umfassende Überblick: Die Erlebnislandschaft Sauerland mit allen Daten und Fakten zur Natur, Geschichte, Industrie, Kultur und Freizeitgestaltung.

SauerlandKOMPAKT ist die Beschreibung einer Region, die mit ihren vielseitigen Landschaftsbildern, ihren renaturierten Bach- und Flussläufen, ihrer unterschiedlichen Höhenlage von 106 Metern (bei Iserlohn) bis über 843 Metern (der Langenberg) von einer Vielseitigkeit ist, wie wir sie nicht oft in Nordrhein-Westfalen und nördlich der Mainlinie finden. Die sauberen Flüsse und Stauseen sind nicht nur Markenzeichen für eine besuchenswerte Region, sondern dienen auch der Wasserversorgung des größten Industriegebietes in Deutschland, des Ruhrgebietes. Doch durch den Klimawandel ist vieles im Prozess der Veränderung: Die trockenen, heißen Sommer und die niederschlagsärmeren, milderen Winter der letzten Jahre verlangen von den Forstleuten und Tourismusmanagern Antworten auf weitreichende Probleme. Der Wald der Zukunft im Sauerland wird sich verändern.

SauerlandKOMPAKT stellt die Geschichte(n) des Sauerlandes dar. Sie sind bis heute überall spürbar. Historische Altstädte mit gepflegten Residenzen, Rat- und Bürgerhäusern, Burgen, Schlössern, Adelssitzen, Stadttoren, -türmen, -mauern oder mystischen Ruinen zeugen von einer stolzen, mitunter kriegerischen Vergangenheit. Da ist auf der einen Seite das katholisch geprägte, Kurkölnische Sauerland, in dem lange Zeit die Kölner Fürstbischöfe das Sagen hatten, auf der anderen Seite das protestantisch geprägte, Märkische Sauerland, in dem sehr früh durch Eisenerzgewinnung und –verhüttung eine florierende Industrie entstand. SauerlandKompakt beleuchtet die Industrialisierung des Sauerlandes. Sie hing stark von der Eisenerzgewinnung und von seinen Fluss- und Bachläufen ab, an denen die ersten Betriebe entstanden. Die mit viel Tüftelei und Erfindungsreichtum genutzte Wasserkraft ermöglichte den Betrieb von Holzschleifereien, Sägewerken, Korn-, Öl- und Knochenmühlen und besonders erfolgreich von Hammerwerken, in denen mit Hilfe von Holzkohle, die aus den nahen Wäldern stammte, Eisen geschmolzen und verarbeitet wurde. Heute stehen viele, vorbildlich restaurierte Wasserkraftwerke unter Denkmalschutz und können besichtigt werden. Sie bilden ein Markenzeichen für die industrielle Entwicklung des Sauerlandes. Hinzu kommt ein hohes Maß an individuellem Erfindungsreichtum: Aus der Tüftelei der Urgroßväter in ihren Scheunen und Garagen entstanden im

Verlauf der Jahrzehnte oft bedeutende Industriebetriebe. Eine hohe wirtschaftliche Bedeutung hat in einigen Regionen der Tourismus, der viele Arbeitsplätze sichert. Dies betrifft besonders das Hochsauerland.

SauerlandKOMPAKT beschreibt die kulturellen Besonderheiten der Region. Dass die Sauerländer stur und verschlossen sind, ist ein längst überholtes Vorurteil. Sogar in kleineren Kommunen gibt es Kulturinitiativen, die oftmals auf ehrenamtlicher Basis für ein buntes Angebot an eigenen Inszenierungen, Konzerten, Vorträgen, Kabarettabenden, Filmvorführungen und Diskussionsveranstaltungen sorgen. Größere Städte ermöglichen in ihren Theatersälen deutschlandweit gastierenden Theatergruppen mit namhaften Akteuren und Regisseuren unterhaltsame Auftritte. In Hallenberg und im Arnsberger Ortsteil Herdringen sind viele Familien – oft seit Jahrzehnten – an den Inszenierungen auf den Freilichtbühnen beteiligt. Zum kulturellen Angebot zählen ebenso die zahlreichen größeren und kleinen Museen in den Kommunen des Sauerlandes. Hervorzuheben ist die Phänomenta in Lüdenscheid: In diesem ersten Wissenschaftszentrum für Kinder in Nordrhein-Westfalen können Jung und Alt mit allen Sinnen experimentieren und forschen.

SauerlandKOMPAKT gibt viele Tipps für die Freizeitgestaltung im Sauerland, die wesentlich geprägt ist durch die abwechslungsreiche Landschaft. Wandern war schon immer populär und hat durch die professionelle Vermarktung der Fernwanderwege Rothaarsteig, Sauerland-Höhenflug und Sauerland-Waldroute enorm an Bedeutung gewonnen. Hinzugekommen ist in den letzten Jahren das Mountainbiken. Auf rasanten Abfahrten steuern die jugendlichen Radfahrer in den Trail- und Bikeparks gen Tal. Mit dem Rennrad werden auf langen Strecken Höhenmeter „gesammelt". Die ältere Generation bevorzugt gemütlichere Radtouren mit dem Tourenrad oder dem E-Bike, gern auch auf ehemaligen Bahntrassen.

Jürgen Funke

Marktplatz in Brilon

STÄDTE

DAS SAUERLAND

Das Sauerland ist ein Mittelgebirgsregion in Westfalen, dessen Grenzen nicht eindeutig geklärt sind. Die Kernregion befindet sich im Hochsauerlandkreis, im Kreis Olpe und im Märkischen Kreis. Aber auch ein Teil des Kreises Soest, allen voran Warstein, Rüthen und Möhnesee, legen Wert auf ihre Zugehörigkeit zum Sauerland. Willingen im hessischen Upland gehört ebenfalls zum Sauerland. Der höchste Berg von NRW ist nicht – wie oft vermutet – der Kahle Asten bei Winterberg (841,9 Meter), sondern mit 843,2 Meter der Langenberg bei Niedersfeld, nur wenige Meter von der Grenze zu Hessen entfernt. Er ist jedoch nicht so frei zugänglich wie der Kahle Asten. Bad Berleburg im Kreis Siegen-Wittgenstein hat ebenfalls viele Berührungspunkte mit dem Sauerland.

Der Name Sauerland stammt vermutlich von „Süderland" her, weil die Region südlich der bedeutenden westfälischen Hansestädte Dortmund, Münster und Soest lag.

Die wichtigsten Flüsse sind die Ruhr, die bei Winterberg entspringt, die Lenne mit ihrer Quelle am Kahlen Asten sowie die Möhne, die Sorpe, die Bigge, die Lister und einige mehr. Die nordsüdliche Wasserscheide verläuft über den Langenberg: Westlich fließt alles Wasser, zumeist über die Ruhr, in den Rhein, östlich wird, vor allem durch die Diemel, die Weser gespeist.

Ein eindeutiges Zentrum für das Sauerland gibt es weder politisch noch wirtschaftlich. Arnsberg ist zwar Sitz der Bezirksregierung, deren Grenzen bis weit ins Ruhrgebiet reichen. Es wurde bei der kommunalen Neugliederung 1975 jedoch nicht Kreisstadt. Dies ist Meschede. Die meisten Einwohner des Sauerlandes kann Iserlohn (rund 94.000) im Märkischen Kreis aufweisen; gefolgt von Arnsberg (74.000) und Lüdenscheid (73.000).

Die überdurchschnittlich hohe Wirtschaftskraft der Regionen im Sauerland wird allgemein unterschätzt. Man verbindet den Begriff Sauerland vielfach eher mit Wald, Natur und Freizeit. Der Anteil an Beschäftigten in der Industrie ist in Südwestfalen besonders groß. Es gibt mehrere international erfolgreiche Firmen, die sogar Weltmarktführer mit ihren Produkten sind. Zulieferbetriebe der Automobilindustrie, der Elektrotechnik sowie des Werkzeugbaus und Aluminium verarbeitende Industrie prägen insbesondere den Märkischen Kreis und den Kreis Olpe. Die Leuchtenindustrie ist traditionell im Raum Arnsberg, Iserlohn und Lüdenscheid verankert.

Willinger Viadukt

Der Tourismus hat sich in den letzten Jahrzehnten zu einem bedeutenden Wirtschaftszweig entwickelt. Viele Orte mit besonders reizvollen historischen Altstädten werden durch Tagesgäste belebt. Individuell anreisende Urlauber und Gäste schätzen die vielfältigen Möglichkeiten, sich in der Natur aufzuhalten. Während der Wintersport angesichts des Klimawandels durch den Mangel an natürlichem Schnee in weiten Teilen des Sauerlandes beeinträchtigt wird, hat für die Urlauber, die im Frühjahr, Sommer und Herbst bei Wanderungen oder mit dem Fahrrad das Sauerland erkunden wollen, die Zahl an reizvollen Strecken ständig zugenommen.

Die Erreichbarkeit der sauerländischen Kerngebiete konnte für Urlauber, die mit dem eigenen Pkw anreisen, im Norden deutlich verbessert werden. Aus dem Ruhrgebiet oder den Niederlanden kommend, kann man nun vom Autobahnkreuz Dortmund/Werl über die A445 und die A46 bis nach Olsberg fahren. Bei Bestwig-Nuttlar läuft der Verkehr seit Herbst 2019 über die höchste Autobahnbrücke in NRW.

Historisch gesehen haben sich zwei Regionen im Sauerland herausgebildet: Das Kurkölnische Sauerland, das viele Jahrzehnte lang von den rheinischen, katholischen Fürstbischöfen regiert wurde, und die eher protestantisch geprägte Grafschaft Mark. 1815 kamen beide Teile durch den Wiener Kongress zur neuen Provinz Westfalen zusammen und 1816 zum neu gegründeten Regierungsbezirk Arnsberg.

Zu den wichtigsten Förderern des Sauerlands zählte Ludwig Freiherr von Vincke. Fast 30 Jahre lang, von 1815 bis 1844, stand er in Münster als Oberpräsident an der Spitze der neuen, preußischen Provinz Westfalen. Er gab wichtige Impulse zur Modernisierung des Landes. Vincke legte fest, dass Arnsberg Sitz der Bezirksregierung wurde. Er ließ erstmals sogenannte Chausseestraßen bauen. Diese befestigten Kunststraßen waren leicht erhöht, so dass die Kutschen in den Tälern nicht mehr im Schlamm stecken blieben. Bestes Beispiel ist die 1827 gebaute Straße von Minden nach Koblenz, die heute auf fast identischer Trasse als B55 quer durchs Sauerland (Warstein, Meschede, Olpe) führt. An einigen Stellen stehen immer noch die Meilensteine aus jener Zeit. Eine gute verkehrsmäßige Erschließung bildete die Voraussetzung für das Wirtschaftswachstum im Sauerland. Dazu zählten später auch wichtige Bahnstrecken, die durch das Sauerland führten.

DAS SAUERLAND IM ÜBERBLICK

STÄDTE

Altena

Altena ist überregional bekannt durch die prächtige Burg. (>> Geschichte, Burgen-Schlösser-Ruinen)
Die Industriekultur im Lennetal wurde durch ergiebige Eisenerzvorkommen geprägt. Mittels Wasserkraft der Flüsse und Brennholz aus den großen Wäldern konnten die Metalle verhüttet und weiterverarbeitet werden. Nirgendwo sonst in Deutschland gab es eine solche Dichte an diesen kleinen Produktionsstätten.

Draht spielte stets eine wichtige Rolle. Im Mittelalter stellte man Ritterrüstungen her, dann ging die Entwicklung rasant weiter, bis hin zu den heutigen dicken Drahtseilen, die große Straßenbrücken halten. Feinster Draht steckt in vielen Geräten und wird heute überall benötigt. Von der Teebeutelklammer bis hin zum Handy. (>> Kunst & Kultur, Museen)

Das älteste Bürgerhaus in der Stadt, die 2019 frisch renovierte Burg Holtzbrinck, ist als Kultur- und Bürgerzentrum unentbehrlich. Der barocke, von einem Rokoko-Park umgebene Bruchsteinbau stammt original aus dem 17. Jahrhundert. Auch in-

Altena mit Burg

teressant: Das Gebäude „Holländer", 1901 als Silberschmiede errichtet, steht auf einer Insel mitten in der Nettestraße und fungiert seit den 50er Jahren als Kino. In Altenas Fußgängerzone arbeiten seit einigen Jahren auch Künstler und Kreative in ihren Ateliers und freuen sich über Besucher.

Zwischen 1990 und 2005 ging die Einwohnerzahl um 15 Prozent zurück. Heute setzt Altena verstärkt auf den Tourismus.

Die vom Heimatverein Evingsen kreierte „Drahtrollenroute" enthält sieben alte Drahtrollen, die zur Drahtrolle „Am Hurk" führen. In dem kleinen Gebäude ist zu sehen, wie im 18. Jahrhundert mit Wasserkraft Draht gezogen wurde. Unmittelbar da-

hinter liegt die ergiebige Springer Quelle.

■ **Informationen**
Stadt Altena
Lüdenscheider Str. 22
58762 Altena
Tel. 02352/2090
post@altena.de
www.altena.de
Einwohnerzahl: 16.922
Fläche: 44,29 qkm
(Stand: Dezember 2018)

Arnsberg

Arnsberg gilt als „die Perle des Sauerlands". Die Lage auf einem gestreckten Bergrücken, der von der Ruhr in einer großen Schleife umflossen wird, ist einzigartig. Hinzu kommt eine abwechslungsreiche Geschichte. (>> Stadtgeschichte – Altstädte) Mit 73.000 Einwohnern ist es – dank der Eingemeindungen von 1975 – die größte Stadt im Hochsauerlandkreis. Das Rathaus steht in Neheim-Hüsten. Als Sitz der Bezirksregierung hat die Stadt überregionale politische Bedeutung. Weiterhin gilt sie mit mehreren Gerichten als Justizzentrum.

Auf dem Schlossberg ist der nachgebaute Grundriss des Schlossgebäudes gut erkennbar. (>> Geschichte, Burgen-Schlösser-Ruinen) Der Blick über die Altstadt ist spektakulär.

In Neheim-Hüsten hat traditionell die Leuchten- und Elektroindustrie einen hohen Stellenwert. Sie stellt einen wichtigen Wirtschaftsfaktor dar und ist auf einigen Gebieten führend in Deutschland.

Während sich Hüsten mit dem Freizeitbad Nass und einer eigenen Sole sowie weiteren Sportanlagen zum Fitness- und Wellnesszentrum der Kommune entwickelt hat, erlangte die Neheimer City als beliebte Shopping-Meile überregionale Bedeutung. Schicke Boutiquen und Cafés im Schatten der stattlichen Johannes-Kirche, auch Sauerländer Dom genannt, laden zum Einkaufsbummel ein. Kaum Wünsche offen lässt die kulturelle Infrastruktur: Sauerlandtheater, Kulturschmiede, Kulturzentrum, Arnsberger Kunstsommer sowie mehrere moderne Kinos bieten abwechslungsreiche Programme. Im überregional bedeutenden Kunstverein Arnsberg (Königstraße 24, www.kunstverein-arnsberg.de) werden Ausstellungen mit zeitgenössischer, internationaler Kunst gezeigt.

■ Informationen

Stadt Arnsberg
Rathausplatz 1
59759 Arnsberg
Tel. 02932/201-0
(oder Verkehrsverein Arnsberg
02931/4055)
info@arnsberg-info.de
www.arnsberg.de
Einwohnerzahl: 78.325
Fläche: 193,3 qkm
(Stand: Dezember 2018)

Attendorn

Die Hansestadt Attendorn kann im Jahr 2022 ihren 800. Geburtstag feiern. Die Stadtrechte gab es 1222 vom Kölner Erzbischof. 1255 trat Attendorn als einzige Stadt des Sauerlandes dem Rheinischen Städtebund bei. Ende des 15 Jahrhunderts schwand zwar der Wohlstand, doch die Bildung wuchs: Das Gymnasium wurde bereits im Jahr 1515 gegründet. Die Topographie in Attendorn ist außergewöhnlich: Im Stadtgebiet gibt es einen Höhenunterschied von fast 400 m.

Das städtische Motto lautet: „Attendorn dreimalig einmalig – Natur – Wirtschaft – Brauchtum". Durch die kommunale Neuordnung vergrößerte sich das Stadtgebiet um das achtfache auf rund 97 Quadratkilometer. Zum Stadtgebiet gehören das für den Fremdenverkehr bedeutsame Repetal mit dem Ort Helden und das Ihnetal mit Neu-Listernohl.

Bekannteste Sehenswürdigkeit ist die 1907 entdeckte Attahöhle in Deutschland. (>> Höhlen, Besucherbergwerke). Die Biggetalsperre bildet zusammen mit der Listertalsperre und dem Ahauser See ein großes Naherholungsgebiet. (>> Seen, Freizeitregionen) Ein weiteres touristisches Highlight ist die majestätisch am Berg thronende Burg Schnellenberg. (>> Geschichte, Burgen)

Attendorn zeichnet sich durch eine geringe Arbeitslosenquote aus. Unternehmen der eisen- und metallverarbeitenden Industrie exportieren weltweit. Automobilzulieferer sowie Amaturenhersteller sind die wichtigsten Sparten. Die Stadt liegt verkehrsgünstig unweit der Autobahnen Sauerlandlinie (A45) und A4 ins Rheinland.

■ Informationen

Hansestadt Attendorn
Kölner Str. 12
57439 Attendorn
Tel. 02722/64-0
stadt@attendorn.de
www.attendorn.de

Attendorn

Einwohnerzahl: 24.367
Fläche: 97,9 qkm
(Stand: Dezember 2018)

Balve

Balve liegt im Hönnetal im Märkischen Kreis und im Naturpark Sauerland-Rothaargebirge. Die Gemeinde war viele Jahrhunderte lang eine Grenzfestung des kurkölnischen Sauerlandes. Stadtrechte bekam sie 1430 verliehen. Balve kann mit einigen historischen Superlativen aufwarten. Da ist zunächst die Balver Höhle zu nennen. (>> Höhlen & Besucherbergwerke) Das in reizvoller Landschaft liegende Wasserschloss Wocklum besteht seit dem frühen Mittelalter als adliger Rittersitz. (>> Geschichte, Burgen-Schlösser-Ruinen)

Die Kalkfelsen des romantischen Hönnetals sind von vielen Höhlen durchzogen. Direkt am Wanderweg Sauerland-Waldroute gelegen (>> Natur & Erholung, Fernwanderwege) bietet die Reckenhöhle in Binolen Einblicke in eine faszinierende Welt mit Stalagmiten, Stalagtiten, Sinterterrassen und Wasserbecken. (>> Höhlen & Besucherbergwerke)

Der 2013 errichtete Aussichtsturm Ebberg in Eisborn ermöglicht auf über 400 Höhenmetern einen weiten Rundumblick.

■ Informationen

Stadt Balve
Widukindplatz 1
58802 Balve
Tel. 02375/926-0
post@balve.de
www.balve.de
Tourist-Information Balve und Hönnetal
info@hoennetal.de
www.naturpark-sauerland-rothaargebirge.de oder www.hoennetal.de

Einwohnerzahl: 11.361
Fläche: 74,8 qkm
(Stand: Dezember 2018)

Bestwig

Vermutlich schon seit dem späten Mittelalter betrieb man im Raum Ramsbeck Bergbau. Größere Bedeutung bekam das kleine Dorf in der zweiten Hälfte des 19. Jahrhunderts, als mit der Eröffnung der Bahnlinie Hagen – Kassel um 1870 ein Eisenbahnstützpunkt errichtet wurde. Ein Bahnbetriebswerk sorgte für neue Arbeitsplätze.

Geschichte-Brunnen Brilon

Um 1905 gab es – dank der Eisenbahn – bereits 625 Einwohner. Der Bergbau in Ramsbeck entwickelte sich zum zweiten industriellen Standbein. Die AG für Bergbau, Blei- und Zinkfabrikation übernahm Mitte des 19. Jahrhunderts die Ramsbecker Gewerkschaft und betrieb den Abbau von Blei- und Zinkerz.

Der Ort im Ruhrtal punktet mit seiner waldreichen Umgebung, idyllischen Dörfern und besonderen Ausflugszielen wie das Fort-Fun Abenteuerland und das Besucherbergwerk Ramsbeck. 1995 erhielten die Dörfer Ostwig und Ramsbeck die staatliche Anerkennung als „Erholungsort". Ostwig, welches keine Industriebetriebe besitzt, besticht durch sein gepflegtes Ortsbild mit schmucken Schiefer- und Fachwerkhäusern. Auf Bestwiger Gebiet liegt die Plästerlegge, der höchste natürliche Wasserfall in NRW.

Neue touristische Projekte sind der Bergbauwanderweg in Ramsbeck, das Freiland-Klettergebiet „Am Bähnchen", die touristische Erschließung der Veledahöhle und nicht zuletzt der über 50 km lange Bestwiger Panorama Wanderweg.

■ **Informationen**
Gemeinde Bestwig
Rathausplatz 1
59909 Bestwig
Tel. 02904/9870
gemeinde@bestwig.de
www.bestwig.de
Tourist-Info Bestwig
Bundesstr. 139
Tel. 02904/712810
www.hennesee-sauerland.de
Einwohnerzahl: 10.656
Fläche: 69,36 qkm
(Stand: Juni 2019)

Brilon

Brilon rangiert mit einer Größe von 77,5 Quadratkilometern vor Warstein als waldreichste Kommune in NRW. Bei der kommunalen Neugliederung 1975 fasste man Brilon mit 17 Ortsteilen zusammen, davon waren 14 zuvor selbständige Dörfer. Die erste urkundliche Erwähnung Brilons stammt von 973. Im Jahr 1220 erwarb der Kölner Erzbischof Engelbert die Gemarkung, verlieh ihr die Stadtrechte und legte eine befestigte Stadt mit Ringmauer an. (>> Stadtgeschichte – Altstädte) Einst waren Esel in Brilon beliebte Zugtiere. 1837 zählte man 223 Exemplare. Im Sommer 2020 konnte Brilon auf das 800jährige Stadtjubiläum zurückblicken. Die große Feier musste wegen der Beschränkungen durch die Corona-Pandemie leider abgesagt werden.

Zum Waldreichtum passt das bedeutende Spanplattenwerk der Egger-Gruppe, welches große Mengen an Holz aus den heimischen Wäldern abnimmt. Weitere wichtige Industriebetriebe sind u.a. Hoppecke Batterien (weltweit rund 2.000 Mitarbeiter) und Oventrop Haustechnik. Auch mittelständische Betriebe sind gut vertreten. Nur 40 Kilometer entfernt von Brilon liegt der Flughafen Paderborn/Lippstadt. Die Autobahnen im Norden (Dortmund – Kassel) und im Westen sind schnell erreichbar.

Als staatlich anerkannter Luft- und Kneippkurort kann Brilon im Südosten der Stadt mit einem Kurpark aufwarten,

der malerisch an einem Bach liegt und zu entspannten Spaziergängen einlädt. Hier beginnt der 2,5 Kilometer lange „Landschaftstherapeutische Weg" mit 13 Stationen, die dazu anregen, die Natur und die schwingende Landschaft intensiver zu betrachten.

■ **Informationen**

Stadt Brilon
Am Markt 1
59929 Brilon
Tel. 02961/794-0
info@brilon.de
www.brilon.de
Tourismus Brilon Olsberg GmbH
Derkere Str. 10a
59929 Brilon
Tel. 02961/96990
bwt@brilon.de
Einwohnerzahl: 27.508
Fläche: 22.897 ha
(Stand: Dezember 2019)

Drolshagen

Drolshagen wurde 1214 erstmals urkundlich erwähnt. Durch den Erzabbau im späten Mittelalter wuchs die Bedeutung der Metallverarbeitung. Vor allem Harnische wurden hergestellt und exportiert. Die Wirtschaft heute ist mittelständisch geprägt und breit gestreut. In Drolshagen gibt es sogar zwei „Hidden Champions": Die Krah Unternehmensholding und die Berghoff GmbH & Co.KG sind Weltmarktführer mit ihren spezialisierten Produkten.

Bei einem Spaziergang durch Drolshagen entdeckt man prächtige, zumeist in Fachwerkstil erbaute Bürgerhäuser. Weitere Besonderheiten sind die Kirche St. Clemens, das alte Kloster, die Eichener Mühle, die Waldkapelle Hünkesohl und das Drolshagener Labyrinth. Wer zur richtigen Zeit kommt, kann die mächtigen Kirchenglocken läuten hören – und wird überrascht sein. Sie zählen zu den klangvollsten in Westfalen. (>> Geschichte, Klöster & Kirchen)

Historische Hohlwege, die sogenannten Schlüsen, zeigen noch heute an, wo einst die alten Handelswege verliefen. Der Rastplatz Jägerfichte liegt exakt dort, wo sich im Mittelalter die Handelswege trafen. (>> Natur & Erholung, Sehenswerte Ziele in der Natur)

Ein Highlight ist der Alte Bahnhof Hützemert. Bis 1979

Drolshagen

gab es hier Personenverkehr. Das Empfangsgebäude wurde umgestaltet und ist jetzt eine attraktive Jausenstation als Bestandteil des „Bergischen Panoramaradweges".

■ **Informationen**

Stadt Drolshagen
Hagener Str. 9
57489 Drolshagen
Tel. 02761/970-0
rathaus@drolshagen.de
www.drolshagen.de
Drolshagen Marketing e.V.
Tel. 02761/9427990
info@drolshagen-marketing.de
www.drolshagen-marketing.de
www.huetzemert.de
Einwohnerzahl: 12.223
Fläche: 67,11 qkm
(Stand: Februar 2020)

Eslohe

Eslohe im Naturpark Sauerland-Rothaargebirge wurde 1204 erstmals urkundlich erwähnt. 1976 bekam die Gemeinde die Anerkennung als staatlich anerkannter Luftkurort. In der historischen Ortsmitte fallen die prächtigen, gepflegten Fachwerkhäuser sowie die unter Denkmalschutz stehende Nepomukbrücke auf. Weitläufige Parkanlagen bieten den Gästen entspannte Erholung in sauberer Luft.

Das alte Backhaus in dem idyllischen Ort Wenholthausen lädt Wanderer zum Verweilen ein. Die Wanderwege „Sauerländer Höhenflug" und „Golddorfroute" sowie der Wenne-

talradweg führen durch den Ort. (>> Natur & Erholung, Fernwanderwege) Ein erfrischendes Bad gibt es im Essmeckestausee oder aber im „Esselbad", dem Schwimm- und Spaßbad für die ganze Familie in idyllischer Lage am Esloher Kurpark. Ein beheiztes Freibad lockt die Wassernixen in den Sommermonaten.

Heute bildet der Tourismus für Eslohe einen wichtigen Wirtschaftszweig. Holz- und Metallverarbeitung sowie Elektroindustrie kommen hinzu. Größter Arbeitgeber ist die Firma Kettenwulf. Bei der kommunalen Neugliederung 1975 konnten viele kleine, oft idyllisch liegende Dörfer, ebenso wie die zuvor selbständigen Gemeinden Cobbenrode, Reiste und Wenholthausen, eingemeindet werden.

■ **Informationen**

Gemeinde Eslohe (Sauerland)
Schultheißstr. 2
59889 Eslohe
Tel. 02973/800-0
post@eslohe.de
www.eslohe.de
Einwohnerzahl: 8.924
Fläche: 113,3 qkm
(Stand: Dezember 2019)

Finnentrop

Finnentrops Ortsteile Lenhausen und Rönckhausen wurden bereits 1162 urkundlich erwähnt. Die Endung des Namens Finnentrop leitet sich aus „torp" für Dorf ab. Bereits 1969

fand die kommunale Neugliederung statt.

Mehrere Beispiele belegen die Bedeutung der Wasserkraft. Die „Alte Mühle" in Frettermühle, seit 1784 im Familienbesitz, und die „Knochenmühle" in Fretter, um 1900 errichtet, erinnern als technische Kulturdenkmale an ihre alten Aufgaben. (>> Geschichte, Flüsse und Mühlen)

Das Oberbecken des modernen Pumpspeicherwerks Rönkhausen kann man umwandern und dabei unerwartet weite, herrliche Blicke ins bergige Sauerland genießen. Mit der Modernisierung des Kraftwerks 2019 eröffneten die Betreiber einen „Energiepfad" mit Infotafeln. (>> Sport, Rennrad-Touren)

Entscheidend für erste Ansätze zur Industrialisierung Finnentrops war der Bau der Ruhr-Sieg Eisenbahnstrecke 1861, die bis heute Bestand hat. Im Jahr 1914 entstand ein Bahnbetriebswerk, das jahrzehntelang viele Arbeitsplätze bereithielt. Neben der metallverarbeitenden Industrie tragen auch das holzverarbeitende Gewerbe und die Kunststoffverarbeitung zur aktuellen Wirtschaftskraft bei. Tradition besitzt auch die bekannte Firma Metten Fleischwaren.

Regionaltypische Hofhäuser mit Zierfachgiebeln aus dem 18. und 19. Jahrhundert erinnern in den Dörfern an längst vergangene Zeiten. Die Ort-

Eslohe

schaften Schliprüthen und Schönholthausen (Museum, Kirche) sind besonders empfehlenswert. (>> Kunst & Kultur, Museen)

■ **Informationen**
Gemeinde Finnentrop
Am Markt 1
57413 Finnentrop
Tel. 02721/512-0
rathaus@finnentrop.de
www.finnentrop.de
Einwohnerzahl: 17.593
Fläche: 104,3 qkm
(Stand: Dezember 2019)

Hallenberg

Hallenberg im Süden des Hochsauerlandkreises, an der Grenze zu Hessen, ist mit rund 4.500 Einwohnern die zweitkleinste Stadt in ganz NRW. Wenn man durch die Altstadt schlendert, stellt man fest: „klein, aber fein". 1248 erfolgte

die Befestigung der Siedlung. Ein Stadtsiegel gab es ab 1271.

Der historische Stadtkern von Hallenberg überrascht den Besucher mit alten Fachwerkhäusern und der aus dem 13. Jahrhundert stammenden, mit Barockelementen ausgestatteten Pfarrkirche St. Heribert. (>> Geschichte, Klöster & Kirchen) Schmale, verwinkelte Gassen prägen die Altstadt. Aus dem Jahr 1756 stammt ursprünglich der Petrusbrunnen; die Petrusfigur ergänzte man am Anfang des 20. Jahrhunderts. Wie in Brilon, wird auch hier der Brunnen „Kump" genannt.

Ein reges Vereinsleben, traditionsreiche Feste und die jährlichen Inszenierungen der weit über die Grenzen des Sauerlands hinaus bekannten Freilichtbühne prägen den Ort. (>> Kunst & Kultur, Freilichtbühnen) Der Tourismus hat in

den letzten Jahrzehnten an Bedeutung gewonnen.

Hallenberg verfügt über ein sehr schön am Fluss Nuhne gelegenes Naturbad – ganz ohne Chemie.

Die wirtschaftliche Lage der Kommune ist überdurchschnittlich gut: Bei rund 4.500 Einwohnern gibt es 2.000 Arbeitsplätze mit Sozialversicherungspflicht. Das ist die beste Quote in ganz NRW. Industrielle Schwerpunkte liegen in den Bereichen Automobilzulieferer, Möbelindustrie und Logistik.

■ **Informationen**
Stadt Hallenberg
Rathausplatz 1
59969 Hallenberg
Tel. 02984/3030
post@stadt-hallenberg.de
www.stadt-hallenberg.de
Einwohnerzahl: 4.506
Fläche: 65,36 qkm
(Stand: Januar 2020)

Sauerlandpark Hemer

prägen die industrielle Vielfalt. Es gibt sogar Weltmarktführer mit ihren stark spezialisierten Produkten im Ort: Märkisches Werk, Neosid und CAW Winkhaus.

■ **Informationen**

Stadt Halver
Thomasstr. 18
58553 Halver
Tel. 02353/73-0
post@halver.de
www.halver.de
Einwohnerzahl: 16.106
Fläche: 77,2 qkm

Halver

Halver grenzt im Westen des Sauerlands ans Bergische Land. Das Stadtgebiet gehört zum Naturpark Sauerland-Rothaargebirge. (>> Natur & Erholung, Naturparks, Seen & Freizeitregionen, Besonderheiten) Es gibt drei Naturschutzgebiete. Erstmals um 950 wurde der am Kreuzungspunkt zweier alter Handelswege (von Köln nach Soest und von Hagen nach Siegen) gelegene Oberhof Halvara urkundlich erwähnt. Im Zuge der kommunalen Neugliederung im Kreis Altena wurde das Amt Halver 1969 aufgelöst und die Gemeinde durfte sich nun „Stadt" nennen.

Bei einem historischen Stadtrundgang gibt es einiges zu entdecken: Der seit 1977 stillgelegte Bahnhof wird heute als „Kulturbahnhof" genutzt.

Das Rathaus von 1906 hat einen gemischten Baustil, vom Neu-Barock über Neugotik bis hin zum Heimatstil. Die als Großbürgervilla 1892 gebaute Villa Wippermann konnte 2017 als „Haus der Kultur" wiedereröffnet werden. (>> Kunst & Kultur, Museen) Ein schön gestalteter Park lädt zum Verweilen ein. Das eigene Waldfreibad Herpine zählt zu den zahlreichen Sportangeboten. Die Draisinenbahn nach Oberbrügge ist eine touristische Attraktion. (>> Seen, Freizeitregionen, Besonderheiten)

Schmieden spielten einst eine wichtige Rolle. Daraus entwickelte sich die heutige Wirtschaftsstruktur. Stahlverformung, Eisen- und Metallwarenherstellung, Gesenkschmieden, Elektrotechnik und Kunststoffverarbeitung

Hemer

Hemer im Norden des Märkischen Kreises gehörte seit 1350 zur Grafschaft Mark. Auch hier grub man früh nach Eisenerz und formte es in Hochöfen zu Eisen. Im 16. Jahrhundert entstand die Drahtindustrie, die von der Wasserkraft profitierte. Ein weiterer wichtiger Wirtschaftszweig wurde die Papierindustrie. Neben der ersten Messingschmelze der Region entstand auch die erste Fingerhutmühle Westfalens. Das Sundwiger Messingwerk und weitere Firmen bildeten im 18. und 19. Jahrhundert die Basis für die Armaturenherstellung. Dafür war der Werkstoff Messing bestens geeignet.

So konnten sich die Hemeraner Hersteller Grohe, Kaja und Keuco aufgrund ausgezeichneter Qualitätsprodukte zu internationalen Unternehmen weiterentwickeln. Grohe gilt heute als „Global Player". Mit einer durch Erfindungsgeist geprägten Vielfalt an Produkten haben es große und kleine einheimische Industriebetriebe geschafft, sich weltweit zu behaupten. Neben Armaturen und Stahlnägeln zählen auch Maschinen zur Drahtverarbeitung dazu.

Ab 1701 gehörte Hemer zum Königreich Preußen. An historischen Gebäuden erwähnenswert sind die von 1610 bis 1614 erbauten, ehemaligen Adelssitze Haus Hemer und Edelburg, Burg Klusenstein von 1353, (>> Geschichte, Burgen-Schlösser) die Deilinghofer Stephanus-Kirche aus dem 14. Jahrhundert, die kath. Pfarrkirche St. Peter & Paul von 1700, die Ebbergkirche von 1820, das alte Amtshaus von 1908 (heute Musikschule), die – heute noch funktionsfähige – Sundwiger Mühle von 1810 (>> Geschichte, Flüsse und Mühlen) und das Fabrikantenhaus von der Becke von 1796. Sehenswerte Sammlungen erwarten die Besucher im Felsenmeermuseum. (>> Kunst & Kultur, Museen)

Mit der Landesgartenschau 2010 schaffte es die Kommune, ein Militärgelände zukunftsweisend natürlich umzuwandeln. Heute befindet sich hier als Naherholungsgebiet der Sauerlandpark Hemer. (>> Seen & Freizeitregionen, Freizeitparks, Natur & Erholung, Sehenswerte Ziele in der Natur)

■ **Informationen**
Stadt Hemer
Hademareplatz 44
58675 Hemer
Tel. 02372/551-0
post@hemer.de
www.hemer.de
Einwohnerzahl: 38.000
Fläche: 67,66 qkm
(Stand: Dezember 2018)

Herscheid

Herscheid hat, obwohl es zu den kleineren Kommunen zählt, touristisch einiges zu bieten. Ein Wahrzeichen der Ebbegemeinde ist der 300 Jahre alte Spieker. Das Fachwerkgebäude diente dazu, die Lebensmittel aufzunehmen, die an die Kirche abgeführt werden mussten.

Herscheid ist von ausgedehnten Wäldern mit Bergen und Tälern, Wiesen und Bächen umgeben. Es zählt zum Naturpark Sauerland-Rothaargebirge. Das weitläufig angelegte Warmwasserfreibad mit vier Becken bietet für die ganze Familie reichlich Platz zum Wassersport und Entspannen.

Der Ahe-Hammer mit zwei durch Wasserräder angetriebenen Hämmern war bis 1945 noch in Betrieb und zählt zu den bedeutenden Industriedenkmälern. (>> Geschichte, Flüsse & Mühlen)

Der Robert-Kolb-Turm auf der Nordhelle des Ebbegebirges (663 m) hatte einen Vorgänger, der die weite Sicht militärisch nutzte. Napoleon ließ zu Beginn des 19. Jahrhunderts hier oben einen Turm errichten, um durch einen Spiegeltelegraph schnell Nachrichten weiterleiten zu können.

Für Eisenbahnfreunde gilt die Schmalspurstrecke der Sauerländer Kleinbahn nach Plettenberg als kostbare Rarität. (>> Seen, Freizeitregionen, Besonderheiten)

■ **Informationen**
Gemeinde Herscheid
Plettenberger Str. 27
58849 Herscheid
Tel. 02357/9093-0
post@herscheid.de
www.herscheid.de
Einwohnerzahl: 6.977
Fläche: 59,4 qkm

Iserlohn

Iserlohn ist die größte Stadt des Märkischen Kreises und des Sauerlandes. Seit der kommunalen Neugliederung 1975 gehören auch die ehemaligen Gemeinden Hennen, Letmathe, Kesbern und Sümmern dazu. Schon 1309 wurde in Urkunden ein eigener Bürgermeister in der befestigten Stadt erwähnt. Iserlohn zählte zur Grafschaft Mark und ab 1521 zu den Vereinigten Herzogtümern Jülich-Kleve-Berg. Dann folgt das Kurfürstentum Brandenburg und ab 1701 das Königreich Preußen.

Die historische Fabrikanlage Maste-Barendorf ist ein lohnenswertes Besucherziel im

Fritz-Kühn-Platz in Iserlohn

Norden Iserlohns. (>> Kunst & Kultur, Museen)

Auch in Iserlohn hängt die industrielle Entwicklung mit dem Abbau, Schmelzen und Verarbeiten von Eisenerz zusammen. Hinzu kamen Messing-, Bronze- und Seidenprodukte. Nadeln und Draht waren einst ebenso gefragt wie Kettenhemden für die Ritter. Die berühmten Iserlohner Tabakdosen aus Messing konnte man ab 1754 durch die Prägetechnik mit Stahlmatrizen in größerer Stückzahl herstellen. Iserlohn entwickelte sich im 19. Jahrhundert mit Altena und Lüdenscheid zur größten Industriezone Westfalens und zu einer der reichsten Handelsstädte Preußens. 1848 war Iserlohn sogar größer als Dortmund. 1851 arbeiteten mehr als 4.000 Personen im Nadelgewerbe.

Heute zählen die metallverarbeitende Industrie mit den Schwerpunkten Stahlverformung, Leichtmetall- und Maschinenbau ebenso wie die pharmazeutische Industrie, die Kunststoffherstellung sowie Entsorgung und Recycling zu den wichtigsten Arbeitgebern.

Iserlohn nennt sich auch „Waldstadt". Das Seilerseebad bietet Wellness in echtem Heilwasser aus reiner Natursole. (>> Seen & Freizeitregionen, Seen) An Sportevents hervorzuheben ist die Eishockey-Mannschaft der Iserlohn Roosters, die gegen Großstadtmannschaften mithält und für viel Stimmung in der Halle sorgt. Das Kulturangebot mit einem eigenen Parktheater lockt auch Besucher aus dem Umland an. Iserlohn ist zudem eine junge Hochschulstadt. Es gibt die Hochschule für angewandte Wissenschaften Europa und die Fachhochschule Südwestfalen. Beide haben ein breit gefächertes Angebot an Studiengängen.

■ **Informationen**

Stadt Iserlohn
Schillerplatz 7
58636 Iserlohn
Tel. 02371/217-0
info@iserlohn.de
www.iserlohn.de
Tourist-Information
Bahnhofsplatz 2
58644 Iserlohn
Tel. 02371/217-1820
stadtinfo@iserlohn.de
Einwohnerzahl: 94.700
Fläche: 125,49 qkm
(Stand: Dezember 2018)

Kierspe

Kierspe bildet gemeinsam mit Halver und Meinerzhagen den Westrand des Sauerlandes. Haus Rhade, das es heute noch gibt, wurde bereits im Jahr 991 erstmals urkundlich erwähnt. (>> Geschichte, Burgen – Schlösser – Ruinen) In Kierspe bildet die Margarethenkirche mit ihrem markanten Zwiebelturm den Mittelpunkt des Ortes. Heute bemühen sich die Stadtplaner, die stark in die Breite gezogene Kommune mit den Ortsteilen Dorf und Bahnhof zusammenwachsen zu lassen. Dazu dienen ein Geschäftszentrum am Montigny-Platz und das seit 1986 umgezogene Rathaus.

Schon im Mittelalter gab es einige Hammerwerke. Nachdem lokale Erzvorkommen erschöpft waren, bezog man das nötige Roheisen zur Verarbeitung auf der „Eisenstraße" aus dem Siegerland. (>> Industriegeschichte /-kultur, Eisenstraße) Die denkmalgeschützte Brennerei Krugmann in Rönsahl dient als Veranstaltungs- und Kulturzentrum. Ein eigens gegründeter Verein kümmert sich darum. Für wirtschaftlichen Aufschwung in Rönsahl sorgte einst die Pulverfabrikation. Daran erinnern heute noch einige herrschaftliche Villen.

In Kierspe gibt es vier Museen, darunter Deutschlands erstes Bakelitmuseum und den Schleiper Hammer. (>> Kunst & Kultur, Museen)

Mit dem Regionale Projekt „Oben an der Volme" konnte Kierspe ab 2012 gemeinsam mit Halver, Schalksmühle und Meinerzhagen die Infrastruktur verbessern. (>> Seen, Freizeitregionen) Ein beliebtes Wanderziel ist der auf 479 Höhenmeter gelegene Wienhagener Turm. Der Wienhagen war schon immer ein markanter Punkt an der Grenze Westfalens zum Rheinland.

■ Informationen

Stadt Kierspe
Springerweg 21
58566 Kierspe
Tel. 02359/661-0
post@kierspe.de
www.kierspe.de
Einwohnerzahl: 16.137
Fläche: 71,6 qkm
(Stand: Dezember 2018)

Kirchhundem

Kirchhundem wurde bereits 1969 in einer kommunalen Neugliederung mit 37 Ortsteilen zusammengelegt. Es ist die flächengrößte Gemeinde im Kreis Olpe. Urkundliche Nennungen gibt es ab Mitte des 13. Jahrhunderts. Geographisch interessant: Hier verlaufen die Wasserscheiden zwischen Rhein und Weser im Osten sowie zwischen Sieg und Ruhr im Westen.

In die Denkmalliste der Gemeinde sind 101 Bauwerke eingetragen, darunter mehrere Kirchen und Kapellen, die inmitten ihrer oft idyllisch gelegenen Dörfer liegen. Die Adolfsburg bei Oberhundem, ein barockes Wasserschloss, verfügt über Ferienwohnungen. (>> Geschichte, Burgen & Schlösser)

Die Luftkurorte Saalhausen und Oberhundem zählen als Sauerland-Wanderdörfer zur ersten Qualitätsregion Wanderbares Deutschland. (>> Natur & Erholung, Wanderdörfer) In 2019 eröffnete das Naturpark-Infozentrum „Feuer & Wasser". (>> Natur & Erholung, Naturparks)

Tradition und moderne Impulse prägen das rege Vereins- und Kulturleben, so auf dem Kulturgut Schrabbenhof. (>> Kunst & Kultur, Freie Bühnen und Theater)

Weitere attraktive Besucherziele sind: das Bad am Rothaarsteig in Oberhundem, die Wellness-Oase in Oberhundem, der

Rhein-Weser-Turm und der Kurpark Oberhundem.

■ **Informationen**

Gemeinde Kirchhundem
Hundemstr. 35
57399 Kirchhundem
Tel. 02723/409-0
post@kirchhundem.de
www.kirchhundem.de
Tourist-Information Lennestadt &
Kirchhundem
Hundemstr. 18
57368 Lennestadt-Altenhundem
Tel. 02723/608-800
info@lennestadt-kirchhundem.de
www.lennestadt-kirchhundem.de
Einwohnerzahl Kirchhundem: 12.000
Fläche: 147,8 qkm
(Stand: Dezember 2019)

Lennestadt

In Lennestadt erfolgte die kommunale Neugliederung durch Auflösung des Amtes Bilstein in 1969. Elspe, Oedingen und Kirchveischede sind seit über 1000 Jahren besiedelt. Die frühgeschichtlichen Fernstraßen Römerweg und Heidenstraße führten durch das Stadtgebiet. Die Burg Bilstein wurde 1445 vom Kölner Erzbischof erobert. Das Rathaus befindet sich heute in Altenhundem, das Amtsgericht im Ortsteil Grevenbrück.

Die Eröffnung der ersten Eisenbahnstrecke im Sauerland, der Ruhr-Sieg-Strecke von Hagen über Altenhundem nach Siegen, im Jahr 1861 brachte wichtige Impulse für die Wirtschaft. Der Handel mit Erz, Eisenerzeugnissen und Holzkohle florierte. An der Lenne arbeiteten um 1800 sieben Hammerwerke. Auch heute sind Metallbe- und verarbeitung sowie Elektrotechnik bedeutende Wirtschaftszweige.

Touristisch hat Lennestadt einiges zu bieten. Der Aussichtsturm „Hohe Bracht" stammt von 1930. Acht Kommunen an der Lenne beteiligen sich an dem Projekt Lenne-Schiene und schufen bereits neue Erlebnispunkte. Im Luftkurort Saalhausen entstand der Vitalpark „Talvital" direkt an der Lenne. (>> Seen, Freizeitregionen, Besonderheiten) Hoch über dem Lennetal liegen die Sauerland-Pyramiden mit dem Galileo-Park. (>> Kunst & Kultur, Museen) Das gesamte Stadtgebiet ist Teil des Naturparks Sauerland-Rothaargebirge. (>> Natur & Erholung, Naturparks)

■ **Informationen**

Stadt Lennestadt
Thomas-Morus-Platz 1
57368 Lennestadt
Tel. 02723/608-0
rathaus@lennestadt.de
www.lennestadt.de
Einwohnerzahl: 25.933
Fläche: 136 qkm
(Stand: Dezember 2019)

Erlöserkirche Lüdenscheid

Lüdenscheid

Mit der Einwohnerzahl Lüdenscheids ging es erst ab dem 19. Jahrhundert deutlich aufwärts – wegen der Industrialisierung. Während um 1800 hier etwa 1.500 Menschen lebten, waren

Blick auf Marsberg

es um 1900 schon 26.000 Bewohner. Eine Verdoppelung fand bis 1950 statt. 1975 wurde Lüdenscheid Kreisstadt im neugeschaffenen Märkischen Kreis. Entstanden ist der Ort vermutlich im 9. Jahrhundert als Siedlung an einem Heerweg, der von Köln nach Soest führte. Die Stadtgründung wird auf 1268 datiert.

Die metallverarbeitende Industrie bildete immer den Schwerpunkt. Einst gab es im Ort viele kleine Schmieden. Schmidt ist heute immer noch der häufigste Nachname. Einige Betriebe spezialisierten sich auf die Produktion von Knöpfen, Schnallen und Orden. Noch heute bezieht der Bundespräsident die Verdienstorden, die er verleiht, aus Lü-

denscheid. Die Schwerpunkte der größeren Unternehmen liegen aktuell auf Produkten für die Automobilindustrie, Elektro- und Installationstechnik, Leuchten („Stadt des Lichts"), LED-Produkte und Spielzeugautos. (>> Kunst & Kultur, Museen) Hochschul- und Forschungsinstitutionen sowie Weiterbildungszentren, wie das Kunststoff-Institut Lüdenscheid, tragen wesentlich zur Schulung des Nachwuchses bei.

Lüdenscheid hat attraktive kulturelle Angebote. Dazu zählt das Erlebniszentrum „Phänomenta" als interaktives Museum. (>> Kunst & Kultur, Museen) Ein professionelles Theater- und Musikprogramm bietet das städtische Kulturhaus.

Im Naturschutzgebiet Stille-

king weidet eine Herde Heckrinder. Vom Homertturm schweift der Blick übers Land. Das Familienbad Nattenberg garantiert Badespaß. Gut schwitzen lässt sich im Saunadorf.

■ **Informationen**

Stadt Lüdenscheid
Rathausplatz 2
58507 Lüdenscheid
Tel. 02351/17-0
post@luedenscheid.de
www.luedenscheid.de
Einwohnerzahl: 72.611
Fläche: 87,02 qkm
(Stand: Dezember 2018)

Marsberg

Marsberg ist reich an Kultur und Geschichte. Das wichtigste Heiligtum der Sachsen, die Irminsul, soll auf der Eresburg in Obermarsberg gestanden haben. Karl der Große eroberte sie um 772. Keramikfunde lassen darauf schließen, dass die Gegend schon lange vor unserer Zeitrechnung besiedelt war. Niedermarsberg erlangte Bedeutung, weil es an der Kreuzung der alten Fernhandelswege Frankfurt – Paderborn und Köln – Kassel lag. Im Spätmittelalter gehörte die Stadt der Hanse an, heute ist sie Mitglied im Westfälischen Hansebund. Für die industrielle Entwicklung waren die Glasherstellung, der Bergbau und die Kupferverarbeitung bedeutend.

Auch der Tourismus spielt eine wichtige Rolle. Marsberg liegt im Tal der Diemel und besitzt in seiner waldreichen Umgebung herrliche Wandergebiete. (>> Natur & Erholung, Sehenswerte Ziele in der Natur) Besuche wert sind die Stiftskirche in Obermarsberg und Kloster Bredelar. (>> Geschichte, Klöster & Kirchen) Idyllische Altstadtwinkel in Obermarsberg und ein Hauch von Künstlerflair auf dem Skulpturenspaziergang in der Kernstadt Niedermarsberg erwarten die Gäste. Das Besucherbergwerk Kilianstollen zieht pro Jahr über 10.000 Besucher an. (>> Höhlen & Besucherbergwerke)

Die Verkehrsanbindung ist durch die A44 (Dortmund – Kassel), die B7 und Bahnanschluss gut. Die städtische Infrastruktur sowie das breit gefächerte Schul-, Sport- und Freizeitangebot machen die Kleinstadt zu einem lebenswerten Wohnort.

■ **Informationen**

Stadt Marsberg
Lillers-Str. 8
34431 Marsberg
Tel. 02992/6021
info@marsberg.de
www.marsberg.de
Stadtmarketing und Wirtschaftsförderung Marsberg e. V.
Bäckerstr. 8
Tel. 02992/3388
www.tourismus-marsberg.de
info@tourismus-marsberg.de
Einwohnerzahl: 20.428
Fläche: 182 qkm
(Stand: Dezember 2019)

Medebach

Die alte Hansestadt Medebach liegt in einem weiten Talkessel an der Grenze zu Hessen in den Ausläufern des Rothaargebirges. Einst verlief hier die Heidenstraße von Köln nach Leipzig. In einer Urkunde aus dem Jahr 1144 bezeichnete der Kölner Erzbischof Medebach als eine „ansehnliche Stadt mit Markt unter Königsbanner". 2019 konnte man 875 Jahre Hansestadt Medebach feiern. Neben Soest ist Medebach damit eine der beiden ältesten Städte des damaligen Herzogtum Westfalen. Aus Eisen- und Kupfererz stellte man Werkzeuge, Messer und Nägel her, die im Fernhandel der Hanse vertrieben wurden. Mit vollbeladenen Planwagen ging es zunächst nach Lübeck, von dort auf Segelschiffe. Medebach besaß sogar ein eigenes Münzrecht.

Bis weit ins 19. Jahrhundert blieb der Ort geprägt durch Ackerbürger. Land- und Forstwirtschaft bestimmen in den umliegenden Dörfern noch heute das Bild. Neben dem Tourismus zählen die Automobilzulieferbranche, die Leuchtenproduktion und der Maschinenbau zu den wichtigsten Wirtschaftsfaktoren.

Die Pfarrkirche St. Peter und Paul ist eine der größten Hallenkirchen im Erzbistum Paderborn. Ganz in der Nähe steht die Andreaskapelle von 1238, das älteste Gebäude der Stadt.

Die Medebacher Bucht gilt als Naturparkjuwel. Seltene Vogel- und Insektenarten fühlen sich hier noch heimisch. Wander- und Radstrecken im Medebacher Talkessel und auf die über 700 m hohen Berge laden zu abwechslungsreichen Touren ein. (>> Natur & Erholung, Wandern – mal kurz, mal länger) Der Center Parc Park Hochsauerland mit dem Erlebnisbad Aqua Mundo (>> Seen & Freizeitregionen, Freizeitparks) sowie „AVENTURA – Der Spielberg", bieten Sport und Spiel für Jung und Alt (>> Sport, Kletterparks).

■ **Informationen**

Düdinghausen

Hansestadt Medebach
Österstr. 1
59964 Medebach
Tel. 02982/400-0 und 02982/9218610
(Touristik)
post@medebach.de
www.medebach.de
www.medebach-touristik.de
Einwohnerzahl: 8.111
Fläche: 129,95 qkm
(Stand: Dezember 2019)

Meinerzhagen

Meinerzhagen liegt im Westen des Sauerlandes. Hier entspringt die Volme, die nach knapp 50 Kilometern bei Hagen in die Ruhr mündet. Das Volmetal hat als Freizeitgebiet in den letzten Jahren an Attraktivität gewonnen. (>> Natur & Erholung, Sehenswerte Ziele in der Natur, Wandern – mal kurz, mal länger, Seen & Freizeitregionen, Besonderheiten) In östliche Richtung erstreckt sich das waldreiche Ebbegebirge. Von seiner höchsten Erhebung, der auf 662 Höhenmetern liegenden Nordhelle, hat man vom Aussichtsturm Robert-Kolb-Turm eine weite Sicht nach Norden und Südwesten ins hügelige Land.

Zweitgrößter Ort der Kommune ist Valbert. Der restliche Teil entfällt auf eine große Zahl von Dörfern und Ortschaften. Seit 1964 darf man sich wieder Stadt nennen. Erstmals im Jahr 1765 hatte Preußenkönig Friedrich II Meinerzhagen die Stadtrechte verliehen.

Urkundlich erstmals erwähnt wurde Meinerzhagen 1174. Sehenswert ist die spätromanische Emporenbasilika (>> Geschichte, Klöster & Kirchen) Die Eisenverarbeitung in Osemundschmieden hatte Tradition. Heute ist der Wirtschaftsstandort geprägt durch leistungsstarke mittelständische Industrie und internationalen Unternehmen. Größter industrieller Arbeitgeber ist der international tätige Betrieb Otto Fuchs KG. Meinerzhagen hat durch seine verkehrsgünstige Lage an der A45 (Sauer-landlinie) ideale Anbindung in Richtung Dortmund/Ruhrgebiet und südlich nach Hessen. Auch das Rheinland ist über die A4 schnell zu erreichen. Die Verbindungen des ÖPNV sind ebenfalls gut.

Während in anderen Kommunen die Einwohnerzahlen rückläufig sind, kann Meinerzhagen ein Zuzugsplus vermelden.

■ **Informationen**

Stadt Meinerzhagen
Bahnhofstr. 9-15
58540 Meinerzhagen
Tel. 02354/77-0
Post@meinerzhagen.de
www.meinerzhagen.de
Touristinfo Meinerzhagen & Naturpark-Informationszentrum
Zur Alten Post 1
58540 Meinerzhagen
Tel. 02354/77-132
Touristinfo@meinerzhagen.de
Einwohnerzahl: 20.806

Fläche: 115,17 qkm
(Stand: Januar 2020)

Menden

Weil Menden im Grenzgebiet zwischen Kurköln und der Grafschaft Mark lag, wurde der Ort durch kriegerische Auseinandersetzungen oft in Mitleidenschaft gezogen. 1276 erfolgte die Erhebung zur Stadt. Im historischen Ortskern zeugen einige aus dem Mittelalter stammende Gebäude und Reste der Stadtmauer von der lokalen Geschichte. (>> Kunst & Kultur, Museen)

Das 1912 durch den Kölner Regierungsbaumeister Carl Moritz im Jugendstil gebaute Alte Rathaus ist beeindruckend. Ein Balkon mit darunter liegendem Laubengang umfasst die ganze Breite des Gebäudes, das zusätzlich in der Mitte durch einen schie-

fergedeckten Turm unterteilt wird. Direkt daneben steht das 1730 errichtete Biggeleben-Haus, in dem das Stadtmuseum untergebracht ist. Die St.-Vincenz-Kirche besitzt kostbare Kunstwerke im Inneren. (>> Geschichte, Klöster & Kirchen) Recht neu, nämlich von 1992, ist die Geschichtssäule auf dem Marktplatz mit der Darstellung wichtiger Ereignisse aus der Lokalgeschichte. Gut Rödinghausen ist ein Schmuckstück des Klassizismus. (>> Kunst & Kultur, Museen)

Durch die Ansiedlung erfolgreicher Unternehmen der Metallindustrie an der Hönne ab 1830 ging es wirtschaftlich bergauf. Geprägt wird die Kommune heute vor allem durch mittelständische Unternehmen.

Das Naherholungsgebiet Hexenteich, der Gewässerlehrpfad Hönne, das Naturschutzzentrum Arche Noah sind lohnende Ziele. Wanderer und Radfahrer haben eine große Auswahl an Routen durch die Wälder, u.a. im Wandergebiet Waldemei.

■ **Informationen**

Stadt Menden
Neumarkt 5
58706 Menden
Tel. 02373/903-0
stadt@menden.de
www.menden.de
Einwohnerzahl: 53.000
Fläche: 86 qkm
Stand: Dezember 2018

Rathaus Menden

Ehemaliges Rathaus Eversberg

Meschede

Meschede wurde bei der kommunalen Neugliederung 1975 zur neuen Kreisstadt des Hochsauerlandkreises gewählt. Er setzt sich aus den früheren Kreisen Arnsberg, Brilon und Meschede zusammen. Eingemeindet zu Meschede wurden die kleinen Gemeinden Eversberg, Freienohl, Calle, Remblinghausen und weitere. Seit 2012 führt Meschede auch die Bezeichnung Hochschulstadt. Mit 218,5 Quadratkilometern zählt die Kommune zu den flächengrößten Gemeinden in Deutschland. Touristisch profitiert Meschede vom Hennesee, vom Naturpark Arnsberger Wald und von der Ruhr. (>> Seen & Freizeitregionen) Die St. Walburga-Kirche im Zentrum geht auf ein ehemaliges im 9. Jahrhundert gegründetes Damenstift zurück. Das Benediktinerkloster Königsmünster ist mit Leben erfüllt. (>> Geschichte, Klöster & Kirchen) Kleinere Industrie- und Gewerbebetriebe siedelten sich an der Ruhr und an der Henne an. Die Eröffnung der Eisenbahnstrecke Hagen – Kassel 1871 brachte logistische Vorteile für die Wirtschaft. Auch die 1827 gebaute Chausseestraße von Minden nach Koblenz (heute B55) wirkte sich positiv aus.

Heute gibt es in der City eine Fußgängerzone mit beliebter Shoppingmeile. Die nördlich verlaufende Autobahn 46 hat zwei Anbindungen nach Meschede, eine davon ins Gewerbegebiet Enste. Die Honsel-Werke sind eine bedeutende Aluminiumgießerei für die Automobilindustrie und sichern traditionell viele industrielle Arbeitsplätze.

Als einer von fünf Standorten zählt die Kommune zur Fachhochschule Südwestfalen (seit 2002). Hier können junge Menschen Maschinenbau, Elektrotechnik, Wirtschaftsingenieur, Betriebswirtschaft und weitere Fächer studieren.

■ **Informationen**

Kreis- und Hochschulstadt Meschede
Franz-Stahlmecke-Platz 2
59872 Meschede
Tel. 0291/205-0
post@meschede.de
www.meschede.de
Tourist-Information: Le-Puy-Str. 6-8,
Tel. 0291/9022443

info@hennesee-sauerland.de
www.hennesee-sauerland.de
Einwohnerzahl: 30.191
Fläche: 218,50 qkm
(Stand: 31.12. 2019)

Möhnesee

Möhnesee ist seit 1969 auch der Name der Gemeinde, die im Rahmen der kommunalen Neugliederung durch die Auflösung des Amtes Körbecke entstanden ist. „Einverleibt" wurden 14 Gemeindebezirke. Der Ort liegt zwischen Soester Börde und Naturpark Arnsberger Wald am Nordrand des Sauerlandes. Delecke wurde erstmals 1191 erwähnt. Die Dörfer auf dem fruchtbaren Haarstrang sind landwirtschaftlich geprägt.

Die durch den See entfachte Tourismusbranche bildet heute einen wichtigen Wirtschaftsfaktor. Der neu gestaltete Seepark in Körbecke ist terrassen- und stufenförmig angelegt. Die historische Kanzelbrücke mit ihren wie Kirchenkanzeln wirkenden Pfeilern liegt am Anfang des Sees, direkt am Naturschutzgebiet „Möhneaue.(>> Natur & Erholung, Sehenswerte Ziele in der Natur, Seen & Freizeitregionen)

Wer Wildtiere aus der Nähe betrachten möchte, besucht den (kostenlosen) Wildpark in Völlinghausen (>> See & Freizeitregionen, Wildparks). Sikawild ist auch im freien Wald stark verbreitet. Zwischen Körbecke und Soest liegt das Naturschutzgebiet Kleiberg mit seltenen Vögeln, Pflanzen, halbwilden Pferden und Rindern sowie den historischen Steinkistengräbern. Die sagenumwobene Drüggelter Kapelle gibt noch heute Rätsel auf.

Der 1934 auf der höchsten Stelle des Haarstrangs zwischen Möhnesee und Soest errichtete Bismarckturm enthält Ausstellungen, z. B. über die Königlich-Preußische Optische Telegraphenlinie, und ermöglicht Fernsichten in alle Him-

Altstadt Neuenrade

melsrichtungen. Der Heimatverein Möhnesee ermöglicht Besichtigungen an Sonntagvormittagen. Im Liz, Landschaftsinformationszentrum, in Günne ist die Flora, Fauna und Geologie des Möhnetals dokumentiert. (>> Kunst & Kultur, Museen)

■ **Informationen**

Wirtschafts- und Tourismus GmbH Möhnesee
Hauptstraße 19
59519 Möhnesee
Tel. 02924/981-391 oder -392
info@moehnesee.de
www.moehnesee.de
Einwohnerzahl: 12.053
Fläche: 123,36 qkm
(Stand: September 2019)

Nachrodt-Wiblingwerde

Nachrodt-Wiblingwerde liegt am Westrand des Sauerlandes, zum einen in dem von hohen Bergen gesäumten Lennetal, andererseits auch auf der Hochfläche von Wiblingwerde, das als staatlich anerkannter Erholungsort im Landeswettbewerb „Unser Dorf soll schöner werden" eine Goldmedaille errungen hat. Viele Höfe und Weiler liegen verteilt in der Landschaft. Bedeutsame Kulturdenkmäler sind die romanische Dorfkirche von Wiblingwerde und der außerhalb gelegene, schon seit germanischer Zeit bedeutsame Johannisborn. Die aufwendig restaurierten Brenscheider Mühlen im oberen Nahmertal sind ein sehr

lohnendes Besuchsziel. (>> Geschichte, Flüsse und Mühlen.)

Die amtsfreie Gemeinde Nachrodt-Wiblingwerde wurde 1907 gebildet. Das Haus Nachrodt im Lennetal diente als Namensgeber. Das heutige Gebäude stammt aus dem 18. und 19. Jahrhundert. Wanderwege über die bewaldeten Höhen ermöglichen großartige Rundblicke. Wer mit dem Mountainbike oder Tourenrad die Region erkunden will, kann sich vorab unter www.bike-mk.de im Internet Informationen holen.

■ **Informationen**

Gemeinde Nachrodt-Wiblingwerde
Hagener Str. 76
58769 Nachrodt-Wiblingwerde
Tel. 02352/9383-0
post@nachrodt-wiblingwerde.de
www.nachrodt-wiblingwerde.de
Einwohnerzahl: 6616
Fläche: 28 qkm
(Stand: Dezember 2019)

Neuenrade

Neuenrade liegt im Osten des Märkischen Kreises. Die Siedlung wurde erstmalig um 1220 erwähnt. Eine befestigte Stadt ließ Graf Engelbert von der Mark um 1353 errichten. Zwei Jahre später verlieh er der Gemeinde die Stadtrechte und erlaubte den Bürgern u.a. die Durchführung des Gertrudismarktes im März. Das „Gertrüdchen", (ein Pferde- und Krammarkt mit Kirmes) ist heute „das Volksfest" schlechthin.

16 Rennfeuerplätze zur Verhüttung von Eisenerz entdeckte man in Neuenrade, zumeist im Brunnenbachtal nahe des Gutes Berentrop. Hier kann heute ein 1965 entdeckter Rennofen besichtigt werden. Es handelt sich um einen einfachen Lehmofen. Er liegt in der Nähe der Gebäude des ehemaligen Stifts Berentrop. Später nutzte man, wie im übrigen Hönnetal, Osemundhämmer. Ab etwa 1830 entstanden die ersten Fabriken und leiteten die Industrialisierung ein.

Heute gibt es kleinere und mittlere Unternehmen, vor allem in der Metallverarbeitung. 1969 löste man das Amt Neuenrade im Rahmen der kommunalen Neugliederung auf und gliederte Küntrop in die Stadt ein. 1975 kamen dann noch Affeln, Altenaffeln und Blintrop hinzu.

Der 1990 aufgestellte Stadtbrunnen vermittelt auf acht Tafeln wichtige Ereignisse aus der Vergangenheit. Unter Denkmalschutz steht der Bahnhof von Neuenrade. Im Ortsteil Affeln steht die St. Lambertus-Kirche mit ihrem wertvollen, flandrischen Schnitzaltar (>> Geschichte, Klöster & Kirchen).

Die wald-, berg- und talreiche Region um Neuenrade ist ein beliebtes Wandergebiet. An der Südflanke entspringt die Hönne, die das faszinierende Hönnetal prägt. Eine weite Rundumsicht gibt es auch nach dem Aufstieg auf den Kohlberg

Obersee Olpe

(514 Meter) mit seinem 14 Meter hohen, erstmals 1892 errichteten Quitmannsturm.

■ **Informationen**

Stadt Neuenrade
Alte Burg 1
58809 Neuenrade
Tel. 02392/6930
post@neuenrade.de
www.neuenrade.de
Einwohnerzahl: 12.227
Fläche: 54,12 qkm
(Stand: Dezember 2019)

Olpe

Olpe bekam als Siedlung 1311 vom Kölner Erzbischof die Stadtrechte. Zahlreiche Sehenswürdigkeiten im Ort, so etwa die Pfarrkirche St. Martinus, der Geschichtsbrunnen am Kurkölner Platz, die Rochus- und Kreuz-Kapelle sowie die 200 m langen Reste der alten Stadtmauer erinnern an die traditionsreiche Vergangenheit.

Im 18. Jahrhundert entwickelte sich die Region zu einem wirtschaftlichen Zentrum im Herzogtum Westfalen. Es gab Eisen- und Kupferhütten, Hammerwerke, Pfannenschmieden und Lohgerbereien. Auch heute tragen Industriebetriebe, wie Metallgießereien, Rohrziehereien, Gesenkschmieden und Amaturenfabriken zur Sicherung von Arbeitsplätzen bei. Die Erschließung Olpes durch Fernstraßen ist gut. Die A45 (Sauerlandlinie) und die A4 (nach Köln) liegen quasi vor der Stadt.

Daneben bildet der Tourismus einen wichtigen Wirtschaftsfaktor. (>> Natur & Erholung, Sehenswerte Ziele in der Natur) Der Biggesee bietet vielseitige Freizeitaktivitäten. (>> Seen & Freizeitregionen) Das Freizeitbad Olpe verfügt über mehrere Becken und eine Saunalandschaft. Außerdem zählen Attendorn, Drolshagen, Olpe und Wenden zur LEA-DER-Region „BiggeLand – Echt Zukunft e.V.", ein EU-Programm, mit dem regionale und lokale Projekte im ländlichen Raum gefördert werden. (>> Seen & Freizeitregionen) Bei der kommunalen Neuordnung 1969 bekam Olpe eine Vielzahl von größeren und kleineren Ortschaften „einverleibt". Diese idyllischen Dörfer tragen zur touristischen Attraktivität der Kommune bei. Als kultureller Treffpunkt in der Kernstadt hat sich die Stadthalle Olpe mit ihrem abwechslungsreichen Programm in vier unterschiedlich großen Räumlichkeiten etabliert.

■ **Informationen**
Kreisstadt Olpe
Franziskanerstraße 6
57462 Olpe
Tel. 02761/83-0
rathaus@olpe.de
www.olpe.de
Stadtmarketingverein Olpe Aktiv e.V.
Westfälische Str. 11
touristikbuero@olpe.de
www.olpe-erleben.de
Tel. 02761/83-1900
Einwohnerzahl: 25.659
Fläche: 85,6 qkm
(Stand: Dezember 2019)

Olsberg

Olsberg ist ein staatlich anerkanntes Kneipp-Heilbad und gilt auch als Stadt der vielen Berge. Über 50 bewaldete Höhen und Gipfel, die mehr als 500 Meter

hoch sind, umringen den Ort und bieten sich als Wanderziele an. Die Stadt liegt im breiten Tal der Ruhr. Auch der höchste Punkt in NRW, der 843 Meter hohe Langenberg, liegt auf städtischem Gebiet. Mehrere Kliniken prägen den guten Ruf des Kneippkurortes Olsberg. Der neu geschaffene Kneipp Erlebnis Park beinhaltet die fünf kneippschen Elemente auf besondere Art. An zehn Rastorten gibt es Bewegung, Entspannung und Informationen.

Zwölf Dörfer hat Olsberg eingemeindet. In Assinghausen, Bruchhausen an den Steinen, Brunskappel, Elleringhausen, Elpe/Heinrichsdorf und Gevelinghausen prägen schmucke Fachwerkhäuser und stattliche Bauernhöfe das Bild. Auf Olsberger Stadtgebiet liegen fünf Schlösser (>> Geschichte, Burgen – Schlösser – Ruinen) und die als nationales Kulturdenkmal berühmten Bruchhauser Steine. (>> Natur & Erholung, Sehenswerte Ziele in der Natur) Die Kernstadt besteht aus Bigge und Olsberg. Hier lebt etwa die Hälfte aller Einwohner.

Die erste urkundliche Erwähnung stammt von 1281. Die Landwirtschaft dominierte lange Zeit. Die Entdeckung von Eisenerz sorgte für erste industrielle Ansätze. Im 17. Jahrhundert gab es mehrere Hüttenwerke und später auch Hammerwerke.

Aus der Traditionsfirma Olsberger Hütte (Schwerpunkt

Öfen) hat sich die international agierende Olsberg Gruppe entwickelt. Ebenfalls eine lange Tradition besitzt die metallverarbeitende Firma Oventrop (Armaturen, Haustechnik).

Die Bruchhauser Steine sind als Felsformation von geologischer und historischer Bedeutung. Sie zu besuchen ist sozusagen „Pflichtprogramm". (>> Natur & Erholung, Sehenswerte Ziele in der Natur)

■ **Informationen**
Stadt Olsberg
Bigger Platz 6
59939 Olsberg
Tel. 02962/9820
post@olsberg.de
www.olsberg.de

Kneipp-Heilbad Olsberg
Tourismus Brilon Olsberg GmbH
Ruhrstr. 32
59939 Olsberg
Tel. 02962/97370
info@olsberg-touristik.de
www.tourismus-brilon-olsberg.de
Einwohnerzahl: 15.608
Fläche: 117 qkm
(Stand: Dezember 2019)

Plettenberg

Plettenberg, erstmals 1072 urkundlich erwähnt, bekam 1397 die Stadtrechte vom Grafen von der Mark verliehen. Die Christuskirche aus dem 13. Jahrhundert mit ihren Türmchen befindet sich im kleinen historischen Stadtkern. (>> Geschichte, Klöster & Kirchen) Die unterschiedlichen westfäli-

schen Baustile für einige Kirchengebäude kann man während einer geführten Wanderung besichtigen. Im Heimathaus befindet sich das Museum. (>> Kunst & Kultur, Museen)

Plettenberg ist ein bedeutender Wirtschaftsstandort. Die Ursprünge liegen in der Eisenverarbeitung. Viele Betriebe sind in den Bereichen Automobilindustrie sowie Maschinen- und Fahrzeugbau tätig. Plettenberg trägt dazu bei, dass Südwestfalen zu den drei stärksten Industrieregionen Deutschlands zählt. Pkw-Getriebe kommen ohne Bauteile aus heimischer Produktion nicht aus. Muttern, Schrauben, Unterlegscheiben werden weltweit exportiert.

Plettenberg erstreckt sich über vier Täler, die nach den Bächen Else, Grüne, Oester und dem Fluss Lenne benannt sind. Es ist die waldreichste Stadt im Märkischen Kreis mit vielen Wander- und Radwegen. (>> Sport, Rennrad-, Mountainbiketouren) Sehenswerte Objekte sind außerdem die Burgruine Schwarzenberg mit dem malerischen Aussichtspunkt „Engelbertstuhl", das Naturschutzgebiet „Bommecketal" in Böddinghausen sowie Schloss Brüninghausen. (>> Geschichte, Burgen-Schlösser-Ruinen) Das kleine, sehenswerte Heimatmuseum liegt mitten im historischen Stadtzentrum. Die Märkische Museums-Eisenbahn wird nicht nur von Bahnfreunden geschätzt. (>> Kunst & Kultur, Museen) Ein originelles Ziel ist die Fischbauchbogenbrücke. (>> Natur & Erholung, Sehenswerte Ziele in der Natur) Als Eldorado für Fans von Wasserrutschen gilt die Badelandschaft AquaMagis. Die Gäste kommen auch von außerhalb angereist.

■ **Informationen**

Stadt Plettenberg
Grünestraße 12
58840 Plettenberg
Tel. 02391/923-0
www.plettenberg.de
Plettenberger KulTour GmbH
Kaiserstr. 9
58840 Plettenberg
Tel. 02391/60542-00
post@plettenberg-kultour.de
www.plettenberg-kultour.de
Einwohnerzahl: 25.734
Fläche: 96,8 qkm
(Stand: März 2020))

Rüthen

Rüthen, die „junge Stadt in alten Mauern" bekam im Jahr 1200 die Stadtrechte. Als Hansestadt (ab 1469) und eine von vier Prinzipalstädten im Herzogtum Westfalen blühte die Ackerbürgerstadt auf. Der Ort lag strategisch günstig auf einem großen Bergvorsprung über dem nördlichen Ufer der Möhne. Man leistete sich zwei große katholische Kirchen (St. Johannes und St. Nikolaus).

Heute besteht die zum Kreis Soest zählende Kommune aus dem Zusammenschluss der Kernstadt mit 14 früher selbständigen Gemeinden. Wenn man die Möhne als geographische Nordgrenze des Sauerlandes ansieht, liegt Rüthen zwar knapp jenseits, doch die Rüthener fühlen sich durchaus als Sauerländer. Sie schauen nicht nur von ihrem Bergrücken auf den großen Naturpark Arnsberger Wald, sie sind auch selber drittgrößter kommunaler Waldbesitzer in NRW. (>> Natur & Erholung, Sehenswerte Ziele in der Natur)

Auf den Fundamenten des zum großen Teil erhaltenen, aus dem 14. Jahrhundert stammenden Stadtmauergürtels kann man heute spazieren gehen. (>> Kunst & Kultur, Museen) Das

Rüthen mit Stadtmauer

„Hachtor" zählte zur mittelalterlichen Stadtbefestigung. Am höchsten Punkt Rüthens steht der 35 Meter hohe Wasserturm mit einer Aussichtsplattform in 29 Meter Höhe. (>> Stadtgeschichte – Altstädte)

Im Dorf Hoinkhausen fühlt sich der Besucher wie in eine Zeit vor 200 Jahren zurückversetzt: Rund um die Kirche ist hier ein historisches westfälisches Dorfzentrum mit Fachwerkbauten aus dem 17. – 19 Jahrhundert erhalten geblieben. Ein Römerlager aus dem 1. Jahrhundert n.Chr. ist vor mehr als 100 Jahren bei Kneblinghausen entdeckt worden.

Das historische Rathaus der einst selbständigen Stadt Kallenhardt zählt zu den ältesten seiner Art in Westfalen. In dem massiven Gebäude waren die historischen städtischen Privilegien und Urkunden sicher untergebracht. Heute dient es den örtlichen Vereinen u. Gruppen für ihre Zusammenkünfte. Im Erdgeschoss gibt es eine Ausstellung heimischer Mineralien.

■ **Informationen**
Stadt Rüthen
Hochstr. 14
59602 Rüthen
Tel. 02952/818-0 (Touristik- und Stadtmarketing 02952/818-172)
post@ruethen.de
www.ruethen.de
Einwohnerzahl: 10.585
Fläche: 158,09 qkm
(Stand: Februar 2020)

Schalksmühle
Schalksmühle hat die zweithöchste Dichte an Industriebetrieben im Märkischen Kreis. Elektroindustrie und Gusstechnik dominieren. Es konnte sich seinen ländlichen Reiz bewahren. Fast die Hälfte der gesamten Fläche ist Wald und Wasser. (>> Seen & Freizeitregionen, Besonderheiten) Die kleine Gemeinde, die im Nordwesten des Sauerlandes liegt, gliedert sich in zehn Ortsteile. Hülscheid wurde 1308 erstmals urkundlich erwähnt, Schalksmühle im Jahr 1407.

Ein Wildgehege mit 15 Tierarten und rund 120 Tieren gibt es in Mesekendahl. Es besteht schon seit über 50 Jahren. (>> Seen & Freizeitregionen, Wildparks)

Zwei Wohn- und Geschäftshäuser in der Bahnhofstraße und in der Heedfelder Straße wurden aufgrund ihrer histo-

Altstadt Schmallenberg

risch-architektonischen Bedeutung in die Denkmalliste
eingetragen. Die repräsentative
Villa Bergstraße 25 in exponierter Lage über dem Ortskern baute 1905 ein Mitbegründer der Firma Gebr. Jae-
ger. Das Bauernhaus Wippekühl beherbergt das
Heimatmuseum. (>> Kunst &
Kultur, Museen)

Die bereits 1906 in Betrieb
genommene Glörtalsperre
diente zur Regulierung des
Wasserstandes der Volme.
Heute ist sie in den Sommermonaten ein beliebtes Naherholungsgebiet und Natur-
freibad mit makelloser Wasserqualität. Eine eigens gegründete GmbH kümmert sich um
die touristische Weiterentwick-
lung. (>> Seen & Freizeitregionen).

■ **Informationen**
Gemeinde Schalksmühle
Rathausplatz 1
58579 Schalksmühle
Tel. 02355/84-0
post@Schalksmuehle.de
www.schalksmuehle.de
Einwohnerzahl: 11.229
Fläche: 38 qkm
(Stand: Dezember 2017)

Schmallenberg

Schmallenberg ist neben Winterberg der für den Tourismus
bekannteste Ort im Hochsauerland. (>> Natur & Erholung)
Zum Stadtgebiet zählen seit der
kommunalen Neugliederung
1975 83 Ortschaften; dazu gehören Bad Fredeburg, Böde-
feld, Grafschaft, Oberkirchen
und Wormbach. Viele Dörfer
zeichnen sich durch ihre herrliche Lage sowie durch ihre idyllischen, durch schmucke Fachwerkbauten geprägten Ortskerne aus. (>> Kunst & Kultur,
Museen) Auch die Kirchbauten
sind sehenswert. (>> Ge-
schichte, Klöster & Kirchen)

1244 bekam Schmallenberg
vom Erzbischof von Köln die
Stadtrechte verliehen. Als Han-
delsstadt war der Ort im Mittelalter Mitglied der Hanse. Im
historischen Stadtkern von
Schmallenberg, in dem Schie-
ferdächer dominieren, werden
regelmäßig Stadtführungen an-

geboten. Nach dem Stadtbrand von 1822 entstanden die parallel verlaufenden West- und Oststraße. (>> Stadtgeschichte – Altstädte)

Schon seit dem 15. Jahrhundert handelte man hier mit Textilien. Später wurde die Stadt Zentrum der Sauerländer Textilindustrie mit dem Schwerpunkt Strumpfwaren. Das überregional bekannte Unternehmen Falke hat hier seinen Stammsitz. Der Tourismus und die Holzwirtschaft sowie breit gestreute mittelständische Betriebe tragen dazu bei, dass die Arbeitslosenquote gering bleibt. Fredeburger Schiefer wird in der einzigen heute noch produzierenden Schiefergrube Magog gewonnen.

■ **Informationen**
Stadt Schmallenberg
Unterm Werth 1
57392 Schmallenberg
Tel.: 02972/980-0
post@schmallenberg.de
www.schmallenberg.de

Schmallenberger Sauerland Tourismus GmbH
Poststr. 7
Tel. 02972/97400
info@schmallenberger-sauerland.de
www.schmallenberger-sauerland.de
Einwohnerzahl: 25.146
Fläche: 303 qkm
(Stand: Dezember 2019)

Sundern

Sundern hat traditionell eine geringe Arbeitslosenquote, weil es hier viele Industrie- und mittelständische Betriebe gibt. Auch der Freizeitwert ist angesichts der nahe gelegenen Sorpetalsperre und der waldreichen Umgebung groß. (>> Natur & Erholung) Innerhalb der Grafschaft Arnsberg wurde Sundern vor 1310 gegründet. Nach dem Übergang der Grafschaft an das kurkölnische Herzogtum Westfalen erhielt der Ortsteil Allendorf 1407 sogar Stadtrechte.

Bei der kommunalen Neugliederung 1975 wurden viele Dörfer und Ortschaften „einverleibt": Allendorf, Altenhellefeld, Amecke, Endorf, Enkhausen, Estinghausen, Hachen, Hagen, Hellefeld, Herblinghausen, Hövel, Langscheid, Linnepe, Meinkenbracht, Stemel, Stockum, Westenfeld und Wildewiese. In Enkhausen verbrachte der zweite deutsche Nachkriegs-Bundespräsident Heinrich Lübke seine Kindheit.

Einst war Sundern ein Zentrum des Bergbaus und der Eisenverhüttung. Gegen Ende des 19. Jahrhunderts sorgte die Inbetriebnahme der Röhrtalbahn von Sundern nach Neheim-Hüsten für neuen Aufschwung. Heute gibt es mehrere im Ort ansässige Firmen, die national bekannt sind. Die Unternehmen Severin (Elektrogeräte), Lübke & Vogt (technische Gummiformartikel), Schulte-Ufer (Haushaltswaren) und SKS Germany (Fahrrad-Zubehör) zählen dazu.

Ein touristisches Schwergewicht ist der Sorpesee. (>> Seen & Freizeitregionen) In der Waldeinsamkeit der Homert liegt Kloster Brunnen. (>> Geschichte, Klöster & Kirchen) Eine Fußgängerzone in der Innenstadt mit meist inhabergeführten Geschäften und Cafés bietet Kurzweil. Die Alte Kornbrennerei wird heute – dank bürgerschaftlichen Engagements – als Museum genutzt. (>> Kunst & Kultur, Museen) Wer gern Schnäppchen erwerben möchte, ist im Werksverkauf der einheimischen Betriebe richtig.

■ **Informationen**
Stadt Sundern
Rathausplatz 1
59846 Sundern
Tel. 02933/81-0
rathaus@stadt-sundern.de
www.sundern.de
Stadtmarketing Sundern eG
Rathausplatz 7

59846 Sundern
Tel. 02933/979590
info@sundern-sorpesee.de
www.sundern-sorpesee.de
Einwohnerzahl: 27.802
Fläche: 193,27 qkm
(Stand: Dezember 2018)

Warstein

Warstein gehört seit der kommunalen Neugliederung 1975 zum Kreis Soest. Eingemeindet wurden im Möhnetal Allagen, Belecke, Mülheim, Niederbergheim, Sichtigvor sowie

Langscheid am Sorpesee

Domschänke Warstein

Werke in Belecke haben ihre Wurzeln in der Eisenverarbeitung. Auch Elektrotechnik (Infineon) hat in Belecke einen traditionsreichen Standort.

■ **Informationen**

Stadt Warstein
Dieplohstraße 1
59581 Warstein
Tel. 02902/810
post@warstein.de
www.warstein.de

Stadtmarketing Warstein e.V.
Tel. 02902/81268
tourist@warstein.de
www.stadtmarketing-warstein.de
Einwohnerzahl: 25.886
Fläche: 15.791 ha
(Stand: Januar 2020)

Waldhausen, Hirschberg und Suttrop. 1976 feierte man in Warstein das 700jährige Jubiläum der Verleihung der Stadtrechte. Keimzellen waren auf dem Berg der Zehnthof und die Alte Kirche. Forstwirtschaft, Eisengewinnung sowie Ackerbau ernährten die Bevölkerung. Nach einem verheerenden Brand 1802 in der Altstadt verlagerte man den Ortsschwerpunkt ins Tal.

Touristisch betont der Ort seine Zugehörigkeit zum Sauerland. (>> Natur & Erholung, Naturparks) Nach Brilon ist Warstein der zweitgrößte kommunale Waldbesitzer in NRW. Das idyllische Bilsteintal zählt zu den beliebtesten Ausflugszielen, auch dank einer Privatinitiative. Neben der Tropfsteinhöhle mit Gewölben, die kunstvoll beleuchtet sind, (>> Höhlen & Besucherbergwerke) gibt es einen frei zugänglichen Wildpark. (>> Seen & Freizeitregionen, Wildparks) Im September lockt in Warstein die Internationale Montgolfiade Zehntausende von Besuchern an. (>> Feste & Events)

Die Belecker Altstadt gilt als ein „Juwel des Sauerlands". Die Fachwerkhäuser sind einheitlich mit der Querdeele zum Hof und der Giebelseite zur Straße hin gebaut. Das kleine, ehemalige Rathaus mit typischem Fachwerk steht neben der Propsteikirche, die mit ihrem barocken Zwiebelturm auffällt.

Die traditionsreiche Warsteiner Brauerei trägt zur Bekanntheit der Stadt bei. (>> Industriegeschichte/ -kultur, Brauereien) Außerdem gibt es im Osten der Stadt einige große Steinbrüche, in denen wertvoller Kalkstein gewonnen wird, der in den Zementwerken im Raum Lippstadt weiterverarbeitet wird. Die Siepmann-

Wenden

Wenden ist die südlichste Gemeinde des Sauerlandes und liegt im Naturpark Sauerland-Rothaargebirge. Wenden hat sich zu einer attraktiven Kommune gemausert. Besonders junge Familien fühlen sich hier wohl. Das Durchschnittsalter liegt mit 42,5 Jahren unter dem NRW-Landesdurchschnitt. Wenden bedeutet Bewegung. Der Freizeitwert mit intakter Natur um den Ort ist beachtlich.

Urkundlich erstmals erwähnt wurde es bereits 1151. Bei Wenden grenzt das kurkölnische Sauerland an das nassauische Siegerland. Früher war der Ort stark durch Land- und Forstwirtschaft geprägt. Mit dem Bau der Autobahnen 45 (Sauerlandlinie) und 4 (nach Köln) gewann Wenden als Wirtschaftsstandort enorm an Attraktivität. Die vielen mittelständischen Betriebe haben es zu herausragenden Stellungen in ihren Märkten geschafft. Gleich vier Weltmarktführer in den Bereichen Regelungs- und Antriebstechnik, Energieführungsketten aus Stahl für den Anlagen- und Maschinenbau sowie im Anlagenbau für Nanostrukturen sind in der Gemeinde Wenden ansässig.

Im Ort fällt die stattliche, fünfjochige Hallenkirche St. Severinus von 1750 mit ihrer reichlichen Ausstattung auf. Sehenswerte Ziele sind auch die Wendener Hütte (>> Kunst & Kultur, Museen) und die Kapelle Dörnschlade. Der neue Aussichtsturm in der Ortschaft Heid lädt zum Rundumblick ein. In der Nähe des Ortes Römershagen entspringt die Bigge. Nach einem Verlauf von nur 16 km füllt sie einen der größten Stauseen Deutschlands. (>> Seen & Freizeitregionen) Das fröhliche Volksfest „Wendsche Kärmetze" lockt jedes Jahr an einem August-Wochenende Tausende von Besuchern zur ältesten und größten Kirmes in Südwestfalen.

■ Informationen

Gemeinde Wenden
Hauptstr. 75
57482 Wenden
Tel. 02762/4060
rathaus@wenden.de
www.wenden.de
Einwohnerzahl: 20.521
Fläche: 72,57 qkm
(Stand: Januar 2020)

Werdohl

Werdohl, erstmals 1101 erwähnt, liegt inmitten des Märkischen Kreises. Der Ort an den Ufern der Lenne und der Verse, ist eingebettet von grünen Bergen des Sauerlandes. Die Lenne, die am Kahlen Asten bei Winterberg entspringt, bildet mit ihrem Flussbett in Werdohl ein großes geschwungenes „W". Im Stadtgebiet gibt es insgesamt 31 Brücken.

Wirtschaftlich ging es im 19. Jahrhundert durch die Verarbeitung von Metall bergauf. Der Bau der Ruhr-Sieg-Eisenbahnstrecke von Hagen nach Siegen erfolgte bis 1861 und trug wesentlich zum Aufschwung bei. Mit Eisenschmieden und Hammerwerken stellte man Osemundeisen her. Der Osemund eignete sich gut zur Drahterzeugung. Die heutige Wirtschaftskraft ist geprägt

Wenden

durch mehrere große, hoch spezialisierte Firmen. Automobil- und Eisenbahnzulieferer, Stahl- und Aluminiumindustrie sind die Schwerpunkte.

Sehenswert ist das 1912 im neubarocken Stil erbaute Werdohler Rathaus, das ursprünglich als Ledigenheim eines Industriebetriebes diente.

Seit 2016 trägt der örtliche Bahnhof offiziell den Titel „NRW-Wanderbahnhof des Jahres 2016". Von hier aus starten Wanderer, um den Sauerland-Höhenflug unter die Füße zu nehmen. Belohnt wird man mit herrlichen Ausblicken auf das Flusstal. Direkt am Ufer der Lenne gibt es eine Felsformation aus Grauwacke, die zum Klettern einlädt. (>> Sport, Kletterfelsen)

Auf der Uferpromenade der Lenne haben Werdohler Künstler verschiedene Kunstwerke aufgestellt.

■ **Informationen**
Stadt Werdohl
Goethestr. 51
58791 Werdohl
Tel. 02392/917-0
post@werdohl.de
www.werdohl.de
Einwohnerzahl: 18.600
Fläche: 33,38 qkm
(Stand: Dezember 2018)

Willingen

Willingen liegt im Nordwesten von Hessen im Upland und zählt zum östlichen Sauerland. Der höchste Gipfel des Sauerlands, der 843 Meter hohe Langenberg, liegt nur knapp 20 Meter hinter der hessischen Landesgrenze auf NRW-Gebiet. Der wirtschaftliche Schwerpunkt liegt im Tourismus. Über 75 % der Beschäftigten arbeiten im Dienstleistungssektor. Willingen zählt zu den fünf übernachtungsstärksten heilklimatischen Kurorten Deutschlands.

Erstmals urkundlich erwähnt wurde der Ort 1380. Im Rahmen der hessischen Gebietsreform entstand Willingen Anfang der 1970er Jahre aus neun Gemeinden. Die größte Skisprungschanze der Welt, die Mühlenkopfschanze, hat Willingen mit ihrem jährlichen Weltcup-Springen international bekannt gemacht. (>> Feste & Events, Wintersportevents)

Die Gemeinde ist mit vielfältigen Angeboten in der weiten Gebirgslandschaft in allen vier Jahreszeiten ein beliebtes Ausflugsziel. Es gibt jede Woche geführte Wanderungen ab Besucherzentrum. (>> Natur & Erholung)

Eine Kabinenseilbahn führt auf den Ettelsberg. Hier hat der Besucher einen herrlichen Ausblick vom Hochheideturm (875 Meter). (>> Natur & Erholung, Themenwanderwege) Einer von vielen Wanderwegen führt zur Hochheide von Niedersfeld/ NRW. Die Kletterwand am Ettelsberg ist bei jungen Gästen beliebt. (>> Sport, Kletterparks)

Badespaß mit Karibikflair für Jung und Alt bietet das Lagunen-Erlebnisbad. Für Kufen-flitzer gibt es eine ganzjährig betriebene Eissporthalle. In den Wäldern können Radfahrer zwischen unterschiedlichen Schwierigkeitsgraden wählen. Zu den weiteren touristischen Angeboten zählen das Besucherbergwerk „Schiefergrube Christine", (>> Höhlen & Besucherbergwerke) das „Upländer Milchmuhseum", das „Curioseum" mit historischen Traktoren, (Kunst & Kultur, Museen) ein Wild- und Freizeitpark, (>> Seen & Freizeitregionen, Wildparks), ein Saurierpark und ein Märchenwald. Willingen ist auch per Bahn aus Richtung Dortmund zu erreichen, was viele Wochenendgäste nutzen.

■ **Informationen**
Gemeinde Willingen (Upland)
Waldecker Str. 12
34508 Willingen
Tel. 05632/4010
post@gemeinde-willingen.de
www.rathaus-willingen.de

Tourist Information
Am Hagen 10
34508 Willingen (Upland)
Tel. 05632/9694353
willingen@willingen.de
www.willingen.de
Einwohnerzahl: 7.074
Fläche: 8,019 ha
(Stand: Januar 2020)

Winterberg

Winterberg ist die höchstgelegene Stadt im Sauerland und in NRW. Die Kernstadt auf der Winterberger Hochfläche liegt auf 670 Meter über Null. Der

Züschen bei Winterberg

Kahle Asten, mit 841,9 Meter zweithöchster Berg landesweit, ist nur wenige Kilometer entfernt. Zur Stadt Winterberg zählen seit der kommunalen Neugliederung weitere Ortschaften, die ebenfalls vom Tourismus profitieren; so etwa Siedlinghausen, Züschen, Niedersfeld, Grönebach, Elkeringhausen, Hildfeld, Silbach, Altastenberg, Neuastenberg, Langewiese, Lenneplätze, Mollseifen, Hoheleye und Altenfeld. Erstmals erwähnt wurde Winterberg um 1240. Der Handel war für die Bevölkerung wichtiger als die Landwirtschaft, die wegen der Höhenlage geringe Erträge brachte. Viehzucht und Waldwirtschaft lohnten schon eher als Getreideanbau. Viele Männer gingen schon vor Jahrhunderten mit einer großen Kiepe auf dem Rücken „auf den Handel" und verkauften in Mittel- und Ost-deutschland Produkte wie Sensen, Scheren, Messer und geschnitzte Holzprodukte.

Der Tourismus ist heute in Winterberg die Haupteinnahmequelle. Schon Mitte der 90er Jahre waren über 50 Prozent der Beschäftigten in dieser Branche tätig. Im Winter sorgen zahlreiche Beschneiungsanlagen an den Pisten der Berghänge für eine gewisse Schneesicherheit. (>> Sport, Wintersport) Frühjahr, Sommer und Herbst sind inzwischen ebenfalls attraktive Urlaubszeiten geworden. (>> Natur & Erholung) Am Hausberg Kappe gibt es viele Möglichkeiten, sich (sportlich) zu betätigen, so auch eine große Hängebrücke mit Aussicht. (>> Sport, Hochseilgärten & Kletterparks) Für Mountainbiker wurden anspruchsvolle Abfahrtsstrecken präpariert. (>> Sport, Bikeparks) Wanderer können auf gepflegten Wegen weite Ausblicke in die Landschaft genießen. Die Bobbahn mit ihren internationalen, im TV übertragenen Wettbewerben erhöht den Bekanntheitsgrad der Region enorm. (>> Feste & Events, Wintersportevents)

Winterberg ist auch mit dem Zug aus Richtung Dortmund erreichbar.

■ **Informationen**

Stadt Winterberg
Fichtenweg 10
59955 Winterberg
Tel. 02981/800-0
post@winterberg.de
www.winterberg.de

Winterberg Touristik und Wirtschaft GmbH
Am Kurpark 4
59955 Winterberg
Tel. 02981/92500
info@winterberg.de
Einwohnerzahl: 13.710
(Stand: Juni 2010)

Kinderspaß auf der Burg Altena

GESCHICHTE

BURGEN, SCHLÖSSER, HERRENHÄUSER & RUINEN

Burg Altena

Burg Altena liegt malerisch über dem Lennetal und gilt als eine der schönsten Höhenburgen Deutschlands. In ihrer 900jährigen Geschichte ist die Burganlage mehrmals verändert worden. 1914 richtete man hier die erste ständige Jugendherberge der Welt ein. Mit ihren Museen und Ausstellungen bildet die Burg heute einen kulturellen Mittelpunkt im märkischen Kreis. Zusätzliche Informationen gibt es bei der Auffahrt mit dem modernen Erlebnisaufzug, der seit 2014 in Betrieb ist. 90 Meter geht es in den Berg hinein und anschließend 80 Meter nach oben.

■ **Informationen**
Burg Altena
Fritz-Thomee-Straße 80
58762 Altena
Tel. 02352/966-7033
museen@maerkischer-kreis.de
www.maerkischer-kreis.de

Burg Holtzbrinck (Altena)

Burg Holtzbrinck erhielt in den Jahren 1673 bis 1689 seine heutige Form. Es ist der einzige repräsentative Profanbau in Altena. Wegen seiner Bauform nannte man das Gebäude „Burg". Die Kommune baute es bis 1976 zu einer Begegnungsstätte für Konzerte und Lesungen um.

■ **Informationen**
Burg Holtzbrinck
Kirchstr. 20

Burg Altena

58762 Altena
Tel. 02352/209346
post@altena.de
www.altena.de

Fresekenhof in Arnsberg-Neheim

Der Fresekenhof in Neheim wurde gegen 1360 auf der Stadtmauer errichtet, um das nach Westen gerichtete Stadttor zu sichern. Mehrfach wechselte das einstige, im 17. Jahrhundert umgebaute Burg-mannenhaus im Verlauf der Jahrhunderte seinen Besitzer. 1980 erwarb die Stadt Arnsberg das Gebäude und richtete eine Bürger- und Begegnungs-stätte ein. Außerdem behei-matet der Fresekenhof eine Dauerausstellung über den bekannten Pfarrer Franz Stock.

■ **Informationen**
Fresekenhof
Fresekenplatz 6
59755 Arnsberg-Neheim

Jagdschloss Herdringen

Baumeister Ernst Friedrich Zwirner, der auch am Bau des Kölner Doms mitgewirkt hat, errichtete von 1844 bis 1853 das Jagdschloss Herdringen. Der Paderborner Fürstbischof Dietrich von Fürstenberg kaufte es 1618. Seitdem ist es im Familienbesitz. Heute zählt es zu den bedeutenden neugo-tischen Schlössern Westfalens. Für Feiern und Veranstaltun-gen können Räumlichkeiten im Schloss angemietet werden. In den 1960er Jahren wurden hier einige Szenen der Edgar-Wallace-Krimis „Der Fälscher von London" und „Der schwarze Abt" gedreht.

■ Informationen
Zentralverwaltung des Freiherrn von Fürstenberg-Herdringen
Zum Herdringer Schloss 7
59757 Arnsberg-Herdringen
Tel. 02932/4830
info@schloss-herdringen.de
www.schloss-herdringen.de

Schloss Höllinghofen bei Vosswinkel (Arnsberg)

Das Wasserschloss Höllinghofen hat eine wechselvolle Geschichte mit unterschiedlichen Besitzern. Erste Belege gibt es aus dem 14. Jahrhundert. Im Jahr 1754 ging es in den Besitz des Freiherrn von Boeselager über. Seit 1920 hat die Familie hier ihren Hauptwohnsitz. Das Schloss liegt romantisch und verträumt in einem großen Park; die Bruchsteinfassade strahlt eine besondere, märchenhafte Atmosphäre aus. Eine Innenbesichtigung ist nicht möglich.

■ Informationen
Verkehrsverein Vosswinkel
Höllinghofen 2
59757 Arnsberg-Vosswinkel
Tel. 02932/97230
www.vosswinkel-arnsberg.de

Haus Obereimer (Arnsberg)

Ursprünglich war Haus Obereimer ein Gutshof der Kölner Kurfürsten. Übrig geblieben ist nur das Torhaus für den kurfürstlichen Tiergarten. Schon in der preußischen Zeit ab 1816 nutzte man das Gebäude als Forstamt. Der Kern des ehemaligen Herrenhauses stammt vermutlich aus dem 15. Jahrhundert. Charakteristisch sind das große schiefergedeckte Krüppelwalmdach und der markante Nordostgibel. Mehrere Gebäudeteile, etwa der große Pferdestall, sind abgerissen worden. Unter Kurfürst Clemens-August hatte hier um 1741 ein großes Gestüt mit über 100 Pferden bestanden. In dem Gebäude ist das Forstamt untergebracht.

■ Informationen
Staatl. Forstamt Arnsberg
Landesbetrieb Wald und Holz NRW
Obereimer 13
59821 Arnsberg
arnsberger-wald@wald-und-holz.nrw.de
www.wald-und-holz.nrw.de

Rüdenburg-Ruine Arnsberg

Die Rüdenburg wurde schon zwischen 1050 und 1062 durch den Werler Grafen Bernhard II errichtet. Sie ist somit älter als die erste Festung auf dem benachbarten, zwei Kilometer östlich liegenden Schlossberg. In den letzten Jahren haben Ausgrabungen neue Erkenntnisse über die damalige Anlage gebracht. Der Niedergang des Geschlechts begann früh. Letztmals 1390 wird es in einer Urkunde erwähnt. Im 17. Jahrhundert nutzte man die Gebäudereste als Steinbruch zum Bau des Ritterguts Obereimer. Ein etwa 20minütiger Fußweg über den Kreuzberg zur Ruine wird mit einem schönen Panoramablick auf Arnsbergs Altstadt belohnt.

■ Informationen
Verkehrsverein Arnsberg
Neumarkt 6
59821 Arnsberg
Tel. 02931/4055
vv-arnsberg@t-online.de
www.arnsberginfo.de

Schlossruine Arnsberg

Um 1100 errichteten die Grafen von Werl-Arnsberg auf dem Bergrücken, der die Altstadt überragt und von einer großen Ruhrschleife umgeben ist, eine Burg. Die Kurfürsten von Köln bauten die Anlage mehrfach großzügig aus, um sie als Jagdschloss zu nutzen. Kurfürst Clemens-August ließ ab 1739 vom Münsteraner Baumeister Johann Conrad Schlaun ein prächtiges Barockschloss errichten, das im vorletzten Jahr des Siebenjährigen Krieges 1762 zerstört wurde. Die Ruine wurde ab 1966 in einer beispielhaften Zusammenarbeit von Bürgern, Kommune, Bezirksregierung und Landeskonservator gesichert und so wieder aufgebaut, dass man heute die U-förmigen Grundrisse des Gebäudes erkennen kann. Das „Ruinenfest" diente anfangs der Finanzierung. Ein Rundweg führt um das Areal. Das historische,

Schloss Höllinghofen

urige Steingewölbe „Knappensaal" kann man für Events mieten.

■ **Informationen**
Schlossberg
Kontakt: Verkehrsverein Arnsberg
59821 Arnsberg
Tel. 02931/12331
vv-arnsberg@t-online.de
www.arnsberginfo.de

Burg Wildshausen

Eine erste urkundliche Erwähnung des Ritterguts Wildshausen stammt aus dem Jahr 1310. Schon 1368 ging die als Jagdsitz dienende Burg in den Besitz der Erzbischöfe von Köln über, die sie später als Lehen vergaben. Es handelte sich um eine Burg in Turmform, eine sogenannte Motte, die auf einem künstlich angelegten Hügel stand. Die Hauptburg war einst von einem Wassergraben umgeben, der teilweise noch vorhanden ist. Zu Beginn des 19. Jahrhunderts verfiel die Wasserburg. Heute ist hier ein frei zugängliches Bodendenkmal. Zur Versorgung der Burg diente das Gut Wildshausen, dessen Wirtschaftsgebäude noch steht. 1888 wurde es von Josef Cosack erworben. Wildshausen liegt zwischen Freienohl und Oeventrop nahe an der Ruhr und dem Ruhrtal-Radweg.

■ **Informationen**
Hofcafé Zur Ruhraue
Wildshausen 13
59823 Arnsberg-Oeventrop
Tel. 02937/5749988
info@hofcafe-zurruhraue.de
www.hofcafe-zurruhraue.de

Burgruine Waldenburg bei Attendorn

Die Burgruine Waldenburg liegt oberhalb der Waldenburger Kapelle und des Biggesees. Es ist das älteste nicht-sakrale Baudenkmal im Kreis Olpe. Die Burg stammt vermutlich aus der Zeit vor 1000. Von hier aus konnte man das obere Bigge- und Listertal weit überblicken. Ursächlich für die Zerstörung war vermutlich ein Blitzschlag zu Beginn des 18. Jahrhunderts.

■ **Informationen**
Oberhalb der Kapelle
Waldenburg
Waldenburger Bucht
57439 Attendorn-Biggesee
Tel. 02722/6574146
tourismus@attendorn.org

Burg Schnellenberg

Burg Schnellenberg (Attendorn)

Die stattliche Höhenburg thront gut sichtbar über dem Biggetal bei Attendorn. Das 1222 errichtete Anwesen diente zunächst der Sicherung der Heidenstraße. Als der Kurfürst von Köln dem Freiherrn Caspar von Fürstenberg 1594 die Burg als Erblehen übertrug, begann ein glanzvoller Ausbau – bis hin zur Residenz im Renaissancestil. Die Burg blieb bis 1835 Wohnsitz der Fürstenberg-Familie. Heute bieten ein Vier-Sterne-Hotel und Restaurant den Gästen gediegenes Ambiente. Die St.-Georg-Kapelle in der Oberburg ist noch komplett im Originalzustand von 1600 erhalten.

■ **Informationen**
Burg Schnellenberg,
Bilsing Hotelbetrieb
Schnellenberg 1
57439 Attendorn
Tel. 02722/6940
info@burg-schnellenberg.de
www.burg-schnellenberg.de

Schloss Wocklum (Balve)

Schloss Wocklum, bereits im 14. Jahrhundert erwähnt, liegt pittoresk mit Wassergraben und Schlossgarten in landschaftlich reizvoller Lage im Orletal bei Balve. Es ist im Besitz der Grafen von Landsberg-Velen. Die Ausstattung im Inneren zeugt noch heute von barocker Pracht. Dazu zählen kunstvolle Wandmalereien, üppige Stuckdecken, wertvolle Parkettböden, antike Möbel und Kronleuchter. Für Events und Hochzeiten können Räume angemietet werden.

■ **Informationen**
Schloss Wocklum
Wocklumer Allee
58802 Balve
Tel. 02862/41800-14
info@allendorf-media.de
www.schloss-wocklum.de

Schloss Berleburg

Schloss Berleburg ist Mittelpunkt der historischen Altstadt von Bad Berleburg. Es wurde 1258 errichtet und im Verlauf der Jahrhunderte mehrfach umgestaltet. Seit über 600 Jahren wird es von der Familie Sayn-Wittgenstein bewohnt. Die Residenz der Fürstlichen Familie beherbergt wertvolle Sammlungen an Porzellan, Gläsern, Möbeln, Trophäen und Waffen. Ein Spaziergang durch den Schlosspark mit seinem alten Baumbestand rundet den Besuch ab. Gruppenführungen sind möglich.

■ **Informationen**
Schloss der Fürsten zu Sayn-Wittgenstein-Berleburg
Goetheplatz 8
57319 Bad Berleburg
Tel. 02751/93601-0 oder 02751/9363-3 (BLB-Tourismus)
info@wittgenstein-berleburg.net
www.blb-tourismus.de

Schloss Alme (Brilon)

Die ehemalige Burg Niederalme wurde im frühen 18. Jahrhundert als dreiflügeliges Schloss Alme wieder aufgebaut. Das barocke Herrenhaus und die beiden seitlichen Wirtschaftsgebäude wurden um einen nach Norden offenen Innenhof errichtet. Das Schloss ist in Privatbesitz der Familie von Spee und kann nicht besichtigt werden.

■ **Informationen**
www.alme-info.de
www.tourismus-brilon-olsberg.de

Tel. 02961/96990
bwt@brilon.de

Haus Füchten (Ense)

Die erste Datierung von Haus Füchten stammt von 1298. Es liegt heute direkt neben der Autobahn A445, die von Neheim nach Werl führt. Die ursprüngliche Burg wurde um 1700 abgetragen und durch ein Schloss ersetzt. 1834 erwarb der Gutsherr und Erbsältzer Josef Caspar von Mellin aus Werl das Anwesen. Er hinterließ sein gesamtes Vermögen der Mellin'schen Stiftung für wohltätige Zwecke. Mitte der 1980er Jahre verkaufte die Stiftung das Anwesen. Über eine Barockbrücke von 1698 erreicht man den wappengekrönten Eingang des Haupthauses.

Der große Saal eignet sich für Konzerte. Das Offene (Vor-) Weihnachtssingen im festlich beleuchteten Schlosshof mit Shuttle-Bus-Verkehr von Ense aus erfreut sich großer Beliebtheit.

■ **Informationen**
Haus Füchten
Haus Füchten 1
59469 Ense-Hünningen
Tel. 02922/7400
info@hausfuechten.de
www.gemeinde-ense.de

Gut Wenne (Eslohe)

Die Anlage des 1371 erstmals erwähnten Guts Wenne stammt aus dem Jahr 1609. Der Kölner Fürstbischof Prinz Ernst von Bayern ernannte 1598 einen Vorfahren der heutigen Besitzer zu seinem Mar-

schall und Oberjägermeister. Heute lebt bereits die elfte Generation der Familie der Freiherrn von Weichs auf dem Hof. 2013 richtete der Besitzer – unter Berücksichtigung des Denkmalschutzes – in Teilen der Anlage moderne Ferienwohnungen ein.

■ **Informationen**
Gut Wenne,
Freiherr Markus von Weichs
Haus Wenne 1
59889 Eslohe
Tel. 02973/818860
info@gut-wenne.de
www.gut-wenne.de

Schloss Bamenohl (Finnentrop)

Schloss Bamenohl, erstmals 1324 erwähnt, liegt am Ortsrand von Finnentrop. Zwi-

Schloss Alme

schen 1851 und 1870 gab Carl Gisbert Wilhelm von Plettenberg dem Anwesen sein heutiges Aussehen. Der Wassergraben wurde zugeschüttet, die beiden Gebäude verbunden, der Turm errichtet und ein Landschaftspark angelegt. Für festliche Veranstaltungen können originale Räume im Schloss angemietet werden. Außerdem gibt es im Hauptgebäude eine Ferienwohnung.

■ Informationen
Haus Bamenohl
Bamenohler Str. 19
57413 Finnentrop
Tel. 02721/959800
verwaltung@hausbamenohl.de
www.haus-bamenohl.de
www.finnentrop.de

Wasserschloss Lenhausen (Finnentrop)
Seit 1457 ist Schloss Lenhausen bei Finnentrop durchgängig bis heute Stammsitz der Familie von Plettenberg. Der erstmals 1285 genannte, von einer Gräfte umgebene, dreigeschossige, mit drei Türmen eingefasste Bruchsteinbau mit einer Vorburg hat einen unregelmäßigen Grundriss.

■ Informationen
Westfalen-Str. 9
57413 Finnentrop-Lenhausen

Haus Kump Hallenberg
>> Kunst und Kultur, Museen

Burg Klusenstein (Hemer)
Die 1353 errichtete, auf einer 60 Meter hohen Klippe am Rand des Hönnetals liegende Burg Klusenstein diente einst als Grenzbefestigung der Grafschaft Mark. Sie verlor ihre strategische Bedeutung und hatte ab dem 17. Jahrhundert unterschiedliche Besitzer. Auch heute ist sie in Privatbesitz. Wesentliche Teile stehen unter Denkmalschutz. Die markante Höhenburg zählt zu den optischen Attraktionen im engen Hönnetal. Die darunter liegende Mühle gilt als ältester profaner Bau in der Region.

■ Informationen
Klusenstein 1
58675 Hemer

Wasserschloss Haus Rhade (Kierspe)
Haus Rhade bei Kierspe wurde als erzbischöfliches Ausstattungsgut 1003 gegründet. Im Verlauf der Jahrhunderte hatte das idyllisch zwischen Wald und Teichen liegende Anwesen mehrere Besitzer. In der Nähe gab es einen vermutlich um 1300 betriebenen Masseofen. Auch Eisenerz wurde abgebaut. Heute bietet das Forstgut Haus Rhade originale Räumlichkeiten, u.a. im historischen Pferdestall, die angemietet werden können.

■ Informationen
Gutsverwaltung Haus Rhade
Haus Rhade 1
58566 Kierspe
Tel. 0177/6330440
Gutsverwaltung@Haus-Rhade.de
www.hausrhade.de

Adolfsburg Oberhundem (Kirchhundem)
Freiherr Adolf von Fürstenberg errichtete die mächtige Adolfsburg um 1670. Bei dem Wasserschloss handelt es sich um einen barocken Herrensitz mit Vor- und Hauptburg. Die dazu gehörende Parkanlage entstand 1713 und ist teilweise noch erhalten. Wer einmal in den Fe-

Adolfsburg Oberhundem

rien originell wohnen möchte, hat hier die Gelegenheit dazu.

■ **Informationen**
Schloss Adolfsburg
Hauptstr. 1
57399 Kirchhundem
Tel. 02723/72675
(Kur- und Verkehrsverein)
post@oberhundem.com
www.oberhundem.com
www.kirchhundem.de
www.adolphsburg.de

Wasserschloss Neuenhof, Lüdenscheid

Burg Bilstein (Lennestadt)
Die um das Jahr 1225 gegründete Höhenburg Bilstein bei Lennestadt beherbergt heute eine Jugendherberge. Die beiden mächtigen Rundtürme waren einst durch einen unter dem Burghof verlaufenden Tunnel verbunden. Zu drei Seiten war die auf einem Ausläufer des Rosenbergs errichtete Anlage durch das steile Gefälle geschützt, die nordöstliche Richtung musste durch Verteidigungsanlagen gesichert werden. Burg Bilstein ist der ideale Startpunkt für Ausflüge in den Naturpark Sauerland Rothaargebirge, so etwa über den Veischeder Sonnenpfad.

■ **Informationen**
Burg Bilstein
Von-Gevore-Weg 10
57368 Lennestadt-Bilstein
Tel. 02721/83016
jh-burg.bilstein@djh-wl.de
www.bilstein-online.de

Burgruine Peperburg bei Lennestadt
Nur noch die Grundmauern des südlichen Burgteils ragen

aus der grünen Wiese und verleihen dem Ort eine mystische Romantik. Die Edelherren von Gevore nutzten ihren Stammsitz seit dem 12. Jahrhundert. Ursprünglich war die Höhenburg, die oberhalb von Grevenbrück in dem Naturschutzgebiet Breiter Hagen liegt, vermutlich dreimal so groß wie das heute erhaltene Areal. Heute kann die Burgruine als einer der Sauerland-Seelenorte im Rahmen einer geführten Wanderung besichtigt werden.

■ **Informationen**
Tourist-Information
Lennestadt & Kirchhundem
Hundemstr. 18
57368 Lennestadt-Altenhundem
Tel. 02723/6080
info@lennestadt-kirchhundem.de
www.lennestadt-kirchhundem.de
www.sauerland-seelenorte.de

Wasserschloss Neuenhof (Lüdenscheid)
Die Geschichte von Schloss Neuenhof geht bis ins 14. Jahrhundert zurück. Einst stand hier eine befestigte Burganlage.

Das Anwesen, das von mystischen Wäldern und grünen Wiesen umgeben ist, zählt zu den markantesten Barockbauten im Raum Lüdenscheid und im märkischen Kreis. Der umfangreiche Gebäudekomplex besteht aus Herrenhaus, Ökonomiegebäuden, Remisen, Hausgarteninsel, Gärtnerhaus sowie Gartenanlage mit Teich. Bewirtschaftet wird es seit 2019 von einer jungen Familie. Für Feiern und Veranstaltungen können Räume angemietet werden – charmantes Hofambiente inklusive.

■ **Informationen**
Schloss Neuenhof
Neuenhofer Str. 54
58515 Lüdenscheid
Tel. 02351/41094
info@schloss-neuenhof.de
www.schloss-neuenhof.de

Schloss Canstein (Marsberg)
Das im Kleppetal liegende Dorf Canstein im Südosten von Marsberg wird überragt vom Schloss Canstein, das auf einem Kalksteinfelsen liegt. Im

Jahr 1342 übertrug der Erzbischof von Köln dem Geschlecht Rabe von Pappenheim die Burg Canstein als Lehen. Die „Raben von Canstein" mussten sich vieler Grenzfehden mit Waldeck erwehren. 1853 übernahmen die Freiherrn von Elverfeldt das neu gebaute Schloss und den dazugehörigen Landbesitz.

■ Informationen
kontakt@canstein.de
www.canstein.de

Wasserschloss Badinghagen bei Meinerzhagen

Das romantisch gelegene, verwunschen wirkende Wasserschloss Badinghagen wurde 1902 modernisiert. Eine Besichtigung des ehemaligen Rittersitzes ist nur von außen möglich. Seine Gräften werden von der Agger gespeist. Es liegt an der Grenze zum Bergischen Land unweit der L323.

■ Informationen
Schloss Badinghagen
Badinghagen
58540 Meinerzhagen
www.meinerzhagen.de
post@meinerzhagen.de

Rodenburg-Ruinen bei Menden

Die Fragmente der jahrhundertelang von Waldboden bedeckten Rodenburg-Ruinen sind erst in den 1950er Jahren wieder freigelegt worden. Der Mendener Ritter Goswin hatte die damals strategisch wichtige Burg ab 1246 errichten lassen. Sie entwickelte sich zum Zankapfel zwischen dem Kurfürsten von Köln und dem Grafen von der Mark, der die Anlage 1301 eroberte und zerstörte. Die Burgruine ist in einem 20-minütigem Fußweg von Menden aus erreichbar.

■ Informationen
Burgruine Rodenburg

Am Hünenköpfchen 1
58706 Menden
Tel. 02373/9030
stadt@menden.de
www.menden.de

Burgruine Eversberg (Meschede)

Die Burgruine auf dem Schlossberg in Eversberg besteht nur noch aus den Resten eines Turms. Die ursprüngliche Anlage stammt vermutlich von 1124. Auf dem Turmstumpf hat man eine Aussichtsplattform errichtet, die einen weiten Blick auf die Bergwelt der Umgebung ermöglicht. Eversberg zählt zu den pittoresken Dörfern im Sauerland, die man gesehen haben sollte.

■ Informationen
Burgruine Eversberg
Schlossberg
59872 Meschede-Eversberg
Tel. 0291/9022443 (Tourist-Info)
info@hennesee-sauerland.de
www.meschede.de

Gut Laer (Meschede)

Die Gutsanlage Laer bei Meschede ist im 13. Jahrhundert als Lehngut des Stifts Meschede urkundlich erwähnt worden. Der Paderborner Hofmeister Heinrich von Westphalen, der das Gut 1602 erworben hatte, ließ ab 1608 ein repräsentatives Herrenhaus errichten. Portal und Haube des Portalturms kamen 1669 hinzu. Vorburg und Wirtschaftsgebäude vervollständig-

Burgruine Eversberg

Gut Laer, Meschede

ten ab 1764 den Ausbau des Guts zur Schlossanlage. Seit mehr als 300 Jahren gehört das Gut mit seinen landwirtschaftlichen Flächen der Familie von Westphalen. Schloss Laer liegt an der Bundesstraße von Meschede in Richtung Arnsberg im Ruhrtal.

■ **Informationen**

Schloss Laer

Laer 3

59872 Meschede

Tel. 0291/9022443 (Tourist-Info)

info@hennesee-sauerland.de

info@graf-von-westphalen.de

www.graf-von-westphalen.de

Gut Stockhausen bei Meschede

Gut Stockhausen bei Wennemen ist seit Anfang des 19. Jahrhunderts ein Rittergut, das vermutlich aus einem der alten Oberhöfe des Stifts Meschede

hervorgegangen ist. Eine erste urkundliche Nennung erfolgte 997. Arnold von Stockhausen (um 1400) führte die ununterbrochene Linie der Besitzer an. Ludwig von Stockhausen war im 16. Jahrhundert für den Landdrost des Herzogtums Westfalen als Rentmeister tätig. Julius von Stockhausen, der bis 1881 lebte, nutzte als erster die Wasserkraft der Ruhr für den Betrieb einer Holzschleiferei. Heute wird das historische Gemäuer auch für außergewöhnliche Feiern und Tagungen genutzt.

■ **Informationen**

Gut Stockhausen

Gutsweg 20

59872 Meschede-Stockhausen

Tel. 0291/6043

karine.st@web.de

www.gutstockhausen.de

info@hennesee-sauerland.de

Köbbinghof Völlinghausen (Möhnesee)

Der 1226 erstmals erwähnte Köbbinghof wurde 1822 von Florenz 2 von Bockum, genannt Dolffs, erworben. Urenkel Hilmar von Bardeleben zog 1971 in das große Herrenhaus des Gutshofes ein. Aus den landwirtschaftlichen Flächen entstand ein Golfplatz. Heute können die Räumlichkeiten für Events genutzt werden.

■ **Informationen**

Eventhof Köbbinghof

Frankenufer 13

59519 Möhnesee-Völlinghausen

Tel. 02925/2271

info@koebbinghof.de

www.koebbinghof.de

Jagdschloss Sankt Meinolf (Möhnesee)

Das Jagdschloss Sankt Meinolf liegt idyllisch im Naturpark

Arnsberger Wald in der Nähe des Möhnesees. Es wurde 1891 von dem Hamburger Bankier, Freiherr Conrad Hinrich Donner, der auch Eigentümer der umliegenden Wälder und des u.a. mit Sikawild bestückten Wildparks war, erbaut. Das in den 1930er Jahren verkaufte Anwesen gelangte später in den Besitz des Autofabrikanten Wilhelm von Opel. Ab 1947 übernahm es das Erzbistum Paderborn und eröffnete hier eine Bildungseinrichtung. Versuche, in dem stattlichen Gebäude ein Restaurant und Hotel einzurichten, blieben erfolglos. Heute befindet sich das Jagdschloss in Privatbesitz und

kann nur vom Wanderweg aus betrachtet werden.

Das Café/Restaurant Torhaus am Hevearm des Möhnesees (an der B229) bildete einst das Eingangstor zu dem 600 Hektar großen Tierpark des Freiherrn Donner.

■ **Informationen**
St. Meinolf
Wilhelmsruh 1
59519 Möhnesee
www.reisefuehrer-moehnesee.de

Turmhügelburg „Motte" bei Neuenrade-Küntrop

„Motten" waren einst hölzerne Turmhügelburgen, die von Adeligen oder Feudalherren im 11. und 12. Jahrhundert zur Sicherung ihres Areals errichtet wurden. Eine nachgebaute, 22 Meter hohe und sechs Meter breite Motte stand 2010 in einer Sonderausstellung im LWL-Museum für Archäologie in Herne. Dank kommunaler Initiative durch engagierte Heimatfreunde hat diese Turmhügelburg im Neuenrader Ortsteil Küntrop ihren neuen, endgültigen Standort gefunden.

■ **Informationen**
Motte Team
Dinneike
58809 Neuenrade-Küntrop
Tel. 0170/4517902
kpsasse@gmx.de
www.küntrop.de

Schlösser in Olsberg

Auf dem Stadtgebiet von Olsberg gibt es nicht weniger als

fünf Schlossbauten aus unterschiedlichen Epochen. Sie befinden sich in Privatbesitz und können daher innen nicht besichtigt werden. Es sind Antfeld, Bigge, Bruchhausen, Brunskappel und Gevelinghausen.

Schloss Antfeld ist 1705 durch Bernhard Christof von Schade errichtet worden. Zuvor hatte hier seit dem 13. Jahrhundert ein Gutshof gestanden. Um 1800 erbte die Familie von Papen-Lohe das Anwesen. Das gelb gestrichene, zweigeschossige und dreiflügelige, barocke Hauptgebäude mit zwei angebauten Türmen liegt anmutig in einem Park.

Schloss Bruchhausen, westlich unterhalb der Bruchhauser Steine gelegen, wurde im 15. Jahrhundert von der Familie Gaugreben erworben. Später gehörte es Freiherr Ferdinand von Lüninck, der Opfer der Hitler-Tyrannei wurde. Heute ist das Anwesen im Besitz des Freiherrn von Fürstenberg-Gaugreben. Zu der sehenswerten Anlage gehören das Schloss mit Wassergraben, Rentei, Meierei und ein Kutschenmuseum. Für private Feiern ist die Fischerhütte geeignet. In der alten Rentmeisterei können Gäste eine exklusive Ferienwohnung mieten.

Schloss Gevelinghausen, erstmals um 1299 erwähnt, ging 1796 in den Besitz des Freiherrn von Wendt-Papen-

Motte bei Küntrop

Jagdschloss St. Meinolf, Möhnesee

Rosengarten im Gutshof Schloss Bruchhausen

Schloss Antfeld, Olsberg

hausen über. 1985 wurde es verkauft. Die Verwaltungs-Berufsgenossenschaft richtete hier ein Ausbildungszentrum ein. Auch ein Schlosshotel mit komfortablen Zimmern gehört dazu.

Schloss Schellenstein in Bigge, erstmals 1270 urkundlich erwähnt, erlebte im Verlauf der Jahrhunderte mehrere Besitzer. 1904 wurde auf Schellenstein die Josefsgesellschaft gegründet, die – mit Hauptsitz in Köln – die Eingliederung behinderter Menschen zur Aufgabe hat. Zur Josefsgesellschaft gehören das Bigger Josefsheim und die Elisabeth-Klinik.

Schloss Wildenberg in Brunskappel geht in seiner heutigen Form auf das Jahr 1295 zurück. Ursprünglich befanden sich an dieser Stelle eine Kapelle und ein Gutshof, die zum Kloster Grafschaft gehörten. Das denkmalgerecht sanierte Schloss befindet sich in Privatbesitz.

■ **Informationen**
Tourismus Brilon Olsberg GmbH

Ruhrstr. 32
59939 Olsberg
Tel. 02962/97370
touristik@ts-olsberg.de

Schloss Antfeld
Schloss 1
59939 Olsberg-Antfeld
Tel. 02962/97370
info@ts-olsberg.de

Freiherr von Fürstenberg
Gaugreben'sche Verwaltung
Schlosshof 1
59939 Olsberg-Bruchhausen
Tel. 02962/97670
fuerstenberg@gaugreben.de
www.schloss-bruchhausen.de

Hotel Schloss Gevelinghausen
Schlossstr. 1
59939 Olsberg
Tel. 02904/8030
Akademie.Olsberg@vbg.de
www.schloss-gevelinghausen.de

Schwarzenberg-Ruine [Plettenberg]
Die vor über 700 Jahren errichtete Burg Schwarzenberg

besteht nur noch aus einigen Ruinen. Dennoch besitzt sie mit ihrer reizvollen Lage hoch über dem Lennetal eine mystische Anziehungskraft. Die Region war im Mittelalter als Grenze zwischen den Territorien der kölnischen Fürstbischöfe und der Grafen von der Mark stark umkämpft. Zerstört wurde sie durch Blitzschlag und Brand am 13. Juni 1864. Die Steine der Ruine nutzte man für den Bau des Forsthauses unterhalb der Burg. Eine Wanderung zur Burgruine Schwarzenberg ist ein lohnender Tipp für Besucher der Vier-Täler-Stadt.

■ **Informationen**
Schwarzenberg 1
58840 Plettenberg
Stadtmarketing Plettenberg e.V.
Grünestr. 12 – Im Rathaus

58840 Plettenberg
info@stadtmarketing-plettenberg.de
www.stadtmarketing-plettenberg.de

Plettenberger KulTour GmbH
Kaiserstr. 9
58840 Plettenberg
post@plettenberg-kultour.de
www.plettenberg-kultour.de

Haus Buuck [Rüthen]
Das stattliche Fachwerk- und einstige Kaufmannshaus Haus Buuck ist das älteste profane Gebäude in Rüthen. Errichtet wurde es 1609 – das Jahr, in dem die Stadt Rüthen letztmals ihren Mitgliedsbeitrag an die Hanse zahlte. Den großen

Ruine Burg Schwarzenberg, Plettenberg

Stadtbrand von 1739 hat es unbeschadet überstanden. Schnitzwerk auf den Balken und die hohe Giebelwand, die geschossweise vorspringt, unterstreichen die Bedeutung des Gebäudes und den Wohlstand der Besitzer. Die alte Holztür ist noch vorhanden, ebenso alte Holz- und Steinfußböden. Mit einem großen Aufzugsrad in der überdachten Diele zog man einst die Handelswaren in die oberen Etagen. Haus Buuck ist heute Start und Ziel für die Stadtführungen. Als Mehrgenerationenhaus ist es auch Anlaufstelle für Seniorentreffs u. ä. Im dritten Stock gibt es liebevoll eingerichtete Zimmer zur Übernachtung. Im ersten Stock hat man ein „Wanderappartement" für zwei Personen eingerichtet. Betreut wird das Gebäude durch den Verein „Forum für Stadtentwicklung e.V."

■ **Informationen**
Haus Buuck
Hachtorstr. 20
59602 Rüthen
Tel. 02952/9027560 oder 02952/818172
(Touristik-Büro) oder 02952/587 (Forum)
tourismus@ruethen.de
www.tourismus-ruethen.de
post@ruethener-forum.de
www.ruethener-forum.de

Schloss Körtlinghausen (Rüthen-Kallenhardt)

Die 1398 erstmals erwähnte Burganlage von Schloss Körtlinghausen ließ Franz Otto Freiherr von und zu Weichs 1740 zu einem prächtigen, barocken Schloss umbauen. Die Familie stand in Diensten des Kölner Kurfürsten Clemens-August und organisierte die hochherrschaftlichen Treibjagden, wenn der Kurfürst im Sauerland weilte. Später erwarb Freiherr von Fürstenberg das Areal. Das gepflegte, ansehnliche Wasserschloss mit Freitreppe, Brunnen und Nebengebäuden liegt idyllisch eingebettet im Glennetal zwischen Rüthen und Kallenhardt. Für Feiern, Events und Hochzeiten können Räume angemietet werden.

■ **Informationen**
Freiherr von Fürstenbergsche Rentei
Körtlinghausen 5
59602 Rüthen-Kallenhardt
Tel. 02902/9795-0
schloss@koertlinghausen.de
www.schloss-koertlinghausen.de

Schloss Haus Amecke bei Sundern

Seit 1338 ist das unweit des Sorpesees gelegene Schloss Haus Amecke im Besitz der Familie von Wrede. Bis 1830 umgab ein Wassergraben das Herrenhaus. Die Schloss-Scheune ist gut geeignet für Feiern und Veranstaltungen.

Schloss Melschede, Sundern

Wer sich einmal wie ein Schlossherr fühlen möchte, kann auch eine Ferienwohnung im Schloss mieten.

■ **Informationen**

Schloss Haus Amecke

Haus Amecke

59846 Sundern-Amecke

Tel. 02393/376

info@schlossamecke.de

www.schlossamecke.de

Burgruine Hachen (Sundern)

Durch ein geschwungenes Tor betritt der Besucher die auf einer Berghöhe über Hachen liegende Burgruine. Die Baugeschichte der um 1000 errichte-ten Anlage, die seit dem 15. Jahrhundert an Bedeutung ab-nahm, ist 1980 vom Westfälischen Amt für Denkmalpflege erforscht worden. Erst 1839 war das Areal in den Besitz der Gemeinde Hachen übergegangen. 1924 errichtete man ein Kriegerehrenmal. Der Aufstieg zur Ruine wird mit einem schönen Ausblick über Hachen belohnt.

■ **Informationen**

Burgruine

Burgstr. 18

59846 Sundern-Hachen

Tel. 02933/979590

info@sundern-sorpesee.de

www.sundern-sorpesee.de

Schloss Melschede bei Sundern

Als Vogtei der Grafschaft Arnsberg wurde das Schloss bereits 1281 urkundlich erwähnt. Von 1364 bis 2010 war es in Besitz der Freiherren von Wrede-Melschede. Die ursprüngliche Vierflügelanlage mit Freitreppe stammte aus den Jahren 1659 bis 1669. Den Nordflügel sowie zwei flankierende Türme hatte man 1820 abgerissen, so dass das Schloss seine heutige Ansicht als offene Dreiflügelanlage erhielt. Schloss Melschede liegt anmutig in einer Parklandschaft. Der Westflügel ist für exklusive Events nutzbar. Regelmäßig finden hier Kammerkonzerte statt. Auch das originelle Übernachten im Schloss zählt mittlerweile zu den Angeboten der neuen Besitzer.

■ **Informationen**

Schloss Melschede

Melschede 1

59846 Sundern-Hövel

Tel. 02935/1328

info@schloss-melschede.de

www.schloss-melschede.de

Haus Dassel in Warstein-Allagen
>> Kunst und Kultur, Museen

Haus Kupferhammer Warstein
>> Kunst und Kultur, Museen

Schloss Mülheim im Möhnetal (Warstein)

Das historische Klostergebäude im Möhnetal im Warsteiner Ortsteil Mülheim-Sichtigvor, das optisch wie ein Schloss wirkt, beherbergte die bis 1268 gegründete Deutschordenskommende Mülheim. Im Jahr 1809 endete mit der Aufhebung des Ordens durch Napoleon diese Phase. Die Besitzungen des Klosters fielen zunächst an Hessen-Darmstadt und nach 1816 an Preußen. Das Gebäude

der Kommende ging ab 1860 in den Besitz von katholischen Nonnen über. Noch bis 1994 bestand hier ein Kindererholungsheim. In den letzten Jahren geriet das aktuell leer stehende, denkmalgeschützte Gebäude, in dem sich erheblicher Sanierungsstau angesammelt hat, wegen Zwangsversteigerungen in die öffentlichen Schlagzeilen.

■ **Informationen**

Kloster Mülheim

Ordensritterweg 1

59581 Warstein-Sichtigvor

Tel. 02902/81268

tourist@warstein.de

www.warstein.de

Schloss Körtlinghausen, Kallenhardt

MALERISCHE ALTSTÄDTE

Das Sauerland ist reich an historischen Altstädten. Die Bewohner haben vielerorts den Wert ihrer bildschönen, historischen Gebäude erkannt und diese wertgeschätzt. Ob Bruchstein, Fachwerk oder Naturschiefer, heute finden wir eine Vielzahl von denkmalgeschützten Objekten vor, die als Bürgerhäuser oder Verwaltungsbauten errichtet wurden.

Altstadt Arnsberg
Die Geschichte Arnsbergs beginnt mit der Auswahl des idealen Standorts für eine Burganlage, die zu allen Seiten möglichst gut zu verteidigen

war. Der erste Bau auf dem Schlossberg datiert aus dem späten 11. Jahrhundert. Südlich unterhalb der Burg entstand die Altstadt, die ursprünglich von einer Mauer umgeben war. Reste sind heute noch vorhanden, dazu zählen der Limpsturm und der Grüne Turm. Der Glockenturm gilt als Wahrzeichen der Altstadt. Noch auf dem Bergrücken, aber außerhalb des Zentrums, lag damals Kloster Wedinghausen. Es hatte bis zur Säkularisation 1803 überregionale Bedeutung. Direkt an der dazugehörigen Propsteikirche machten Archäologen in den

letzten Jahren aufsehenerregende Funde, so etwa bemalte Grabkammern.

Durch den weithin sichtbaren Glockenturm, der am Alten Markt mit Maximilianbrunnen liegt, betritt man den Kern der Altstadt. Der Turm ist umgeben von historischen Fachwerkhäusern und dem Alten Rathaus von 1709. Dieses oft fotografierte Ensemble gilt als „gute Stube" der Stadt. Der Kölner Kurfürst Clemens-August ließ das Schloss auf dem Plateau durch Baumeister Schlaun ab 1730 im Barockstil prächtig umgestalten. Kurz vor Ende des Siebenjährigen Krie-

Stadtmauer Rüthen

Rathaus Brilon

Maximilianbrunnen, Arnsberg

ges wurde es 1762 zerstört. Aus den Steinen der Ruine baute man im Tal eine Kaserne. Dieses Gebäude machte Oberpräsident Vincke 1816 zum ersten Sitz der neu eingerichteten Bezirksregierung. Heute beherbergt es das Verwaltungsgericht. Die Stadt wuchs. Es zogen Beamte aus Berlin nach Arnsberg, um die Regierung mit Leben zu erfüllen. Am Neumarkt entstanden eine evangelische Kirche, ein großes Postgebäude und ein Casino, an der Königstraße neue Wohnhäuser im klassizistischen Stil. An den Plänen war der Berliner Baumeister Karl Friedrich Schinkel beteiligt. So besitzt Arnsberg als Besonderheit heute auch ein Klassizismusviertel.

Regelmäßig finden Führungen durch die Altstadt statt mit vielen Informationen aus der spannenden Geschichte.

Altstadt Brilon

In der Briloner Altstadt fällt besonders das Rathaus auf. Beim Wettbewerb des Düsseldorfer Innenministeriums 2019 um das schönste Rathaus von NRW erzielte Brilon den dritten Platz. Das um 1250 erbaute Gebäude mit seiner barocken Front zählt zu den äl-testen in Deutschland. Es diente in Brilons Hansezeit als Gildehaus. Das stimmige Fachwerk-Ensemble am Marktplatz wirkt wie aus einer anderen Zeit. Mitten auf dem Platz plätschert der – „Kump" genannte – Petrusbrunnen mit der Figur des Apostels und Stadtpatrons. Cafés und Restaurants laden zum Verweilen ein. Der mächtige Westturm der Propsteikirche thront im Hintergrund. Die historische Hanse bestand bis ins 17. Jahrhundert. Brilon hatte 1983 den neuen Westfälischen Hansebund mitbegründet. Im Jahr 2020 sollte mit dem 800jährigen Stadtjubi-

Schmallenberg

läum auch der 40. Internationale Hansetag groß gefeiert werden. Wegen der Beschränkungen durch das Corona-Virus mussten die Veranstaltungen abgesagt werden.

Altstadt Rüthen

In der gut erhaltenen Altstadt der ehemaligen Hansestadt Rüthen entdeckt der Besucher auf Schritt und Tritt sehenswerte Objekte aus vergangenen Zeiten. Wenn man über die alte Stadtmauer geht, bieten sich weite Ausblicke. Zwischen Hexenturm und der alten Seilerei Hartmann („Reeperbahn") besteht ein „altes Handwerkerdorf". Das um 1300 erbaute Hachtor diente der Ortsbefestigung und ist heute ein Wahrzeichen. Der Rüthener Grünsandstein ist in den letz-

ten Jahrhunderten für den Bau von vielen Kirchen und Häusern in Westfalen verwendet worden. (>> Kunst & Kultur, Museen) Im Ortszentrum hat der engagierte „Verein Forum für Stadtentwicklung e.V." in den letzten Jahren das 400 Jahre alte Baudenkmal Haus Buuck vorbildlich restauriert. (>> Geschichte, Burgen – Schlösser) Das 1730 gebaute Rüthener Rathaus besticht vor allem durch seine große, geschwungene Freitreppe; ideal geeignet für Hochzeitsbilder und sonstige Gruppenfotos. Der 35 Meter hohe Wasserturm, der auf dem höchsten Punkt der Oberstadt steht (386 m ü. N.N.), bietet von seiner Aussichtsplattform weite Ausblicke auf den Haarstrang, ins Möhnetal und ins Sauerland.

Altstadt Schmallenberg

Die Schmallenberger Altstadt wirkt – aus der Luft betrachtet – fast wie eine Leiter. Es gibt zwei lange, parallel verlaufende Hauptstraßen (Ost- und Weststraße) sowie fünf Querstraßen. Alles wurde nach dem großen Stadtbrand von 1822 preußisch klassizistisch neu geplant. Die Straßenfronten der Fachwerkhäuser mit ihren Schieferdächern ähneln sich. Noch heute wirkt das Stadtbild homogen und geschlossen, weil auch Neubauten an die regionale Bautradition angepasst wurden. Der Verkehrsverein Schmallenberg bietet Stadtführungen an. Schmallenberg zählt zu den 56 Kommunen in NRW, die sich zur „Arbeitsgemeinschaft Historische Stadt- und Ortskerne in NRW" zusammengeschlossen haben.

In Arnsbergs Altstadt

MÜHLEN

Wassermühlen zählen zu den „ältesten Kraftmaschinen der Menschheit", so die Deutsche Gesellschaft für Mühlenkunde und Mühlenerhaltung (DGM). Die Entwicklung ganzer Industrieregionen in den Flusstälern des Sauerlands und des Bergischen Lands lässt sich an Standortvorteilen durch Wasserkraft ablesen. Mit Wasserkraft wurden einst Bäume zersägt, Pumpen und Hammerwerke betrieben, Korn zu Mehl gemahlen, Flachs / Raps zu Öl gepresst und Knochen zu Dünger zerstampft. Es waren nicht nur die größeren Flüsse des Sauerlandes – wie Ruhr, Lenne und Möhne –, an denen sich die Wasserräder drehten, sondern auch die kleineren Bäche, die man mitunter, wenn der Wasserzufluss nicht ausreichte, zu kleinen Seen aufstaute, um dann – mit Öffnen der Schleusen – zumindest zeitlich begrenzt die erforderliche Wassermenge auf das Rad zu be-

kommen. Im Sauerland gibt es 15 Flüsse und Bäche, die 21 bis 50 Kilometer lang sind, um dann in die Ruhr, Lenne, Volme, Eder, Diemel, Orke, oder Sieg zu münden. Die Anzahl der bis zu 20 Kilometer langen Bäche liegt bei 49. Jede einzelne Quelle ist ein Unikat der Natur, das man wertschätzen sollte. Die Alme bei Brilon hat sogar über 100 kleine Quellen, die aus dem Erdreich sprudeln oder konzentriert unter dem Quellteich liegen.

Stütings Mühle, Belecke

Alte Gerberei Mühlenstraße (Arnsberg)

Direkt am Mühlengraben, der von der Ruhr abzweigt, liegt die alte Gerberei, die in den letzten Jahren zu einem originellen, über drei Etagen eingerichteten Mühlenrestaurant umgebaut wurde. Das 1814 errichtete Gebäude steht unter Denkmalschutz. Die Gasthausbrauerei „Arnsberger Mühlenbräu" hat es saniert und in Betrieb genommen.

■ **Informationen**

Gasthausbrauerei Arnsberger Mühlenbräu
Mühlenstr. 20
59821 Arnsberg
Tel. 02931/5327716
info@arnsberger-muehlenbraeu.de
www.arnsberger-muehlenbraeu.de

Alte Kornmühle Ramsbeck (Bestwig)

Die über 400 Jahre alte Ramsbecker Mühle besitzt noch drei Mahlstände und eine intakte mittelalterliche Technik. Erwähnt wurde sie bereits 1685 in einer Steuerliste für den Kölner Kurfürsten. Der Wasserzufluss aus der Valme für die oberschlächtigen Mühlräder erfolgt durch einen Mühlgraben. Weil die Mühle als Besonderheit drei Wasserräder hatte, an die jeweils ein Mahlgang gekoppelt war, konnten sowohl Korn gemahlen als auch die Samenkapseln von Flachs und Raps mittels der Mühlsteine zerrieben und zu

Öl weiterverarbeitet werden. Der hölzerne Innenausbau stammt von 1810, der heutige Mahlstand von etwa 1860. Die letzten Quittungen für Getreidesäcke tragen ein Datum von 1956. Der Verein „Alte Kornmühle Ramsbeck e.V." bemüht sich seit Jahren um die Bewahrung der Mühle. Er betreibt die Anlage als Schaumühle und bietet Führungen an.

■ **Informationen**
Verein „Alte Kornmühle" Ramsbeck e.V.
Uferweg 13
59909 Bestwig-Ramsbeck
Tel. 0231/431940 oder (Mühlenbesichtigung) 02905/432
gemeinde@bestwig.de
www.bestwig.de

Altenbürener Mühle (Brilon)

In der Altenbürener Mühle, die am Rand des Briloner Stadtwaldes an der Glenne liegt, wurde noch bis 1956 Korn gemahlen. Die Mühle gehörte einst der Gemeinde Altenbüren, die sie an einen Müller verpachtete. Die Gastronomie hat ebenfalls eine Tradition. Früher hatten sich die Pächter der umliegenden Jagdbezirke hier eine „Jagdstube" eingerichtet, um sich vom Müller beköstigen zu lassen. Heute ist die Mühle ein beliebtes Ausflugsziel für Wanderer und Radfahrer.

■ **Informationen**
Altenbürener Mühle
59929 Brilon-Altenbüren
Tel. 02961/2100
info@altenbürener-mühle.de
www.muehle-altenbueren.de

Eichener Mühle (Drolshagen)

Die Eichener Mühle, erstmals 1512 erwähnt, nutzte als Getreidemühle ein oberschlächtiges Wasserrad. Der Mühlenteich hatte zwei Zuflüsse: die Rose und die Brachtpe. Da es sich um eine Bannmühle handelte, durften die umliegenden Bauern nur hier ihr Korn mahlen lassen. 1840 wurde die Mahlmühle durch ein Sägewerk ergänzt, 1910 durch eine Brotbackstube und später noch durch eine Knochenmühle. Erst 1964 stellte man den Betrieb ein. Erfreulicherweise konnte der Verfall verhindert werden. Getreidespeicher, Wasserrad sowie Sägegatter sind erhalten geblieben und stehen unter Denkmalschutz. Besichtigungen sind nach Vereinbarung möglich.

■ **Informationen**
Eichener Mühle
Eichenermühle 1
57489 Drolshagen-Eichenermühle
Kontakt Tel. 02761/835831 (Dr. Heinen)
buergerbuero@drolshagen.de
www.drolshagen.de
www.drolshagen-marketing.de

Alte Mühle Cobbenrode (Eslohe)

Die aus dem 17. Jahrhundert stammende, einst das Wasser des Esselbachs nutzende Getreidemühle in Cobbenrode arbeitete bis 1972. Ab 1988 wurde sie restauriert. Auch ein Backhaus kam hinzu, in dem zu bestimmten Zeiten in einem Steinofen von 1903 frisches Brot gebacken wird. Besucher können den Mahlvorgang detailliert beobachten; die Müh-

Alte Mühle Cobbenrode

Heesfelder Mühle, Halver

lentechnik ist bestens erhalten. Für Schulklassen sind separate Führungen möglich. Den ebenfalls in Cobbenrode liegenden Stertschultenhof (>> Kunst & Kultur, Museen) kann man in Verbindung mit einer Kaffeetafel gleich mitbuchen.

■ **Informationen**
Alte Mühle/Backhaus
Zur Alten Mühle 7
59889 Eslohe-Cobbenrode
Tel. 0175/3298221
info@cobbenrode.de
www.cobbenrode.de

Knochenmühle Isingheim (Eslohe)

Die Mühle liegt in Isingheim, vier Kilometer von Eslohe, entfernt am Esselbach. Sie hatte drei verschiedene Funktionen seit Beginn des 19. Jahrhunderts. Zunächst arbeitete sie als Sägemühle, dann als Rapsmühle und schließlich, seit Mitte des Jahrhunderts, als Knochenmühle. 65 Kilogramm schwere eiserne Stempel, angetrieben durch ein oberschlächtiges Mühlrad, zerstampften die Knochen zu Mehl, das von den Landwirten als Dünger auf den Feldern verteilt wurde. Nach 1945 war der Betrieb nicht mehr rentabel.

■ **Informationen**
Knochenmühle
Isingheim 3
59889 Eslohe-Isingheim
www.ferienregion-eslohe.de

Frettermühle Finnentrop

Die seit mehr als 600 Jahren bestehende Getreidemühle am Fretterbach ist seit 200 Jahren in Familienbesitz und war bis 1983 mit einem oberschlächtigen Wasserrad noch in Betrieb. Klaus Brill und Elisabeth Brill, geb. Jagemann, schalteten dann auf regenerative Stromerzeugung um. Die alten Mühlsteine sind noch vorhanden und können auch wieder bei Bedarf in Schwung gebracht werden. Schrotgänge, Walzenstuhl, Spitzenschälmaschine und ein selbst gebauter Sackfahrstuhl, alles ist zu sehen.

■ **Informationen**
Frettermühle
Mühlenwinkel 2
57413 Finnentrop
www.finnentrop.de

Heesfelder Mühle (Halver)

Die Heesfelder Mühle gilt als „einer der schönsten Plätze in Halver". Erstmals urkundlich erwähnt wurde sie 1465. Zunächst hatte man die Mahl-

Ahe-Hammer Herscheid

gänge als Getreidemühle, später als Ölpresse und ab 1850 als Knochenmühle genutzt. In zweijähriger mühevoller Arbeit sanierte der eingetragene Verein „Heesfelder Mühle" von 1991 bis 1993 die historische Wassermühle an dem Fluss Hälver. Heute ist sie ein beliebtes Ausflugsziel und ist Teil des Zentrums für Naturschutz und Kulturlandschaftspflege. Neben der Genussmühle gibt es das Café Heimatliebe. Auch die 1782 errichtete kleine Dorfschule nebenan konnte saniert werden. Im Erdgeschoss befindet sich ein einziger Klassenraum mit angrenzendem Ziegenstall. Im Obergeschoss gab es eine Wohnküche, im Dachgeschoss eine Schlafkammer.

■ **Informationen**
Heesfelder Mühle
Heesfelder Mühle 1
58553 Halver
verein@heesfelder-muehle.de
www.heesfelder-muehle.de
www.naturerlebnis-volme.de

Sundwiger Mühle (Hemer)
Die Sundwiger Mühle, auch Alberts Mühle genannt, ist die letzte noch in Betrieb befindliche Wassermühle im Märkischen Kreis. Sie wurde von 1865 bis 1868 von Johannes Peter Alberts erbaut. Auch der heute noch funktionierende Mühlenbremsfahrstuhl stammt aus dieser Zeit. Eine einfache Getreidemühle gab es hier seit 1816. Als Antrieb dient seit 1958 eine Turbine, die ein oberschlächtiges Wasserrad abgelöst

hat. Das Wasser des Sundwiger Baches wird über einen Mühlenteich in die Anlage geleitet. Seit Generationen befindet sich die Mühle in Familienbesitz. Heute wird im Backhaus neben dem Mühlteich wieder traditionell Brot aus dem Holzofen gebacken. Dazu gib es einen Mühlenladen.

■ **Informationen**
Sundwiger Mühle
Hönnetalstr. 39a
58675 Hemer-Sundwig
Tel. 02372/2074
hannes@albertsmuehle.de
www.sundwiger-muehle.com

Osemunddenkmal Ahe-Hammer Herscheid
Der bereits 1562 erstmals erwähnte Ahe-Hammer in Herscheid wurde noch bis 1941 als

Schmiede genutzt. Die Schwarze Ahe ist ein Nebenfluss der Verse. Hier stellte man das Osemundeisen her, aus dem anschließend der Draht gezogen wurde. Die bereits 1950 als Industriemuseum hergerichtete Anlage kann heute noch mit ihren zwei von einem Wasserrad angetrieben Hämmern im Schaubetrieb gezeigt werden. Ein zweites Wasserrad erzeugt Wind für den Ofen. Bei Vorführungen erlebt der Besucher eindrucksvoll die Details des Schmiedeprozesses. Gruppenbesichtigungen erfragen.

■ **Informationen**
Ahe-Hammer
Schwarze Ahe 19
58849 Herscheid
Tel. 0231/931122-33
Stiftung Industriedenkmalpflege
und Geschichtskultur
info@industriedenkmal-stiftung.de
www.industriedenkmal-stiftung.de
www.ahehammer.de

Knochenmühle Meinerzhagen

Die um 1849 errichtete Knochenmühle ist ein bedeutendes in Westfalen erhaltenes Kulturdenkmal. Sie liegt im Tal der Ihne in der Bauernschaft Mühlhofe. In der vollständig restaurierten und funktionsfähigen Mühlenanlage zerrieb man bis 1939 Tierknochen, um das Mehl als Pflanzendünger zu nutzen. Ab 1548 hatte an dieser Stelle eine Kornmühle gestanden. Führungen nach Vereinbarung.

■ **Informationen**
Knochenmühle Meinerzhagen
Mühlhofe 10
58540 Meinerzhagen
Heimatverein Meinerzhagen
www.heimatverein-meinerzhagen.de
www.meinerzhagen.de
Tel. 02358/7136

Mendener Mühle

Die Mendener Mühle stammt vermutlich aus dem beginnenden 14. Jahrhundert. Im Mittelalter lag sie außerhalb der Stadtmauern. Der jetzige Bau entstand im frühen 16. Jahrhundert. Das daneben stehende prächtige Fachwerkgebäude errichtete Müller Johannes Hufnagel um 1804. Weil die Mühle mit einem Bannrecht belegt war, musste alles Korn aus der Region hier gemahlen werden. Heute ist im Inneren eine Erlebnisgastronomie untergebracht.

■ **Informationen**
Die Mühle
Südwall 37
58706 Menden
www.menden-muehle.de
Stadtarchiv Menden, H. Reisloh
Tel. 02373/9031780

Berger Mühle (Meschede)

Die Berger Mühle wird vom Wasser der Wenne gespeist, die talabwärts in die Ruhr mündet. Bei der Renovierung 1920 ersetzte man die alten Mühlenräder durch moderne Turbinen. 2019 wurde ein neues, unterschlächtiges, 7,70 Meter hohes und 2,75 Meter breites Wasserrad mit Schaufeln aus Holz eingebaut. Eine Fischtreppe sorgt dafür, dass Forellen und Äschen flussaufwärts schwimmen können. Bei Führungen zeigt Uli Nieswand die ganze Anlage mit Mahlwerken, Abfüllmaschinen, Stauwehr, Backes und Gewölbeofen, in dem leckeres Brot gebacken werden kann. Mühlencafé und Biergarten laden zur gemütlichen Rast ein. Auch private Feiern sind möglich.

■ **Informationen**
Berger Mühle – Wassermühle Heinemann
Ulrich Nieswand
Oberberger Str. 11
59872 Meschede-Berge
Tel. 02903/850101
muehlen-uli@web.de
www.hennesee-sauerland.de

Alte Sägemühle Remblinghausen (Meschede)

In der Alten Sägemühle Remblinghausen ist die Technik aus der Zeit von 1880 bis 1936 noch vollständig erhalten und einsatzfähig. Die erste urkundliche Erwähnung stammt von 1671. Der frühere Besitzer Joh. Josef Schulte modernisierte bis 1932 die damals vorhandene Technik. Sägemüller, Stellmacher und Mühlenbauer waren anspruchsvolle Handwerke. In der Sägemühle erfolgte umfassend die Rohholzverarbeitung zu Holzbalken, Baumbrettern und Brettern. In der Stellmacherei wurden Räder, Wagen und andere landwirtschaftliche Geräte aus Holz hergestellt. Die

Sägemühle betrieb der letzte Sägemüller Wilhelm Schulte bis zu seinem Tod 1983. In einem durchdachten System erfolgte der Antrieb der Maschinen u.a. über Transmissionen (110 Riemenscheiben). Der „Sägemühlenverein Remblinghausen e.V." erhält seit 1994 die Anlagentechnik und Gebäude. Dreschmaschine, Schrotmühle, Stellmacherwerkstatt, Kleedreschmaschine, Holzfräsmaschine und Horizontalgatter, alles ist noch voll funktionsfähig. Für Kinderbesuche gibt es spezielle Programme. Besichtigungstermine sind nach Vereinbarung möglich.

Brenscheider Mühle, Nachrodt-Wiblingwerde

■ **Informationen**

Sägemühlenverein Remblinghausen e.V.

Sägemühle 15

59872 Meschede-Remblinghausen

kulturdenkmal.saegemuehle@gmx.de

www.remblinghausen.org

www.teammuehle2@gmail.com

Brenscheider Mühle (Nachrodt-Wiblingwerde)

Bei der mit Wasserkraft betriebenen, 1593 erstmals erwähnten Kornmühle im Nahmertal handelte es sich um eine Bannmühle in der Grafschaft Mark. Die 1952 geschlossene Mühle, zu der auch eine Bäckerei gehörte, konnte 1975 vor dem Verfall gerettet und umfassend restauriert werden. So hat man das Mahlwerk erneuert und ein neues Wasserrad eingebaut. Die benachbarte Ölmühle an der Mündung des Brenscheider Bachs in die Nahmer

stammt von 1845. Hier wurde aus Raps Öl hergestellt. Die 1923 endgültig geschlossene, 1958 vom Kreis übernommene Anlage steht seit 1982 unter Denkmalschutz. Heute ist das Ensemble der Brenscheider Mühlen ein gern besuchtes Kulturdenkmal. 1984 gab es hier – erstmals seit 32 Jahren – wieder selbst gebackenes Brot. Zu bestimmten Terminen werden Backtage mit ehrenamtlichen Bäckern veranstaltet. Nebenan liegt das Waldrestaurant Brenscheider Mühle mit Biergarten. Rund um die Mühlen gibt es fünf Themen-Wanderwege in reizvoller Landschaft.

■ **Informationen**

Brenscheider Mühle

Brenscheider Mühle 1

58769 Nachrodt-Wiblingwerde

Tel. 02352/22150 (Mühle) oder

02352/2904 (Restaurant)

www.brenscheider-mühle.de

www.nachrodt-wiblingwerde.de

info@maerkisches-sauerland.com

www.maerkisches-sauerland.com

Lennemühle Oberkirchen (Schmallenberg)

In der aus dem Jahr 1807 stammenden Lennemühle wurde noch bis 1993 Korn gemahlen. Das Wasserrad an der Lenne hatte der Müller bereits 1920 und 1927 durch Turbinen ersetzt. Sie dienen der Stromerzeugung. In dem originellen Ambiente der Mühle, die direkt an der B236 liegt, gibt es seit 1995 eine Gaststätte mit Restaurant.

■ **Informationen**

Gasthaus Lennemühle

Alte Poststr. 15

57392 Schmallenberg-Oberkirchen

info@lennemuehle.de

www.oberkirchen.de

Mühle Niederbergheim an der Möhne (Warstein)

Die Mühle in Niederbergheim wurde 1551 im Auftrag des

Kölner Erzbischofs gebaut und ist somit die älteste im Möhnetal. Ursprünglich hat man hier mittels Wasserkraft Holz gesägt und Korn gemahlen. Heute produzieren die Eigentümer umweltfreundlich Strom. Das Gefälle beträgt 3,50 Meter. Direkt neben dem mit fünf Meter Durchmesser und 2,50 Meter Breite größten, mittelschlächtigen Möhne-Mühlrad befindet sich die Galerie für Kunst und Kunstgewerbe. Nähere Informationen zu den Öffnungszeiten auf Anfrage.

■ **Informationen**
Galerie Mühle
Möhnestr. 482
59581 Warstein-Niederbergheim
Tel. 0151/42501414
www.galerie-muehle.de

Stütings Mühle in Belecke (Warstein)

Stütings Mühle liegt an der Wester, die hier in Belecke in die Möhne mündet. Die Anlage hat eine sehr lange Tradition: Von 1307 bis 1963 drehte sich das große, mittelschlächtige Wasserrad der Korn- und Sägemühle. Ab 1813 arbeitete hier die Familie Stüting, die der Mühle auch ihren Namen gab. Der „Kultur- und Heimatverein Badulikum" richtet an der Mühle ein Informationszentrum für Heimatgeschichte ein. Schon in den 1980er Jahren hatte der „Arbeitskreis Mühlrad" das in die Jahre gekommene Mühlrad

saniert. Führungen und Vorführungen des Sägebetriebs und des Wasserkraftwerks sind auf Anfrage möglich. In der benachbarten ehemaligen Fruchtscheune befindet sich die Stadtbücherei Belecke.

■ **Informationen**
Stütings Mühle

Wilkestr. 1
59581 Warstein-Belecke
info@badulikum.de
www.badulikum.de
tourist@warstein.de

Wendener Hütte
>> Kunst & Kultur, Museen

Mühle Niederbergheim

KIRCHEN & KLÖSTER

Kloster Oelinghausen (Arnsberg)

Kloster Oelinghausen, ursprünglich 1174 gegründet, liegt in ländlicher Umgebung am Westrand von Arnsberg zwischen Herdringen und Holzen. Es entwickelte sich zu einem Prämonstratenserinnen-Kloster, ebenso wie die Arnsberger Klöster Rumbeck und Wedinghausen (für Mönche). Das Ende kam 1804 mit der Säkularisation. Die gotische Kirche aus dem 14. Jahrhundert mit ihrer barocken Innenausstattung und historischen Orgel gilt als eines der bedeutendsten kunsthistorischen Kleinodien im Sauerland. In der Krypta steht die „Kölsche Madonna" aus dem frühen 13. Jahrhundert. Der Freundeskreis des Klosters hat ein Klostergartenmuseum eingerichtet. Er bietet auch Führungen an. 1992 zogen wieder einige Nonnen des Ordens der Schwestern der Hl. Maria Magdalena Postel in das historische Gemäuer ein.

■ **Informationen**

Kloster Oelinghausen (Arnsberg)
Oelinghausen 2
59757 Arnsberg-Oelinghausen
vorsitzender@freundeskreis-oelinghausen.de
www.freundeskreis-oelinghausen.de
www.oelinghausen.de

Kloster Rumbeck [Arnsberg]

Im Kloster Rumbeck, um 1190 gegründet, lebten Non-

Kloster Wedinghausen, Arnsberg

nen vom Orden der Prämonstratenserinnen. Es wurde nach der Säkularisation 1806 aufgelöst. Die heute zu den Schätzen des Klosters zählende Orgel von 1700 stammt von Orgelbauer Hinrich Klausing. Im Klostergebäude war nach dem Krieg ein Forstamt untergebracht. Der Förderverein Dorf und Kloster Rumbeck e.V. kümmert sich um die weitere Entwicklung des Klosters. Im idyllischen Rumbecker Mühlbachtal, das einen beliebten Poesiepfad als Rundweg bietet, ist zu erkennen, wie das Kloster einst durch die Anlage von Teichen die Wasserversorgung regulierte.

■ **Informationen**
Kloster Rumbeck
Mescheder Str. 73
59823 Meschede
www.foerderverein-rumbeck.de
www.praemonstratenser.de
www.arnsberg.de

Kloster Wedinghausen (Arnsberg)

Kloster Wedinghausen, in dem Prämonstratenser-Mönche lebten und arbeiteten, erlangte Bedeutung als religiöses und kulturelles Zentrum der Grafschaft Arnsberg und später des Herzogtums Westfalen. Es wurde 1170 gegründet, besaß eine große Landwirtschaft, betrieb seit dem Mittelalter eine Schule (das später verstaatlichte Gymnasium Laurentianum) und wurde 1803 mit der Säkularisation aufgehoben. Die umfangreiche Bibliothek von Wedinghausen landete teilweise in den Archiven von Münster und Darmstadt. Die ehemalige Klosterkirche wird seit dem 19. Jahrhundert als Gemeinde- und Propsteikirche St. Laurentius geführt. Kloster Wedinghausen beherbergte während kriegerischer Zeiten von 1794 bis 1803 die Reliquien der Hl. Drei Könige, die man aus dem Kölner Dom mit Pferdegespannen nach Arnsberg transportiert hatte. Unter dem Ostflügel des Klosters, den die Denkmalpfleger des Landschaftsverbands Westfalen-Lippe seit 2019 intensiv untersuchen und sanieren, entdeckten die Archäologen bedeutende bemalte, mittelalterliche Grabkammern.

■ Informationen
Kath. Pfarramt St. Laurentius
Klosterstr. 20
59821 Arnsberg
www.pr-arnsberg.de
Stadt- und Landständearchiv Arnsberg
Tel. 02932/201-1241
stadtarchiv@arnsberg.de
www.arnsberg.de

Pfarrkirche St. Johannes Baptist Attendorn

Die katholische Pfarrkirche St. Johannes Baptist mit ihrem romanischen Turm (um 1200), der im 14. Jahrhundert aufgestockt und 1634 mit einer barocken Zwiebel „gekrönt" wurde, zählt zu den markantesten Gebäuden von Attendorn. Das gotische Langhaus stammt aus dem 14. Jahrhundert. Im Inneren fällt besonders die prächtige barocke Kanzel auf, die einen Stadt-

brand im Jahr 1783 „überlebt" hat. Sie wurde vermutlich – ebenso wie weitere Exponate – in der Werkstatt des Attendorner Bildhauers Johann Sasse (1640 bis 1706) gefertigt. Sechs barocke Apostelfiguren im Chor sind ebenfalls noch erhalten. Der südliche Seitenaltar (von 1670) ist dem Hl. Sebastian geweiht. Die 3,50 Meter hohe, vermutlich auch in der Sasse-Werkstatt geschnitzte St. Christophorus-Figur ist ein Geschenk von 1680. Aufgrund ihrer Ausmaße wird die von 1996 bis 2001 aufwändig sanierte Kirche auch „Sauerländer Dom" genannt. (Diesen „Titel" trägt auch die große katholische Pfarrkirche St. Johannes Baptist in Arnsberg-Neheim.)

■ Informationen
St. Johannes Baptist
Am Kirchplatz 4
57439 Attendorn
Tel. 02722/2320
info@attendorn-katholisch.de
www.attendorn-katholisch.de

St. Blasius Balve

Die katholische Pfarrkirche St. Blasius in Balve zählt zu den bedeutendsten westfälischen Hallenkirchen. In der Apsis gibt es Wandmalereien aus dem 13. Jahrhundert.

■ Informationen
www.balve.de

Bergkloster Bestwig

Das Bergkloster Bestwig ist das europäische Provinzhaus der

Propsteikirche Arnsberg

Pfarrkirche St. Clemens, Drolshagen

„Schwestern der hl. Maria Magdalena Postel". Es entstand zwischen 1965 und 1971 und ist Lebensort vieler Schwestern. Nur 200 Meter vom Ruhrtal-Radweg entfernt und direkt an der Sauerland-Waldroute gelegen bietet das Bergkloster Wanderern und Radfahrern Bett und Frühstück. Im Gästehaus des Bergklosters und im Haus der Begegnung stehen Appartements und Zimmer zur Verfügung. Führungen durch die großzügige Klosteranlage nach Voranmeldung. Für Seminare und Tagungen können Räume angemietet werden. Zum Bergkloster zählt ein Berufskolleg mit mehreren Fachrichtungen (Gesundheit, Soziales und Gestaltung).

■ **Informationen**
Bergkloster Bestwig
Bergkloster 1, 59909 Bestwig
Tel. 02904/808-294
reservierung@smmp.de
www.smmp.de

Altes Kloster Drolshagen

Als Zisterzienserinnenabtei wurde Kloster Drolshagen im 13. Jahrhundert gegründet. Es war überwiegend für adelige Töchter konzipiert und erlebte wechselvolle Zeiten. 1803 erfolgte im Rahmen der Säkularisation die Aufhebung. Heute besteht nur noch der 1844 von der Stadt angekaufte Hauptflü-gel. Zum ehemaligen Eigentum des Klosters zählte auch die „Eichener Mühle" und das älteste Gebäude der Stadt an der Ecke Hagener-/Gräfin-Syn-Straße. Zunächst als Schule genutzt, beherbergt das in den 1970er Jahren kernsanierte Hauptgebäude heute u.a. die Musikschule. In den Gewölbekellern finden Ausstellungen und Veranstaltungen statt.

Pfarrkirche St. Clemens (Drolshagen)

Ihre Ursprünge reichen ins frühe 11. Jahrhundert zurück. Später wurde sie als Basilika ausgebaut. 1491 kam der heutige Turm hinzu, der anfangs

St. Heribert-Kirche, Hallenberg

auch als Wehrturm genutzt wurde. Die aus Bronze und Stahl gegossenen Glocken von St. Clemens zählen zu den schwersten in Westfalen. Ihr siebenstimmiges Geläut klingt besonders durchdringend.

■ **Informationen**

Altes Kloster Drolshagen,
Dechant-Fischer-Str. 7
57489 Drolshagen
Pfarrkirche St. Clemens, Kirchplatz
57489 Drolshagen
Tel. 02761/71124
www.kirchspiel-drolshagen.de
buergerbuero@drolshagen.de
Tel. 02761/970-0
Drolshagen Marketing e.V.
info@drolshagen-marketing.de
www.drolshagen-marketing.de
Tel. 02761/9427990

St. Georg Schliprüthen (Finnentrop)

Die spätromanische Hallenkirche St. Georg von Schliprüthen besitzt eine Barockorgel von 1681.

■ **Informationen**

www.finnentrop.de

St. Heribert-Kirche in Hallenberg

Das ursprünglich aus dem 13. Jahrhundert stammende romanische Kirchengebäude besteht – trotz zahlreicher Zerstörungen durch mittelalterliche Stadtbrände – im Wesentlichen in seiner ursprünglichen Form. Es ist eine – für Südwestfalen typische – Hallenkirche. Der markante Kirchturm wurde

1708 auf einem alten Sockel neu errichtet. Die dreifach gestufte, achtseitige Barockhaube stammt vom Hallenberger Meister Konrad Hesse. Er arbeitete auch an den Kirchtürmen in Eversberg, Wormbach und Hesborn. Daher sind die Ähnlichkeiten nicht zufällig. In St. Heribert gibt es bemerkenswerte historische Wandmalereien, die der Landschaftsverband 2010 zum „Denkmal des Monats in Westfalen-Lippe" ernannte. Die bemalten Wände und Pfeiler, u.a. mit Goliath und David, stammen aus der Mitte des 16. Jahrhunderts. Sie waren lange Zeit übertüncht, wurden 1880 wiederentdeckt und 1962 dauerhaft restauriert.

■ **Informationen**
St.-Heribert-Pfarrkirche
Bangenstr. 2
59969 Hallenberg

Nicolai-Kirche Halver

Bei der evangelischen Nicolai-Kirche von Halver baute man erst den Turm (1775) und dann das Kirchenschiff (1783). Der schlichte Rechtecksaal mit Westturm und zweigeschossigem Sakristei-Anbau im Osten weist im Inneren als Besonderheit eine geschnitzte, dreiseitig umlaufende Empore auf. Auch der Altar-Kanzel-Orgel-Aufbau mit der historischen Ibach-Orgel von 1856 wirkt harmonisch. Die Nicolai-Kirche steht als markantes Gebäude noch immer mitten im Zentrum von Halver.

■ **Informationen**
Nicolai-Kirche
Kirchstr. 7
58553 Halver
www.halver.de

Apostelkirche Herscheid

Die Apostelkirche wurde erstmals 1072 erwähnt. Das Chorgestühl stammt aus dem Jahr 1548. Die romanische Kirche ist in Form einer dreischiffigen Hallenkirche mit einem angedeuteten Querschiff, einem spätgotischen Chor und einem Westturm gebaut worden. Im Inneren gibt es mehrere Bezüge zu den Aposteln.

■ **Informationen**
Apostelkirche
58849 Herscheid

www.herscheid.de,
www.herscheid.ekvw.de

Oberste Stadtkirche (Marienkirche) Iserlohn

Die Oberste Stadtkirche, früher auch Marienkirche genannt, erhebt sich in imposanter Lage auf dem Bilstein. Die zweischiffige, gotische Hallenkirche wurde in ihrer heutigen Form im 14. Jahrhundert errichtet. Zu den bedeutendsten Kunstwerken im Inneren zählen der flandrische, geschnitzte Flügelaltar aus der Zeit um 1400 mit 18 Apostel- und Heiligenfiguren sowie mit Tafelgemälden aus der Zeit um 1450, auf denen Szenen aus dem Ma-

rienleben dargestellt sind. Mit der Reformation wurde die damalige Marienkirche evangelische Hauptpfarrkirche. Führungen sind auf Anfrage möglich.

■ **Informationen**
Oberste Stadtkirche Iserlohn
Am Bilstein 14
58636 Iserlohn
www.versoehnung.org
stadtinfo@iserlohn.de
www.iserlohn.de

Kloster Bredelar Marsberg

Das Kloster war zunächst ab 1170 ein Prämonstratenserinnenkloster und ab 1196 eine Zisterzienserabtei. 1804 wurde es aufgelöst. In der Anlage

Oberste Stadtkirche Iserlohn

richtete der neue Besitzer Theodor Ulrich eine Eisengießerei ein, die Theodorshütte. Der 2000 gegründete Förderverein Kloster Bredelar e.V. rettete die erhaltenswerten Gebäudeteile. Der Lehr- und Schaugießerei-Verein restauriert die industriegeschichtlichen Gebäude. Heute ist im Westflügel ein Kultur- und Tagungszentrum untergebracht. Für Veranstaltungen und Events können Räume angemietet werden.

■ Informationen

Kloster Bredelar
Sauerlandstr. 78
34431 Marsberg
Tel. 02991/962535
Förderverein Kloster Bredelar e.V.
Tel. 02992/602213
info@kloster-bredelar.de

St.-Vincenz-Kirche, Menden

www.kloster-bredelar.de
Stadtmarketing und Wirtschaftsförderung
Marsberg e.V.
Tel. 02992/3388
www.tourismus-marsberg.de

Kloster und Gut Glindfeld (Medebach)

Das ehemalige Kloster Glindfeld, um 1298 erbaut, liegt heute als Gutshof – von dicken Mauern umgeben – zwischen Wiesen und Wäldern. Hier lebten erst Augustinerinnen-Nonnen, später Mönche. 1804 kam mit der Säkularisation die Auflösung. Von 1815 bis 1995 war in Glindfeld das regionale Forstamt untergebracht. Heute befinden sich sowohl die Klostergebäude als auch das Gut in Privatbesitz. Das historische Ambiente bietet den idealen Rahmen für stilvolle Feiern und Konzerte. Die „Novemberträume" Ende Oktober auf Gut Glindfeld gelten als Geheimtipp unter den Kunsthandwerkermärkten.

■ Informationen

Gut Glindfeld
59964 Medebach-Glindfeld
Tel. 02982/9279973 oder 02982/9218610
(Touristikbüro)
mail@gut-glindfeld.de
www.gut-glindfeld.de
www.medebach-touristk.de

Jesus-Christus-Kirche (Meinerzhagen)

Die romanische Basilika stammt aus der ersten Hälfte des 13. Jahrhunderts und ist mit ihren Emporen das einzige

Beispiel dieses Bautyps im Märkischen Kreis. Sie liegt auf einer Anhöhe mitten im Stadtkern. Es waren vor allem rheinische Einflüsse, die zum Bau im Stil einer dreischiffigen Pfeilerbasilika mit Emporengeschossen führten. Der Westturm wurde im 19. Jahrhundert errichtet. Sehenswert ist auch der mittelalterliche Taufstein.

■ Informationen

Ev. Kirchengemeinde Meinerzhagen
Kirchstr. 17
58540 Meinerzhagen
Ev.Gemeindebuero.
Meinerzhagen@t-online.de
www.evangelische-kirchengemeinde-meinerzhagen.de

St. Vincenz Kirche (Menden)

Die Urpfarre St. Vincenz besteht schon über 1200 Jahre. Die gotische Hallenkirche errichtete man um 1344. Ihre Merkmale sind der mächtige Westturm, das dreischiffige Langhaus, die farbigen Glasfenster, das hoch aufstrebende Kreuzrippengewölbe sowie wertvolle Kunstwerke, wie die spätgotische Marienfigur, im Inneren. Am Westturm, dem ältesten, einst auch als Wehrturm dienenden Teil der Kirche, kann man heute noch die schmalen Öffnungen der Schießscharten erkennen. In St. Vincenz finden heute beliebte Orgel- und Chorkonzerte statt.

■ Informationen

Kath. Pfarrkirche St. Vincenz

Jesus-Christus-Kirche, Meinerzhagen

Kirchplatz
58706 Menden
Pfarrbuero-vincenz@pv-menden.de
www.menden.de

Abtei Königsmünster in Meschede

Das Kloster Königsmünster in Meschede ist vergleichsweise jung, jedoch mit Leben erfüllt. 1928 siedelten sich auf dem „Dünnefeld" Benediktiner der Abtei St. Ottilien/Bayern an und bezogen 1934 den ersten Gebäudeflügel. 1956 erfolgte die Erhebung zur Abtei, ein Jahr später konnte der erste Schultrakt errichtet werden.

Getreu der Benediktinerregel „ora et labora" (bete und arbeite) umfasst das Areal neben dem Kloster ein Gymnasium, zwei Gästehäuser, mehrere Werkstätten und Betriebe. Die imposante, schon von Weitem sichtbare Friedenskirche zählt heute zu den architektonischen Besonderheiten Meschedes. Als Abteikirche wurde sie nach Plänen des Kölner Architekten Hans Schilling 1964 geweiht. Sie beeindruckt in ihrem Inneren durch die schlichte und erhabene Eleganz.
Führungen nach Voranmeldung. Im Abteiladen gibt es

u.a. selbstgemachte Produkte. Die Abtei unterhält eine eigene Schmiede, Tischlerei und Weberei. Die Abteigaststätte bietet leckere Speisen aus vorwiegend regionalen Produkten. Für individuelle Feiern mit einem „Gaumenfest" können Räume angemietet werden. Die mit technischen Details gut ausgestattete Oase ist ein ideales Seminargebäude.

■ **Informationen**

Abtei Königsmünster
Klosterberg 11
59872 Meschede
Tel. 0291/2995-0
info@abteiwaren.de

Klosterkirche Königsmünster, Meschede

www.abteiwaren.de
www.koenigsmuenster.de

Pfarrkirche St. Johannes Evangelist Eversberg (Meschede)

Die romanische, später gotisch ausgebaute katholische Pfarrkirche St. Johannes Evangelist im Zentrum von Eversberg besteht seit 1242. Der mächtige, zunächst als Wehrturm konzipierte Kirchturm bekam 1712 seine heutige, mehrstufige Barockhaube. (Sie erinnert an die Kirchtürme von Hallenberg und Wormbach.) Bei Sanierungen konnten im Mittelschiff außergewöhnliche Tierdarstellungen und im Chorraum Bilder aus dem 14. Jahrhundert entdeckt werden. Die ursprünglich von dem bekannten Soester Orgelbaumeister Georg Fromme gebaute Orgel bietet nach ihrer Modernisierung eine beeindruckende Akustik.

■ **Informationen**
Pfarrkirche St. Johannes Evangelist
Marktstr. 15
59872 Meschede-Eversberg
www.hennesee-sauerland.de

Pfarrkirche St. Walburga Meschede

St. Walburga im Zentrum von Meschede ist seit 1787 katholische Pfarrkirche. An gleicher Stelle stand schon ein Bau aus vorromanischer Zeit. Der Kirchturm als ältester Bauteil ist in den Jahren um 900 errichtet worden. Das heute bestehende Kirchengebäude wurde als gotische Hallenkirche 1663 nach den Zerstörungen des romanischen Baus während des 30jährigen Krieges neu aufgebaut. Bei Renovierungsarbeiten 1981 entdeckten die Archäologen die Choranlage der vorromanischen Kirche. Sie ist seitdem für Besucher zugänglich. 1965 erweiterte man die Kirche um den Anbau der Emhildiskapelle. In einer Schatzkammer (Besichtigung nach Voranmeldung) sind wertvolle Kelche und Monstranzen ausgestellt.

■ **Informationen**
Kath. Pfarramt
Stiftsplatz 6
59872 Meschede
Tel. 0291/9022880
www.hennesee-sauerland.de

Pfarrkirche St. Lambertus in Affeln (Neuenrade)

Die aus dem 13. Jahrhundert stammende, mit heimischen Bruchsteinen errichtete Hallenkirche St. Lambertus in Affeln fällt mit ihrem Zwiebelturm („Welsche Haube") schon von Weitem auf. In ihrem Inneren beherbergt sie ein einzigartiges Juwel: den aus dem frühen 16. Jahrhundert stammenden Klapp-Altar. Er trägt das Zeichen der Antwerpener Lukasgilde und wird auch als „Antwerpener Altar" bezeichnet. Das Kunstwerk zählt zu den berühmtesten flandrischen Schnitzaltären der Spätgotik.

■ **Informationen**
Pfarramt St. Lambertus
Hauptstr. 7
58809 Neuenrade-Affeln
st.lambertus@pv-balve-hoennetal.de

Christuskirche Plettenberg

Die früher Lambertuskirche genannte Christuskirche in Plettenberg wurde im 13. Jahrhundert gebaut und vereint westfälische und rheinische Stilelemente. Sie ist seit 1555 evangelisch, als sich die Grafen von der Mark der Reformation angeschlossen hatten. Typisch westfälisch sind die drei Schiffe der Hallenkirche sowie der mächtige westliche Turm, eher rheinisch dagegen die beiden kleineren Chorflankentürme zwischen Querschiff und gotischem Chor. Die für den Märkischen Kreis einzigartige Kirche – eine der ältesten und schönsten Hallenkirchen im Sauerland – ist seit Jahrhunderten Wahrzeichen von Plettenberg. Innen sind u.a. die erst 1952 freigelegten Fresken im Chorgewölbe sehenswert. 2012 konnte der Dachstuhl, auch mittels privater Spenden, saniert werden. Führungen sind im Stadtarchiv buchbar.

■ **Informationen**
Christuskirche
Kirchplatz 1
58840 Plettenberg
Tel. 02391/939845
Stadtarchiv.plbg@cityweb.de
www.plettenberg.de

Kloster Grafschaft, Schmallenberg

Kloster Grafschaft (Schmallenberg)

Kloster Grafschaft liegt – umgeben von Wiesen und Wäldern – im Luftkurort Grafschaft . Die von 1072 bis zur Säkularisation 1803 bestehende, einflussreiche Benediktinerabtei erlebte eine wechselvolle Geschichte. Der Machtbereich von Grafschaft reichte weit ins Sauerland hinein. So fungierte der Propst von Belecke einst als Stellvertreter des Grafschafter Abtes und im Zehnthof von Warstein mussten die Bürger den zehnten Teil ihrer Ernte abliefern, der dann „als Steuer" an Kloster Grafschaft abgeführt wurde. Der wirtschaftliche

Aufschwung im 17. und 18. Jahrhundert ermöglichte ab 1729 einen völligen Neubau des Klosters mit mehreren im Barockstil gebauten Gebäuden. Nach ihrer Vertreibung aus Schlesien 1948 fanden die Borromäerinnen hier eine neue Heimat. Heute beherbergt der stattliche Gebäudekomplex ein modernes Fachkrankenhaus mit einem breiten medizinischen Leistungsspektrum – u. a. Lungen- und Bronchialheilkunde.

■ Informationen
Fachkrankenhaus Kloster Grafschaft
Annostr. 1
57392 Schmallenberg-Grafschaft
Tel. 02972/791-00
www.kloster-grafschaft.com

Pfarrkirche St. Peter und Paul Wormbach (Schmallenberg)

Die spätromanische Hallenkirche mit drei Schiffen und drei Jochen wurde in der Mitte des 13. Jahrhunderts errichtet. Sie steht in einer der „Urpfarreien des Sauerlandes". Schon in heidnischer Zeit war Wormbach eine Kultstätte. Bei der Renovierung in den 1950er Jahren legte man die Fundamente einer noch älteren Kirche frei. Unter mehreren Schichten Kalkfarbe entdeckten die Restauratoren ursprüngliche ornamentale Malereien in Form von zwölf Tierkreiszeichen, die von den Fachleuten als einzigartig beurteilt wurden. In der Apsis findet sich eine Darstellung des „Jüngsten Gerichts". Die barocke Innenausstattung der ursprünglich romanischen Kirche überrascht den Besucher mit ihrer Pracht. Den Westturm verstärkte man im 19. Jahrhundert durch einen achteckigen Barockhelm. In ihren Ursprüngen von 1700 stammt die mehrfach erweiterte und restaurierte Orgel. Führungen durch die Kirche sonntags nach der Messe oder nach telefonischer Absprache. Ein Tipp für Freunde klassischer Musik sind die überregional bekannten Wormbacher Sommerkonzerte.

St. Cyriakus Berghausen (Schmallenberg)

Mit Wandmalereien, die zum großen Teil noch aus den Anfängen der Kirche stammen, beeindruckt auch die katholische Kirche St. Cyriakus im benachbarten Berghausen (nur drei Kilometer von Wormbach entfernt). „Ein qualitätvoll ausgemalter spätromanischer Kirchenraum in außergewöhnlicher Vollständigkeit", urteilte eine Expertin 2018. So gelten die Wandmalereien von Wormbach und Berghausen als „herausragendes westfälisches Kulturgut". Erbaut wurde St. Cyriakus um 1220 als romanische dreischiffige Kreuzbasilika mit wuchtigem Westturm. Sie wirkt wie das verkleinerte Abbild eines großen romanischen Doms und zählt zu den ältesten erhaltenen Kirchen im Sauerland.

■ Informationen

St. Peter und Paul
Alt Wormbach 2
57392 Schmallenberg-Wormbach
Tel. 02972/97550
joh.tigges@gmx.de
www.pv-se.de

St. Cyriakus
Berghausen 8
57392 Schmallenberg
post@romanische-kirche-berghausen.de
www.romanische-kirche-berghausen.de

Kloster Brunnen (Sundern)

Kloster Brunnen, von 1729 bis 1735 erbaut, ist ein geschichtsträchtiger Ort oberhalb von Endorf inmitten der Waldeinsamkeit des Homert-Gebirges. Einst Heilquelle mit dem ältesten Badehaus des Sauerlands, Eremi-

tenhöhle, Kapuzinerkloster (von 1720 bis 1834), Vikarie und Zwergschule für die benachbarten Dörfer dient das Gebäude heute als Diözesanzentrum der Kath. Jungen Gemeinde (KJG) im Erzbistum Paderborn. Es kann von Gruppen für Kurse, Schulungen und Freizeiten gemietet werden. Ein besonderes Juwel bildet die 1748 geweihte, kleine Klosterkirche mit restaurierter historischer Orgel. Ein Förderverein kümmert sich um Gebäude und Veranstaltungen.

■ Informationen

Kloster Brunnen
59846 Sundern
Tel. 05251/875400 oder 02724/374
www.kloster-brunnen.de
www.kjg-paderborn.de
www.freundeskreis-kloster-brunnen.de

Pfarrkirche St. Peter und Paul, Wormbach

„Alte Synagoge" Meschede

SYNAGOGEN & NS-GEDENKSTÄTTEN

Synagoge Neheim (Arnsberg)
Im Oktober 1876 weihte die jüdische Gemeinde die zentral in der Mendener Straße von Neheim errichtete Synagoge ein und nutzte sie fortan als Gotteshaus. Ein Initiator war der jüdische Fabrikant Noah Wolff, der auch Mitbegründer des Neheimer Jägervereins war. 1910 hatte die jüdische Gemeinde in Neheim 103 Mitglieder.

Die Synagoge von Neheim wurde während des Pogroms in der Nacht des 9. Novembers 1938 von den Nationalsozialisten überfallen und geplündert. Nach dem Krieg wurde das Gebäude zunächst als Lagerraum genutzt. Es drohte im Verlauf der Jahrzehnte zu verfallen. Die Stadtverwaltung stellte die alte Synagoge 1982 mit der Denkmalnummer 1 als Baudenkmal unter dauerhaften Schutz. Zwei Neheimer Privatpersonen, die das Gebäude Mitte der 1980er Jahre gekauft hatten, restaurierten es vorbildlich, so dass auch die LWL-Denkmalpfleger aus Münster voll des Lobes waren. So wurde die komplette Ausmalung inklusive des Innenputzes nach historischem Vorbild wiederhergestellt. 2001 kaufte der Jägerverein die alte Synagoge. Der Verein und andere Organisationen nutzen sie heute für kulturelle Veranstaltungen. Sie gilt als eine der besterhaltenen in Westfalen. 2013 wurde ein Förderverein zur Sicherung des Erbes gegründet.

■ **Informationen**
Alte Synagoge
Heimatbund Neheim-Hüsten e.V.
Mendener Str. 35
59755 Arnsberg
vorstand@heimatbund-nh.de
www.arnsberg.de

Jüdischer Friedhof Arnsberg
Seit 1973 erinnert ein Gedenkstein auf dem seit 1847 bestehenden jüdischen Friedhof „Am Alten Kuhweg" in Arnsberg an die ehemalige jüdische Gemeinde. Mindestens 37 jüdische Mitbewohner aus Arns-

berg wurden Opfer des Holocaust. Seit 2010 gehört Arnsberg auch zu den Städten, in denen sogenannte „Stolpersteine" auf den Bürgersteigen vor den Wohnhäusern an die Opfer erinnern. Jedes Jahr am 9. November findet auf dem Friedhof eine Gedenkveranstaltung mit dem Bürgermeister der Stadt Arnsberg statt.

Holocaust-Mahnmal Menden

69 jüdische Mitbürger waren in Menden in der NS-Zeit vertrieben worden, 32 wurden ermordet. An die Stelle in der Hochstraße, wo einst die von den Nazis zerstörte Synagoge gestanden hatte, versetzte die Kommune 2017 als „Ort des Erinnerns" ein bestehendes Denkmal. Mit drei Stelen sowie einem Gedenkstein mit Informationstafel soll die Erinnerung wachgehalten werden. Der jüdische Friedhof Am Bromberken/Schwitter Weg wurde rund 100 Jahre lang genutzt und ist teilweise noch erhalten.

■ **Informationen**
www.menden.de

Bürgerzentrum „Alte Synagoge" Meschede

60 Jahre nach ihrer Errichtung 1878 wurde die Mescheder Synagoge in der Kampstraße in der Pogromnacht 1938 durch die Nationalsozialisten geschändet und im Inneren zerstört. Danach zwang man den Vorstand der Synagoge, das Gebäude an die Stadt zu verkaufen. Während des Zweiten Weltkriegs diente sie als Unterkunft für Kriegsgefangene. Im Februar 1945 wurde das Obergeschoss bei Luftangriffen zerstört. Nach 1945 richtete sich im Untergeschoss eine Schreinerei ein. 1991 kaufte die Stadt das Gebäude zurück, 1994 entwickelte eine Bürgerinitiative ein Nutzungskonzept und 1996 gründete man den Verein „Bürgerzentrum Alte Synagoge Meschede e.V.". Heute wird das Zentrum für kulturelle Veranstaltungen genutzt. An das alte Gebäude erinnert die unter Denkmalschutz stehende Fassade, die Form der Glaskuppel und der fünfzackige Stern über der Eingangstür.

■ **Informationen**
Bürgerzentrum „Alte Synagoge"
Meschede e.V.
Kampstr. 8
59872 Meschede

Tel. 0291/7456, Ulrich Hengesbach
www.meschede.de

Jüdischer Friedhof Rüthen

Der jüdische Friedhof von Rüthen gilt heute als ältester in seinem Ursprungszustand erhaltener jüdischer Friedhof in Westfalen. Mindestens seit 1587 gab es in Rüthen jüdisches Leben. 1625 überließ die Kommune den jüdischen Mitbürgern den Befestigungsgraben am Rand der nördlichen Stadtmauer am Hachtor als Bestattungsbereich. Nach dem Krieg ging der Friedhof in den Besitz des Landesverbands der Jüdischen Gemeinden von Westfalen-Lippe über. Die letzte Bestattung eines jüdischen Mitbürgers fand 1958 statt. Von einst 200 Gräbern sind heute noch 80 erkennbar. Wegen der seltenen originalen Topografie aus dem Mittelalter

Jüdischer Friedhof Arnsberg

gilt dieser Friedhof als ein „westfälisches Kulturdenkmal von überregionaler Bedeutung". Die Gemeinde Rüthen hat die Grabinschriften verzeichnen und wissenschaftlich erschließen lassen. Die Datenbank ist frei zugänglich.

■ **Informationen**
Touristik- und Stadtmarketing Rüthen
Hochstr. 14
59602 Rüthen
Tel. 02952/818-172
www.tourismus-ruethen.de

NS-GEDENKSTÄTTEN

Kriegsgefangenenlager Hemer

Von 1939 bis 1945 bestand in Hemer eines der größten Kriegsgefangenenlager Deutschlands. Es wurde Stammlager VI A, kurz Stalag VI A, genannt. Die überwiegend aus Russland stammenden Inhaftierten waren zum großen Teil als Zwangsarbeiter im Ruhrbergbau eingesetzt. Tausende überlebten nicht. Die Befreiung durch das US-Militär erfolgte am 14. April 1945. Nach dem Krieg nutzten zunächst die Briten den Standort, anschließend die Belgier und ab 1956 folgte die Bundeswehr. 2007 wurde der Militärstandort Hemer aufgelöst. Auf dem Gelände fand 2010 die Landesgartenschau statt. Heute befindet sich hier der Sauerlandpark Hemer. Ein Mahnmal zum Gedenken an die Opfer wurde 1992 eingeweiht. Eine Informations- und Gedenkstätte, die auf dem Gelände des ehemaligen Stalag untergebracht ist, zeigt Dokumente, Fotos, ein Modell der Anlage und weitere Exponate.

■ **Informationen**
www.sauerlandpark-hemer.de

Waldfriedhof Fulmecke Meschede

Den Waldfriedhof Fulmecke (auch Franzosenfriedhof genannt, nicht zu verwechseln mit der Kriegsgräbergedenkstätte an der B55, Abzweig Eversberg) in Meschede, der in einem Tal unterhalb der A46 und westlich der B55 liegt, hat man während des Ersten Weltkriegs für die im Kriegsgefangenenlager Meschede verstorbenen Gefangenen angelegt. Es waren überwiegend Franzosen, aber auch Russen und Italiener, die hier bestattet wurden. Das Denkmal auf dem Friedhof „Betender Soldat" sowie das Eingangstor aus Sandsteinflügelmauern und Schmiedeeisen haben französische Kriegsgefangene hergestellt. Nach dem Krieg wurden mehrere Bestattete aus den west- und südeuropäischen Ländern in ihre Heimatländer überführt. 1964 bettete man die 121 Opfer hierhin um, die als osteuropäische Zwangsarbeiter gegen Ende des Zweiten Weltkriegs bei Warstein (57 Tote) und bei Suttrop (71 Tote) ermordet worden waren. Die Opfer des dritten Massakers, das bei Eversberg stattgefunden hatte (80 Tote), waren schon 1947 auf dem Waldfriedhof Fulmecke bestattet worden. Seitlich steht auf dem Waldfriedhof eine Stele mit Sowjetstern und Würdigung der russischen Opfer.

Noch kurz vor Kriegsende, im März 1945, hatten Angehörige der Waffen-SS und Wehrmacht insgesamt 208 polnische und russische männliche und weibliche Zwangsarbeiter im bewaldeten Langenbachtal bei Warstein, in einem Wald bei Suttrop und in der Feldflur bei Eversberg ermordet. Das US-Militär veranlasste nach dem Krieg eine Exhumierung der Warsteiner und Suttroper Opfer und ihre anschließende Beerdigung in Reihengräbern. Das Massengrab bei Eversberg war erst 1946 entdeckt worden. Archäologen des LWL führten 2018 und 2019 Ausgrabungen an allen drei Tatorten durch. Dabei fanden sie noch zahlreiche persönliche Gegenstände der Opfer.

Im November 2017 wählte die LWL-Denkmalpflege den Friedhof in Meschede zum „Denkmal des Monats in Westfalen-Lippe". Eine weitere denkmalpflegerische Aufwertung ist geplant.

■ **Informationen**
Waldfriedhof Fulmecke
Waldstraße
59872 Meschede
www.meschede.de
www.lwl.org

Waldfriedhof Fulmecke Meschede

COLOUR ANALYSIS
FARBFORSCHEN
LABORATOIRE DE COULEURS

Erlebnismuseum Phänomenta Lüdenscheid

→▶▶ KUNST & KULTUR

MUSEEN

Museum Burg Altena
>> Burgen, Schlösser und
Ruinen

Deutsches Drahtmuseum Altena

300 Meter unterhalb der Burg
Altena liegt das Deutsche
Drahtmuseum. Hier erfahren
die Besucher, wie Draht auf
althergebrachte Art „gezogen"
und verarbeitet wurde. Seit
dem 16. Jahrhundert gehörte
Altena zu den führenden Zent-
ren des Drahtzieherhandwerks
in Deutschland. Mit abwechslungsreichen Präsentationen
und spannenden Experimen-
ten demonstriert das Museum,
was Draht alles kann und zu
welchen Produkten er weiterverarbeitet wird. Kostenlose
Führungen (bei normalem
Eintrittspreis) gibt es an jedem
ersten Sonntag im Monat.

■ **Informationen**
Museen des Märkischen Kreises
Fritz-Thomée-Str. 80

58762 Altena
Tel. 02352/966-7034
museen@maerkischer-kreis.de
www.maerkischer-kreis.de

Feuerwehrmuseum Arnsberg

Das neben dem Arnsberger
Bahnhof in der ehemaligen
Bahn-Schreinerei unterge-
brachte Feuerwehrmuseum
verfügt über eine stattliche Anzahl von Exponaten. Angefan-
gen von einer pferdegezogenen
Feuerwehrdrehleiter über

Turm vor der Phänomenta

Tanklöschfahrzeuge der Marke Magirus-Deutz bis hin zu alten Feuerspritzen und Feuerwehruniformen. Der 1996 gegründete Verein AFH, Arnsberger Feuerwehr-Historie e.V., hat es sich zum Ziel gemacht, das Feuerwehrbrauchtum in seiner historischen Entwicklung zu dokumentieren. Für Gruppen, Schulen, Kindergärten werden Führungen angeboten. Auch originell: Hochzeitsfahrten im Feuerwehroldtimer.

■ **Informationen**
Brennpunkt Feuerwehrmuseum
Clemens-August-Str. 122
59821 Arnsberg
Tel. 02931/9390998
info@brennpunkt-arnsberg.de
www.brennpunkt-arnsberg.de

Sauerland-Museum (Arnsberg)
Zentral am Alten Markt in Arnsberg liegt der Landsberger Hof. Einst für die Mätresse des Kurfürsten gebaut, beherbergt das schlossartige Gebäude heute das Sauerlandmuseum mit ausgewählten Exponaten aus der Geschichte des kurkölnischen Sauerlands. Durch eine 2019 fertiggestellte moderne Erweiterung des Gebäudes in Richtung Ruhrtal, die auch architektonisch gelungen ist, kann das Museum nunmehr überregional bedeutende Sonderausstellungen anbieten. Begonnen wurde 2019 mit einer sehr gut besuchten August-Macke-Ausstellung. Im Jahr 2020

Sauerland-Museum, Arnsberg

war die „Geschichte des Tourismus im Sauerland" das Thema.

■ **Informationen**
Sauerlandmuseum Arnsberg
Alter Markt 24 – 30
59821 Arnsberg
Tel. 02931/94-4444
sauerlandmuseum@hochsauerlandkreis.de
www.sauerland-museum.de

Südsauerlandmuseum Attendorn

Im Südsauerlandmuseum, das direkt am Marktplatz im Alten Rathaus in Attendorn untergebracht ist, sind Exponate für Kunst und Kulturgeschichte des Kreises Olpe ausgestellt. Das gotische Gebäude stammt von 1350 und ist damit das älteste und südlichste erhaltene Rathaus einer Hansestadt. Im Erdgeschoss befand sich im Mittelalter eine offene Kaufhalle mit spitzbogigen Arkaden, im Obergeschoss ein Saal für Gerichts-, Rats- und Festveranstaltungen. Ein drohen-

der Abriss des Gebäudes wegen der maroden Bausubstanz konnte zum Glück abgewendet werden. Erst in den 1960er Jahren fasste die Kommune den Plan, das Gebäude als Museum für die Stadt Attendorn und den Kreis Olpe umzugestalten und zu renovieren. Außerdem gibt es in Attendorn noch ein Feuerwehrmuseum und ein Zeughaus der Schützengesellschaft.

Besucher in der Luisenhütte in Balve-Wocklum

■ **Informationen**
Südsauerlandmuseum Attendorn
Alter Markt 1
57439 Attendorn
Tel. 02722/3711
info@suedsauerlandmuseum.de
www.suedsauerlandmuseum.de
www.attendorn.de

Museum für Vor- und Frühgeschichte Balve

In Balve zählt für Gäste ein Besuch im Museum für Vor- und Frühgeschichte zum Pflichtprogramm. Nach einer umfassenden Renovierung konnte es in 2006 im einstigen Stabhammer auf dem Gelände der Luisenhütte Wocklum unter dem Motto „Erdschätze – Menschenspuren" wiedereröffnet werden. Die spannende Natur- und Menschheitsgeschichte des Hönnetals ist das zentrale Thema. Im Jahr 2000 hatte man in einem Steinbruch einen fossilen „Dinosaurierfriedhof" entdeckt, der etwa 130 Millionen Jahre alt sein dürfte. Balve hat einen hohen

Luisenhütte, Balve-Wocklum

nationalen Stellenwert als Fundort der Vor- und Frühgeschichte. Zu sehen sind steinzeitliche Werkzeuge, Waffen und Knochen aus den Höhlen des Hönnetals, darunter auch solche von Mammuts und Höhlenbären.

Luisenhütte Balve

Die in reizvoller Landschaft stehende, einst mit Wasserkraft und Holzkohle betriebene Hochofenanlage Luisenhütte ist so gut erhalten, dass sie 2004 zum „Denkmal von nationaler Bedeutung" erklärt wurde. Sie ging 1758 erstmals in Betrieb und wurde 1855 erneuert. Im Erlebnismuseum erfahren die Besucher anschaulich, wie hier Eisen hergestellt und zu Gussprodukten weiterverarbeitet wurde. Der Rundgang folgt dem Weg der Rohstoffe durch die Anlage. An der offenen Ofenbrust wird der Abstich des Roheisens effektvoll mit einer Lichtinszenierung simuliert. Wasserrad und Gebläse-Dampfmaschine können geräuschvoll in Betrieb genommen werden. Ein Förderverein kümmert sich in Zusammenarbeit mit dem Märkischen Kreis um die Luisenhütte. Im „Insthaus", einem ehemaligen Arbeiterwohnhaus, lädt die „Hüttenschänke" zur Kaffeepause ein.

■ **Informationen**
Museum für Vor- und Frühgeschichte der Stadt Balve / Luisenhütte
Wocklum 10
58802 Balve
Tel. 02375/3134 oder 0171/3880148
museumbalve@gmail.com
www.balve.de
Luisenhütte (Märkischer Kreis)
Tel. 02352/966-7034
b.gerstendorf@maerkischer-kreis.de
www.maerkischer-kreis.de

Museen Bad Berleburg

In Bad Berleburg gibt es einige denkmalgeschützte Gebäude, die aufwändig wieder hergerichtet worden sind. Das Backhaus an der Espe-Quelle war 200 Jahre lang Bestandteil der Hofstelle „Kaufmanns" in Rinthe. Der Verkehrs- und Heimatverein Bad Berleburg e.V. hat das Backhaus saniert. Hier finden regelmäßig Aktionen rund ums Brotbacken statt. Führungen nach Vereinbarung. Im Alexander-Mack-Museum Schwarzenau wird an den Gründer einer neuen religiösen Bewegung von 1708, die heute als „Kirche der Brüder" (Church of the Brethren) bekannt ist, erinnert. Das Museum am Rothaarsteig in Bad Berleburg beschäftigt sich vor allem mit dem Thema Landwirtschaft.

■ **Informationen**
Verkehrs- und Heimatverein
Bad Berleburg e.V.
57319 Bad Berleburg
Tel. 02751/2218 oder 02751/923-0
(Fremdenverkehrsamt)
info@vhvblb.de
www.museen-in-wittgenstein.de
www.blb-tourismus.de

Besucherbergwerk-Museum Ramsbeck, Bestwig
>> Höhlen & Besucherbergwerke

Museum Haus Hövener (Brilon)

Das im klassizistischen Stil 1803 gebaute Haus Hövener, Am Markt 14, diente früher als repräsentatives Wohnhaus einer Briloner Unternehmerfamilie und beherbergt seit 2011 ein Museum. Das Gebäude ist weitestgehend im Zustand von 1910 erhalten. Mit modernster Technik werden mehrere Dauerausstellungen angeboten. Vor allem der Briloner Glockenguss ist ein wichtiges Thema. Glocken aus Brilon haben Weltruf und sind international verbreitet. Auch für Schulgruppen interessant: Dinosaurier in Brilon-Nehden, Alltagsleben in einer mittelalterlichen Stadt, Bergbau im Sauerland. Dazu können jeweils Führungen gebucht werden.

■ Informationen
Museum Haus Hövener
Am Markt 14
59929 Brilon
Tel. 02961/9639901
museum@haus-hoevener.de
www.haus-hoevener.de

DampfLandLeute-Museum (Eslohe)

In Eslohe sollte man unbedingt das überregional bekannte DampfLandLeuteMuseum besuchen, in dem der Museumsverein Eslohe e.V. mit einer großen Sammlung von Maschinen und Motoren auf einer Ausstellungsfläche von über 2.000 Quadratmetern die Geschichte der Antriebstechnik vom Wasserrad bis zum Dieselmotor darstellt. Zur Dauerausstellung gehören die Technisierung der Landwirtschaft sowie eine große Sammlung von Dorfhandwerken. Bei den zweimal jährlich stattfindenden Dampftagen können Besu-

cher die Maschinen „unter Dampf" erleben. Außerdem werden Mitmachangebote für Schulklassen und Fahrten mit der Museumseisenbahn angeboten.

■ Informationen
Museum Eslohe
Homertstr. 27
59889 Eslohe
Tel. 02973/2455
info@museum-eslohe.de
www.museum-eslohe.de

Stertschultenhof (Eslohe)

Ein weiterer musealer Anziehungspunkt im Gebiet von Eslohe ist der aufwändig restaurierte Stertschultenhof. Dieses aus dem Jahr 1769 stammende, weitgehend im Originalzustand erhaltene, in Sauerländer Fachwerkausführung erbaute Hallenhaus mit Deelentor diente einst als Vorspannhof. Hier liehen sich die Kutscher vier zusätzliche Pferde zum Vorspannen aus, um anschließend die etwa zwei Kilometer lange Steigung in Richtung Elspe zu bewältigen. Der Heimat- und Förderverein Cobbenrode e.V. hat den 1310 erstmals erwähnten Hof von 1998 bis 2001 umfangreich restauriert. Seit 2001 dient er ebenso als öffentliche Begegnungsstätte und als Archiv für plattdeutsche Mundart. Zu bestimmten Terminen werden Besichtigungen inklusive Führung und Kaffeetafel angeboten.

■ Informationen
Stertschultenhof

Olper Straße 3
59889 Eslohe-Cobbenrode
Heimat- und Förderverein Cobbenrode e.V.
Tel. 0171 8322828
mh@stertschultenhof.de
www.stertschultenhof.de

Knochenmühle Isingheim (Eslohe)
>> Flüsse und Mühlen

Wassermühle Cobbenrode (Eslohe)
>> Flüsse und Mühlen

Museum Schönholthausen (Finnentrop)

Auf 260 Quadratmetern Fläche sind im Museum der Gemeinde Finnentrop in Schönholthausen liebevoll Exponate zusammengetragen worden, die zeigen, wie unsere Vorfahren einst lebten. Eine alte Küche mit Kohleherd aus Uromas Zeiten gehört ebenso dazu wie Geräte zur Milchverarbeitung, eine Schusterwerkstatt und eine Schreinerei. Im Obergeschoss kann man sich eine Schulstube, eine Arztpraxis und ein Schlafzimmer aus der Zeit um 1900 ansehen.

■ Informationen
Museum Schönholthausen
Zur Schlerre 2
57413 Finnentrop-Schönholthausen
info@museum-schoenholthausen.de
www.museum-schoenholthausen.de

LWL-Freilichtmuseum Hagen

200 Jahre Handwerks- und Technikgeschichte aus Westfalen und Lippe sind im überre-

gional bedeutenden Freilicht-
museum Hagen ausgestellt.
Von den über 50 Werkstätten
sind etwa 18 täglich in Betrieb.
Handwerker schmieden Nägel,
schlagen Seile, schöpfen Papier
oder schmieden Bleche mit
dem Kupferhammer. Durch
das Gelände führen lange Spa-
zierwege mit Spielplätzen, Restaurants und einen Museumsshop. Es gibt so viel zu sehen,
dass man hier einen längeren
Aufenthalt einplanen sollte.

LWL-Freilichtmuseum Hagen

■ **Informationen**
LWL-Freilichtmuseum Hagen –
Westf. Landesmuseum für Handwerk
und Technik Mäckingerbach
58091 Hagen
Tel. 02331/7807-0
freilichtmuseum-hagen@lwl.org
www.lwl-freilichtmuseum-hagen.de

Haus Kump (Hallenberg)

Das Haus Petrusstraße 2 in
Hallenberg, auch Kump ge-
nannt, stammt von 1780. Es
hat eine wechselvolle Ge-
schichte mit mehreren Umbauten. Das Gebäude mit seiner
repräsentativ gestalteten Front-
fassade ist im Sauerländer
Fachwerkstil erbaut. Ein drei-
geschossiger Fachwerkturm
mit einer oben rund geboge-
nen Eingangstür und schmu-
cker Schieferhaube kam 1908
hinzu. Ab 1993 stand das 230
Jahre alte Gebäude leer. Der
Stadt gelang 2002 der Ankauf.
Mittels öffentlicher Zuschüsse
und des Engagements des För-
dervereins und weiterer Bürger
konnte der Kump 2006 mit viel

Eigenleistung renoviert werden. Heute ist die Petrusstraße
2 eine angesagte Adresse. Im
Infozentrum Kump gibt es Informationen über Hallenberg.
Im Gebäude finden Ausstellungen, Veranstaltungen und
Feiern statt. Im Dachgeschoss
hat das Historische Stadtarchiv
sein Quartier gefunden.

■ **Informationen**
Infozentrum Kump
Petrusstr. 2
59969 Hallenberg
www.kump-hallenberg.de
Tel. 02984/303-111
www.stadt-hallenberg.de

Hallenberger Eishäuschen

Mit 23 Quadratmetern Aus-
stellungsfläche gilt das Hallenberger Eishäuschen als kleins-
tes und „coolstes" Museum in
NRW. Hier kann man dem Eis-
künstler Joachim Knorra über
die Schulter schauen, wenn er
Skulpturen aus glasklarem Eis
schnitzt. Das Eishäuschen steht
am Ortseingang von Hallenberg, in der Nähe der Wall-
fahrtskirche.

■ **Informationen**
Eiskunstatelier Joachim Knorra
Feldbergweg 22
59969 Hallenberg-Hesborn
Tel. 02984/2415
eiskuenstler@aol.com
www.eishaeuschen-hallenberg.de

Regionalmuseum Villa Wippermann (Halver)

Zu den historisch bedeutsa-
men Gebäuden in Halver zählt
die Villa Wippermann. Sie
stammt aus dem Jahr 1892 und
war der typische Wohnsitz eines Großindustriellen. 2017
konnte sie frisch renoviert wiedereröffnet werden. Im Obergeschoss ist heute das vom örtlichen Heimatverein eingerichtete Regionalmuseum „Oben
an der Volme" untergebracht.
Im Erdgeschoss finden Sonderausstellungen, Konzerte,
Lesungen und Trauungen statt.
Heimischen Künstlern, Vereinen und Schulen wird hier die
Möglichkeit zur Darstellung
gegeben.

■ **Informationen**
Regionalmuseum Villa Wippermann

Villa Wippermann, Halver

Frankfurter Str. 45
58553 Halver
info@villa-wippermann.de
www.halver.de
www.heimatverein-halver.de

Felsenmeer
>> Natur & Erholung, Sehenswerte
Ziele in der Natur

Gedenkstätte Stammlager
VI A Hemer
>> Geschichte, Synagogen
und NS-Gedenkstätten

Osemunddenkmal
Ahe-Hammer Herscheid
>> Geschichte, Flüsse und Mühlen

Stadtmuseum Iserlohn
Das 1987 eröffnete Stadtmuseum befindet sich in einem der schönsten Barockgebäude der Stadt. Es hat sich mit seinen umfangreichen Exponaten zur Industriegeschichte einen guten Ruf erarbeitet. Bekanntestes Produkt der Messingindustrie im 18. Jahrhundert waren die Iserlohner Tabakdosen, die heute bei Sammlern einen hohen antiquarischen Wert haben. Ein weiteres örtliches Museum, Haus Letmathe, (Hagener Str. 62) ist nach umfassender Neugestaltung 2009 wiedereröffnet worden. Das seit 1473 bestehende Gebäude, einst eine Wasserburg, hat mehrere Umbauten erlebt. Schwerpunkte der Ausstellung sind u.a. die Themen Leben und Wohnen im 18./19. Jahrhundert, bäuerliche Geräte und Kulturgüter, Schuster- und Schmiedewerkstatt, Letmather Industriegeschichte (Bakelite), Verkehrsgeschichte, Vertreibung und Integration.

■ **Informationen**
Stadtmuseum
Fritz-Kühn-Platz 1
58636 Iserlohn
Haus Letmathe
Hagener Str. 6
Informationen für beide:
Tel. 02371/217-1960
museum@iserlohn.de
www.iserlohn.de

Deutsches Höhlenmuseum Iserlohn
>> Dechenhöhle, Höhlen & Besucherbergwerke

Historische Fabrikanlage Maste-Barendorf (Iserlohn)
Ein beliebtes Besucherziel zu allen Jahreszeiten ist die historische Fabrikanlage Maste-Barendorf im Norden von Iserlohn. Sie stammt aus dem frühen 19. Jahrhundert und wirkt heute wie ein beschauliches Fachwerkdorf. Hier wurde ab 1822 Messing gegossen und Draht gezogen. Eine Eisengießerei und Schmiedewerkstätten kamen hinzu. Das Wasser des Baarbachs nutzte man zum Antrieb von vier Wasserrädern. Die hergestellten Produkte, wie z.B. Bügeleisen, Kaffeemühlen, Taschenmesser, gingen auch in den Export. 1981 konnte die Stadt Iserlohn das mittlerweile heruntergekommene Gebäudeensemble übernehmen und sanieren.

Heute erstreckt sich auf dem Areal ein überregional bekanntes Künstler- und Museumsdorf. Besucher können in der Gelbgießerei öffentliche Gießvorführungen mit flüssigem Messing erleben. Im Garten haben einige Künstler ihre Exponate aufgestellt. Das Café Barendorf mit Biergarten lädt zur Rast ein. Ein neues Projekt beschäftigt sich mit der Gärtnerei.

■ Informationen

Historische Fabrikanlage Maste-Barendorf
Baarstr. 220-226
58636 Iserlohn
Tel. 02371/217-1960
museum@iserlohn.de
www.iserlohn.de

Bakelit-Museum Kierspe, Schleiper Hammer, Fritz-Linde-Museum, Märkisches Zinnfiguren Kabinett (Kierspe)

In Kierspe gibt es vier Museen. Deutschlands erstes Bakelit-Museum befindet sich seit 2003 im Alten Amtshaus von Kierspe. Der leichte, kostengünstige und seit 1907 patentierte Kunststoff Bakelit ersetzte zu Beginn des 20. Jahrhunderts Porzellan und trat einen weltweiten Siegeszug an. Der Kiersper Fabrikant Vollmann sammelte viele Bakelit-Erzeugnisse und stiftete sie dem Heimatverein.

Wie früher Gebrauchsgegenstände aus Bakelit (Eierbecher, Tabakdosen, Untersetzer, etc.) hergestellt wurden, kann man im Museum Hammerwerk „Schleiper Hammer" sehen. Hier steht auch der große Federhammer, mit dem seit 1815

Maste-Barendorf, Iserlohn

Felsenmeer-Museum Hemer

Das in einer restaurierten Jugendstilvilla, der Villa Grah, beheimatete Felsenmeer-Museum zeigt Exponate zur Erd- und Frühgeschichte, Industrie- und Stadtgeschichte sowie eine Sammlung über die Banater Schwaben. In Zusammenarbeit mit der Kommune wird es vom 1923 gegründeten Bürger- und Heimatverein Hemer e.V. betrieben. Direkt daneben drehen sich noch die Räder der Sundwiger Mühle, der letzten noch arbeitenden Wassermühle im Märkischen Kreis. Noch heute mahlt der Müller hier das Getreide zu Mehl. (>> Geschichte, Flüsse und Mühlen)

■ Informationen

Felsenmeer-Museum Hemer
Hönnetalstr. 21
58675 Hemer
Tel. 02372/16454
felsenmeer-museum@web.de
www.felsenmeer-museum.de

Spaten, Schaufeln, Hacken und anderes Werkzeug geformt wurden. Der Heimatverein Kierspe e.V. dokumentiert mit dem Schleiper Hammer, wie schon vor 100 Jahren Maschinen für die Herstellung präziser Produkte genutzt wurden. Auch als „außerschulischer Lernort" ist er gefragt.

Im Fritz-Linde-Museum werden Bücher und Briefe des Kiersper Heimatdichters Fritz Linde ausgestellt. Ebenso sind Bücher der Kinderbuchautorin Anny Wienbusch und das plattdeutsche Wörterbuch von Fritz Karge zu sehen.

Im vierten, privat betriebenen Museum, dem Märkischen Zinnfiguren Kabinett, gibt es eine Sammlung von rund 15.000 Zinnfiguren, die Detlef Voigt-Wetzel in jahrzehntelanger Sammelleidenschaft zusammengetragen hat. (Besichtigungstermin unter Tel. 02359/2259)

■ **Informationen**
Bakelitmuseum
Altes Amtshaus

Friedrich-Ebert-Str. 380
58566 Kierspe
Tel. 02359/661140
heimatverein@kierspe.de
www.kierspe.de

Schleiper Hammer
Schleipe 3
58566 Kierspe
Tel. 02359/661-140
Fritz-Linde-Museum
Höferhof 23
58566 Kierspe

Kulturgut Schrabben Hof (Kirchhundem)

Der durch ehrenamtliches Engagement mit Leben erfüllte ehemalige Gutshof in Silberg steht überwiegend unter Denkmalschutz. Heimatmuseum, altes Backhaus, nostalgisches Café, Feiertenne, Trödelscheune und Theaterscheune zählen zum Anwesen. Im Museum sieht man, wie zu Zeiten der Urgroßeltern gelebt und gearbeitet wurde. Zwei Vereine „stemmen" das Kulturprogramm mit der Kleinkunstbühne.

■ **Informationen**
Kulturgut Schrabben Hof
Silberger Str. 32
57399 Kirchhundem-Silberg
info@kulturgutschrabbenhof.de
www.kulturgut-schrabbenhof.de

Stickereimuseum / Radiomuseum (Kirchhundem)

Ein Stickereimuseum in Oberhundem und ein Radiomuseum in Kirchhundem-Heinsberg ergänzen das museale Angebot für Kirchhundem. Das Stickereimuseum ist in einem 1685 in sauerländischem Fachwerkstil erbauten Pfarrhaus untergebracht. (Rüsper Str. 2, 57399 Kirchhundem, Tel. 02723/72409)

Die mittlerweile 400 Exponate umfassende Sammlung von Reinhard Flöper im Radiomuseum Heinsberg (Oberndorfer Str. 10, 57399 Kirchhundem, Tel. 02723/72995) wartet mit echten Raritäten auf, so ein Volksempfänger von 1933. Besichtigungen sind nach telefonischer Absprache möglich.

■ **Informationen**
Tourist-Information
Lennestadt & Kirchhundem
Hundemstr. 18
Tel. 02723/608-800
info@lennestadt-kirchhundem.de
www.kirchhundem.de

Galileo-Park Meggen (Lennestadt)

Der Galileo-Park in Lennestadt-Meggen ist ein sehenswerter Wissens- und Rätselpark und Teil der Sauerland-

Galileo-Park Meggen

Pyramiden, die in exponierter Lage hoch über dem Lennetal liegen. Hier finden wechselnde Ausstellungen zu naturhistorischen, technischen und rätselhaften Themen aus aller Welt statt. Es ist ein Ort des Staunens und Wunderns. Teile des Parks können auch für Seminare und Feiern angemietet werden.

■ **Informationen**

Galileo-Park
Sauerland-Pyramiden 4-7
57368 Lennestadt-Meggen
info@galileo-park.de
www.galileo-park.de

Museum der Stadt Lennestadt

Im Museum der Stadt Lennestadt im Alten Amtshaus erfahren die Besucher unter dem Motto „Moderne Zeiten" vom Leben im Sauerland von 1850 bis in die 1950er Jahre. Der spannende Beginn des Industriezeitalters in den Dörfern an Lenne, Veischede und Elspe und der Bau der Ruhr-Sieg-Eisenbahn 1861 werden mit vielen Fotos und Exponaten erläutert. 1984 hatte der Heimat- und Verkehrsverein Grevenbrück damit begonnen, Exponate für das Museum zu sammeln.

■ **Informationen**

Museum der Stadt Lennestadt
„Altes Amtshaus" Kölner Str. 57
57368 Lennestadt-Grevenbrück
Tel. 02721/1404
rathaus@lennestadt.de
www.lennestadt.de

Museum Bremecker Hammer Lüdenscheid

Bergbaumuseum Siciliaschacht, Lennestadt
>> Höhlen & Besucherbergwerke

Geschichtsmuseum Lüdenscheid / Bremecker Hammer / Siku Modellwelt

Lüdenscheid kann mit mehreren Museen aufwarten. Im Geschichtsmuseum werden dem Besucher umfassende Einblicke in die industrielle und kulturelle Entwicklung der Stadt und des Umlands vermittelt. Sogar ein restaurierter Eisenbahnzug und Luftschiffmodelle sind zu sehen. Eine Knopfsammlung – beginnend in der Bronzezeit – darf natürlich nicht fehlen. Die Sammlung historischer Landkarten gilt als bedeutend. Ständig wechselnde Ausstellungen sorgen für zusätzliche Attraktivität. Die Verantwortlichen bemühen sich, den Besuchern „ihre" regionale Geschichte näherzubringen. Die Städtische Galerie in der gleichen

Adresse vermittelt dem Gast die Bandbreite der Bildenden Kunst nach 1945 in der BRD. Einen Besuch wert ist ebenso das eisengeschichtliche Schmiedemuseum Bremecker Hammer, in dem das Handwerk mit Schleiferei, Feilenhauerei und Hämmern dargestellt wird. Es ist ein technisches Kulturdenkmal. Besonders spannend geht es zu, wenn zweimal pro Jahr bei den Schmiedetagen alle technischen Anlagen in Betrieb sind.

Nicht nur Kinderherzen schlagen höher in der Siku/Wiking Modellwelt mit über 3.500 Ausstellungsstücken aus über 90 Jahren Unternehmensgeschichte. Auch Erwachsene haben ihre Freude. Von den Anfängen der Siku- und Wiking-Spielzeugautos bis zu den neuesten Entwicklungen mit funkferngesteuerten Fahrzeugen ist alles vorhanden. Der Gast kann auf den Rennstre-

Aktive Besucher im Phänomenta Lüdenscheid

Science-Center „Phänomenta" Lüdenscheid

Das Erlebniszentrum Phänomenta ist als interaktives Museum in seiner Art führend in NRW. Es will Jung und Alt für die oft verblüffende Welt der Physik und Technik begeistern. Hier kann man experimentieren und staunen. So entdeckt der Besucher seine Gesichtstopographie, taucht in eine Seifenblase ein, mischt Farben und Töne wie ein DJ. Insgesamt 180 Stationen gibt es zu erleben. Für Lehrkräfte und Erzieher/innnen werden eigene Informationsnachmittage veranstaltet.

■ **Informationen**
Stiftung Phänomenta
Phänomenta-Weg 1
(ehem. Gustav-Adolf-Straße)
58507 Lüdenscheid
Tel. 02351/21532
info@phaenomenta.de
www.phaenomenta.de

cken selber eine ferngesteuerte Runde drehen.

■ **Informationen**
Geschichtsmuseum Lüdenscheid
Sauerfelder Str. 14-20
58511 Lüdenscheid
Tel. 02351/171496
museen@luedenscheid.de
www.luedenscheid.de

Schmiedemuseum Bremecker Hammer
Brüninghauser Str. 95
58513 Lüdenscheid
Tel. 02351/42400

Siku/Wiking Modellwelt
Schlittenbacher Str. 56a
58511 Lüdenscheid
Tel. 02351/876212
mail@modellwelt-luedenscheid.de
www.siku.de

Heimatmuseum Marsberg

Das Heimatmuseum der Stadt Marsberg befindet sich im traditionsreichen Obermarsberg. Es spiegelt die Heimat wider: wie ist die Landschaft entstanden, was wurde gefunden und wie lebten einst die Bewohner? Für Kinder wird im Museum Geschichte lebendig. Sie können hier – sogar in mittelalterlicher Kleidung – auf Entdeckungstour gehen.

■ **Informationen**
Heimatmuseum der Stadt Marsberg
Eresburgstr. 38
34431 Marsberg
info@heimatmuseum-marsberg.de
www.fv-obermarsberg.de

Städt. Museum Medebach

Das Museum widmet sich der Entwicklung von einer Ackerbürgerstadt hin zur modernen Kommune, in der der Tourismus eine bedeutende Rolle spielt. Auch Gewerbe und Handel aus der alten Hansestadt werden dokumentiert. Im angrenzenden Hansesaal des ehemaligen Rathauses ist seit 2012 eine sehenswerte Modellbauanlage zur Kleinbahnstrecke von Steinhelle nach Medebach ausgestellt. Sämtliche Gebäude und die meisten Fahrzeuge hat in mühevoller Kleinarbeit das Kleinbahnteam des Heimat- und Geschichtsvereins Medebach erstellt.

■ **Informationen**
Städtisches Museum Medebach
Oberstr. 26
59964 Medebach
info@medebach-touristik.de
www.medebach-touristik.de
www.hgv-medebach.de

Museum für Stadt- und Kulturgeschichte Menden

In einem prächtigen barocken Kaufmannshaus mit einer besonders schönen Haustür bietet das Museum für Stadt- und Kulturgeschichte spannende Informationen über alle wichtigen Epochen, von der Eiszeit im Hönnetal über Leben und Handwerk im Mittelalter bis hin zum bürgerlichen Biedermeier. Ebenfalls sehenswert ist das um 1710 an der Stadtmauer erbaute und aufwändig restaurierte Schmarotzerhaus. Es zeigt die Werkstatt eines Nadlers um 1840. An die düstere, schreckliche Zeit der Hexenverfolgung erinnert der Poenigeturm. Eine Ausstellung zweier Künstlerinnen im mittelalterlichen Wehrturm setzt sich damit auseinander.

■ **Informationen**
Museum
Marktplatz 3
58706 Menden
Tel. 02373/903-1654
museum@menden.de
www.menden.de

Gut Rödinghausen in Lendringsen – Industriemuseum der Stadt Menden

Auf Gut Rödinghausen residierte eines der bekanntesten Adelsgeschlechter Westfalens, Freiherr von Dücker. Das große zweigeschossige Fachwerk-Traufenhaus gilt als schönes Beispiel für den Klassizismus aus der Zeit um 1807. Die unter Denkmalschutz stehende Anlage wurde 2007 von der Stadt Menden erworben und in den letzten Jahren aufwändig saniert. Im

Erdgeschoss finden Wechselausstellungen statt. Der Kaminsaal ist für Lesungen und Konzerte geeignet. 2019 öffnete das neue Industriemuseum im Obergeschoss erstmals seine Türen. Hier können die Besucher sich über 300 Jahre Mendener Geschichte informieren. Zwischen Hönne und dem Herrenhaus liegt ein schöner Park mit altem Baumbestand, der ebenfalls für Veranstaltungen genutzt wird.

■ **Informationen**
Gut Rödinghausen – Industriemuseum der Stadt Menden
Fischkuhle 15
58710 Menden
Tel. 02373/903-8770
museum@menden.de
www.menden.de

Karnevalsmuse um im Teufelsturm Menden

>> Feste und Events, Karnevalsfeiern

Heimatmuseum Eversberg [Meschede]

Im Heimatmuseum Eversberg sind umfangreiche historische Exponate zu den Themen bäuerliche Arbeit in Haus und Feld, Handwerk und Gewerbe, Kultur und Ortsgeschichte ausgestellt. Führungen durch das Museum und durch den historischen Ortskern von Eversberg können gebucht werden.

■ **Informationen**
Heimatmuseum Eversberg
Mittelstr. 12
59872 Meschede
Tel. 0291/50674
info@museum-eversberg.de
www.museum-eversberg.de

Gut Rödinghausen, Lendringsen

Landschaftsinformations-zentrum Wasser und Wald Möhnesee e.V. (Liz), Möhnesee

In dem historischen, dreistöckigen Gebäude der ehemaligen Mühle von Günne unterhalb der Möhnestaumauer hat das Liz sein Domizil. Die vielseitige und handlungsorientierte Ausstellung präsentiert in Erlebnisräumen Informationen zur Landschaft, über das Wasser und den Wald sowie über die ökologischen Zusammenhänge. Eine ganze Etage nimmt die Ausstellung zum Thema Möhnetalsperre ein, deren Staumauer ganz in der Nähe der Mühle liegt. Für Schulklassen und Kitas gibt es spezielle Angebote. Workshops, Vorträge und geführte Wanderungen bieten Wissenswertes über Flora und Fauna am Möhnesee. Auch Touristen finden den Weg in die alte Mühle. Im „Halb-so-wilden"-Kochkurs werden regionale Speisen zubereitet; so steht auch „Brennesselsuppe mit Stockbrot" auf dem Speiseplan.

■ **Informationen**
Landschaftsinformationszentrum
Brüningser Str. 2
59519 Möhnesee-Günne
Tel. 02924/84110
post@liz.de
www.liz.de

Turmhügelburg „Motte" Neuenrade-Küntrop

>> Geschichte: Burgen, Schlösser und Ruinen

Heimatstube Wiblingwerde (Nachrodt)

Die Heimatstube, ein Heimatmuseum im ehemaligen Feuerwehrgerätehaus an der Grundschule in Wiblingwerde, konnte 1990 durch ehrenamtliches Engagement eröffnet werden. Der 1977 gegründete Heimat- und Verkehrsverein hat sich dieses Projektes angenommen. Gezeigt wird, wie man im bäuerlichen Haushalt des 19. Jahrhundert lebte. Der benachbarte Kornspeicher stammt von 1597. Ein weiteres Besucherziel ist der historische Hof Dümpel, der aus mehreren Gebäuden (Bruchsteinscheune und Fachwerkwohnhaus) besteht. Die Scheune datiert von 1770. Das Gebäudeensemble liegt an der Grenze zum Iserlohner Gemeindegebiet.

■ **Informationen**
Heimatstube
Nachrodter Str. 8
58769 Nachrodt-Wiblingwerde
Tel. 02352/9383-0
www.hvv-nachrodt-wiblingwerde.de
post@nachrodt-wiblingwerde.de
www.nachrodt-wiblingwerde.de

Brenscheider Mühle Nachrodt-Wiblingwerde

>> Geschichte, Flüsse und Mühlen

Stadtmuseum Neuenrade

Im Stadtmuseum Neuenrade hat der „Verein für Geschichte und Heimatpflege Neuenrade e.V." Exponate zur Stadt-, Industrie- und Verkehrsgeschichte

ausgestellt. Urkunden aus der Zeit der Stadtgründung ab 1355, filigran gearbeitete Musikinstrumente zählen ebenso dazu wie Details zur Postgeschichte und zum Bau der Hönnetalbahn. Mit einem alten Fahrradmodell der Marke Vaterland wird an eine der ältesten deutschen Fahrrad-Manufakturen erinnert. Das ehemalige Werk Vaterland produzierte in der Innenstadt bis 2007 jährlich bis zu 250.000 Fahrräder. Sonderführungen auf Anfrage.

■ **Informationen**
Stadtmuseum
Erste Straße 19
58809 Neuenrade
Tel. 02392/649265
Klaus Peter Sasse, kpsasse@gmx.de
www.forumneuenrade.de
www.neuenrade.de

Museumssammlung der Stadt Olpe

Eine Sammlung historisch bedeutsamer Exponate aus Olpe und Umgebung befindet sich im Alten Lyzeum/Stadtarchiv Olpe. Öffnungszeiten nach Vereinbarung. Seit 2008 arbeiten die Museen und Sammlungen im Kreis Olpe in der Arbeitsgruppe „Museumslandschaft Kreis Olpe" zusammen. 18 attraktive Museen und Sammlungen gehören dazu.

■ **Informationen**
Museumssammlung der Stadt Olpe
Stadtarchiv Olpe
Franziskanerstr. 8
57462 Olpe
www.olpe.de

AG Museumslandschaft Kreis Olpe
Westf. Straße 75
57462 Olpe
Tel. 02761/81456
museumslandschaft@kreis-olpe.de
www.museumslandschaft-kreis-olpe.de

Afrika-Museum Vogt Olsberg-Gevelinghausen

Dieses Museum will die Werte afrikanischer Kunst und Kultur vermitteln. Gerhard Vogt, dessen Familie bereits 1886 durch Missionstätigkeit mit Afrika in enge Beziehung trat, hat diese Sammlung über viele Jahre hinweg zusammengetragen. Die Exposition zeigt Skulpturen, Schmuck und Alltagsgegenstände. Zudem gibt es wechselnde themenbezogene Ausstellungen.

■ **Informationen**
Afrika-Museum Vogt
Auf dem Bohlen 14
59939 Olsberg-Gevelinghausen
Tel. 02904/1660
afrikavogt@online.de
www.afrika-museum-vogt.de

Heimathaus Plettenberg

Mitten im historischen Stadtzentrum von Plettenberg liegt das Heimathaus, das auch das Heimatmuseum beherbergt. Schwerpunkte der sehenswerten ständigen Ausstellung sind die Stadtgründung und die industrielle Tradition. Sonder- und Kunstausstellungen finden in einem separaten Bereich statt. Ehrenamtlich betreut wird das Museum vom Hei-

matkreis Plettenberg e.V., der hier auch seine „Zentrale" hat.

■ **Informationen**
Heimatmuseum Plettenberg
Am Kirchplatz 8
58840 Plettenberg
Tel. 02391/12823 (Heimatkreis)
stadtarchiv@plettenberg.de
info@heimatkreis-plettenberg.de
www.heimatkreis-plettenberg.de

Märkische Museums-Eisenbahn Plettenberg

Ein besonders lohnendes Ziel für Jung und Alt sollte man sich zwischen April und Oktober nicht entgehen lassen. Dann rollen die Züge der „Sauerländer Kleinbahn" gemütlich durch die Landschaft des Elsetals und bieten den Fahrgästen authentische

Historisches Handwerkerdorf Rüthen

Eisenbahnromantik. Der Verein Märkische Museums-Eisenbahn engagiert sich seit mehr als zwei Jahrzehnten und hat originalgetreue Waggons und Loks bereitgestellt.

■ **Informationen**

Märkische Museums-Eisenbahn e.V.
Sauerländer Kleinbahn, Betriebsgelände:
Bahnhof Hüinghausen
Elsetalstr. 46
58849 Herscheid-Hüinghausen
www.sauerlaender-kleinbahn.de

Historisches Handwerkerdorf Rüthen

Die ortstypischen Traditionsberufe der Steinhauer, Schmiede und Schreiner werden im „Handwerkerdorf" in Rüthens Altstadt, zwischen Hexenturm und Seilerei, in musealer Form präsentiert. Der „Förderverein Heimatpflege und traditionelles Brauchtum Rüthen e.V." hat dieses Projekt mit Unterstützung der NRW-Stiftung realisiert. Den bekannten grünen Sandstein aus Rüthener Steinbrüchen nutzten die Baumeister – besonders während der Barockzeit – in ganz Westfalen. Seine Geschichte wird anschaulich dargestellt. Die ehemalige,

gut erhaltene Seilerei „Hartmann" zählt ebenfalls zu den touristischen Highlights. In dem 1914 errichteten, 60 Meter langen Gebäude drehte man einst mit viel körperlicher Kraft und Geschick aus Hanffäden eine Schnur, aus den Schnüren einen Strick und aus den Stricken starke Seile. Führungen können auf Anfrage gebucht werden.

■ **Informationen**

Seilerei Hartmann
Seilerweg 3
59602 Rüthen
post@handwerkerdorf-ruethen.de
www.handwerkerdorf-ruethen.de

Galerie Klute-Waldemai, Schmallenberg

Wippekühl 4
58579 Schalksmühle
Tel. 02355/84-241
post@schalksmuehle.de
www.schalksmuehle.de
geschichtsverein@schalksmuehle.de

Jagdmuseum Schalksmühle

Im Jagdmuseum des örtlichen Hegerings können Besucher die breite Palette der heimischen Tier- und Vogelwelt betrachten. Auf 350 Quadratmeter Fläche sind über 1.000 Exponate aller heimischen Tierarten in Form von Trophäen und Vollpräparaten ausgestellt. Schul- und Kindergarten-Gruppen kommen gerne ins Jagdmuseum. Führungen auf Anfrage.

■ **Informationen**
Jagdmuseum
Asenbach 9
58579 Schalksmühle
jagdmuseum-schalksmuehle@web.de
www.schalksmuehle.de

Besteckmuseum in Fleckenberg (Schmallenberg)

Wer sich in Schmallenberg umschaut, sollte es nicht versäumen, das Besteckmuseum Fleckenberg zu besuchen. Hier kann man authentisch den Weg vom Blech zum Kaffeelöffel erleben. Produziert wurde in der Fabrik von 1938 bis 1972. Alle Maschinen werden mittels einer Turbine durch Wasserkraft angetrieben. 1990 stellte man die Fabrik unter Denkmalschutz. Der Heimatverein Fleckenberg hat sie von

Touristik- und Stadtmarketing Rüthen
Tel. 02952/818-172
post@ruethen.de
www.ruethen.de

Heimatmuseum Schalksmühle

Ein Heimatmuseum mit historischen Exponaten bäuerlichen Lebens befindet sich im Bauernhaus Wippekühl. Das Gebäude wurde um 1600 errichtet. Es ist in den letzten 400 Jahren kaum verändert worden und gilt als weithin einzigartiges Zeugnis bäuerlicher Kultur. Der Geschichts-

und Heimatverein kümmert sich seit 1995 um das wertvolle Anwesen, das in Westfalen zu den Raritäten zählt. Zuvor hatte die Gemeinde es restaurieren lassen. Auf den Außenflächen und auf den Heuböden sind zahlreiche landwirtschaftliche Geräte ausgestellt. Für Gruppen und Schulklassen können eigene Besuchstermine vereinbart werden. Der „Freundeskreis Bauernhaus" betreut auch kulturelle Veranstaltungen.

■ **Informationen**
Bauernhaus Wippekühl

1997 bis 2000 renoviert und für die Öffentlichkeit zugänglich gemacht. Führungen mit Vorführung durch Stanzerei, Schleiferei, Schlosserei und zum Wassereinlauf sind auf Anfrage buchbar.

■ **Informationen**

Besteckfabrik Fleckenberg
Wiesenstr. 11
57392 Schmallenberg-Fleckenberg
Tel. 0160/4534159
info@besteckfabrik-fleckenberg.de
www.besteckfabrik-fleckenberg.com

Galerie in der Waldemai (Schmallenberg)

Die Galerie Klute-Waldemai besteht aus einer Schmiede, Glashütte und einem Skulpturenpark. Im malerischen Sorpetal bei Schmallenberg hat das Kunstschmiedepaar Lothar und Gisela Klute eine einzigartige Parklandschaft mit wertvollen Exponaten geschaffen, die seinesgleichen sucht. Künstlerisch hochwertige Skulpturen aus Schmiedebronze, Stahl, Messing, Glas, Windobjekte und Wasserspiele mit unterschiedlichen wasserspeienden Brunnen faszinieren die Besucher. Zu sehen ist auch ein Wasserrad mit einer Informationstafel „Ursprung des Wohlstands". In dem architektonisch interessanten Ausstellungsgebäude gibt es weitere Unikate zu entdecken.

■ **Informationen**

Galerie in der Waldemai
Niedersorpe 43, Waldemai
57392 Schmallenberg

Tel. 02975/206
info@klute-waldemai.de
www.klute-waldemai.de

Klostermuseum Grafschaft (Schmallenberg)

Aus Anlass des 925-jährigen Gründungsjahres des Klosters Grafschaft eröffneten die Barmherzigen Schwestern vom Hl. Karl Borromäus, die seit 1948 in Grafschaft heimisch geworden sind, 1997 ein Museum zur Kunst und Geschichte. Das stattliche barocke Klostergebäude aus der ersten Hälfte des 18. Jahrhunderts hatten die Benediktiner-Mönche nach der Säkularisation 1803 verlassen müssen. Nach dem letzten Krieg be-

fand sich das Kloster in einem heruntergekommenen Zustand. Mit dem Einzug der Nonnen, die auch das Krankenhaus gründeten, ging es dann wieder aufwärts. Ausgestellt sind wertvolle, alte liturgische Geräte, Paramente, Reliquien und Bücher aus der Klosterbibliothek. Gemälde und Steinfragmente aus der 1832 abgerissenen Klosterkirche gibt es im Kreuzgang zu sehen. Gruppenführungen nach Vereinbarung.

■ **Informationen**

Museum im Kloster Grafschaft
Annostr. 1
57392 Schmallenberg-Grafschaft
Tel. 02972/79100
www.kloster-grafschaft.com

Museum Besteckfabrik Fleckenberg

Schieferbergbau- und Heimatmuseum in Holthausen (Schmallenberg)

Im Westfälischen Schieferbergbau- und Heimatmuseum in Schmallenberg-Holthausen, das in der ehemaligen Volksschule untergebracht ist, erfährt der Besucher informative Details über die Region. Wie wurden früher Schiefer und Gesteine abgebaut und wie sind sie überhaupt entstanden? Wie haben die Menschen gelebt und gearbeitet? Auf diese und andere Fragen gibt es Antworten. In der „Südwestfälischen Galerie" sind Kunstexponate der Region aus dem 19. und 20. Jahrhundert zusammengefasst.

■ **Informationen**
Westfälisches Schieferbergbau- und Heimatmuseum Holthausen
Kirchstr. 7
57392 Schmallenberg-Holthausen
Tel. 02974/6685
info@museum-holthausen.de
www.museum-holthausen.de

Waldarbeitermuseum in Latrop (Schmallenberg)

Latrop war einst ein reines Waldarbeiter- und Köhlerdorf. Das liebevoll eingerichtete Museum zu diesem Thema besteht seit 2003 in der Alten Mühle. Im Waldarbeitermuseum kann man sich heute ansehen, wie früher die Holzfäller, Fuhrleute und Waldarbeiter gearbeitet haben und wie sich die Technik ihrer Arbeitsgeräte weiterentwickelt hat. Seit 2012 gibt es ergänzend dazu einen 4,5 Kilometer langen Waldarbeiter- und Försterpfad mit 17 Stationen, an denen die „Geheimnisse des Waldes" dargestellt werden. Heute hat sich Latrop zu einem Ferienort entwickelt, dessen Besonderheit in der Lage am Rothaarkamm mit FFH-Gebiet und Naturwaldzellen liegt.

■ **Informationen**
Waldarbeitermuseum Alte Mühle
Latrop
57392 Schmallenberg
Tel. 02972/5839
info@latrop.de
www.latrop.de
www.schmallenberg.de
www.foersterpfad.de

Alte Kornbrennerei Sundern

Das denkmalgeschützte Gebäude der alten Kornbrennerei basiert auf einem mittelalterlichen Wehrbau und zählt zu den ältesten Häusern in Sundern. Die erste urkundliche Erwähnung stammt von 1632. Bis 1966 brannte man hier sogar Schnaps. Der engagierte Museumsverein Sundern e.V. hat viele Exponate für das Museum zusammengetragen. Er hat es sich zur Aufgabe gemacht, die örtliche Handwerks-, Industrie- und Wirtschaftsgeschichte zu pflegen. Das zentral gelegene Museum bietet sich auch als idealer Standort für Ausstellungen und Lesungen an.

■ **Informationen**
Alte Kornbrennerei
Hauptstr. 132
59846 Sundern
Tel. 02933/6332
info@sundern-sorpesee.de
kontakt@museum-kornbrennerei.de
www.museum-kornbrennerei.de

Alte Schmitte Endorf (Sundern)

In der „Alten Schmitte" in Endorf ist das Heimat- und Jagdmuseum untergebracht. Die immer noch betriebsbereite Schmiede, eine alte Schusterwerkstatt, Feuerwehrexponate, ein nachgebauter Bergwerkstollen und viele jagdliche Exponate vermitteln authentische Eindrücke von früheren Zeiten. Der 1991 gegründete Heimatverein Endorf e.V. hatte die Schmiede 1995 zur Verfügung gestellt bekommen.

■ **Informationen**
Heimatmuseum „Alte Schmitte"
Endorfer Str. 36
59846 Sundern-Endorf
Tel. 0160/95872754
heimatverein@sundern-endorf.de
www.sundern-endorf.de

Heimatstube im Haus Dassel (Warstein-Allagen)

An das Leben früherer Generationen im Möhnetal erinnert die Heimatstube im Haus Dassel in Allagen. Da gibt es die „gute Stube" mit Plüschsofa, Tisch mit Häkeldecke und eisernem Ofen, die Küche mit breitem Emaille-Kohleherd und damals üblichem Zubehör. Weitere dargestellte Themen

Museum Haus Kupferhammer, Warstein

sind Haus und Garten, Feld und Flur, Land und Leute, Leben und Arbeit. Der Bau des repräsentativen Gebäudes Haus Dassel geht zurück auf den Unternehmer Viktor Röper, der nach 1840 hier ein Eisen- und Kettenwerk gründete. Es steht in Allagen im Möhnetal am Eingang zum Freizeitpark. Öffnung und Führungen auf Anfrage.

■ **Informationen**

Haus Dassel
Viktor-Röper-Str. 2
59581 Warstein-Allagen
Tel. 02925/800100
www.hausdassel.de

Museum Haus Kupferhammer Warstein

Das städtische Museum Warstein hat im Haus Kupferhammer einen idealen Standort gefunden. In diesem repräsentativen, im barocken Stil gebauten Gebäude lebte seit 1848 die Unternehmerfamilie Bergenthal. Der Fabrikant Wilhelm Bergenthal leitete im Wästertal zwischen Warstein und Belecke eisenverarbeitende Betriebe und besaß zudem viele Grundstücke, die er später der Stadt vermachte. Seine Witwe Ottilie lebte noch bis in die Nachkriegszeit in dem stattlichen Wohnhaus, das sie 1948 der Stadt Warstein schenkte. Wer die obere Etage mit den Wohnräumen der Bergenthals besichtigt, fühlt sich zurückversetzt in längst vergangene Zeiten. Das Mobiliar im Biedermeierstil ist weitgehend noch vorhanden, bis hin zum Schreibpult von Wilhelm Bergentahl, an dem er seine Korrespondenz erledigte. Errichtet wurde Haus Kupferhammer von Johann Theodor Möller in der Mitte des 18. Jahrhunderts. Möller hatte mit einer ca. 250-köpfigen Belegschaft Kupfer verarbeitet. Dass der Barockpalast heute als Museum sowie mit seinem großen Festsaal für Konzerte, Vorträge und Lesungen genutzt werden kann, ist auch einer Bürgerinitiative zu verdanken, die seit 2006 als „Freunde und Förderer" das Gebäude mit Leben erfüllt.

■ **Informationen**

Museum Haus Kupferhammer
Belecker Landstr. 9
59581 Warstein
Tel. 02902/2724
mail@haus-kupferhammer.de
www.haus-kupferhammer.de

Kettenschmiedemuseum Sichtigvor (Warstein)

Viele Bewohner des Möhnetals arbeiteten einst als Schmiede

und stellten vor allem schmiedeeiserne Ketten her. Daran erinnert das seit 1985 bestehende
Kettenschmiedemuseum in
Sichtigvor. In der originalgetreu
rekonstruierten Schmiede grei-
fen fachkundige Handschmiede
mitunter noch zum Hammer
und bearbeiten das glühende
Eisen. Öffnung nach Anmeldung.

■ **Informationen**
Freizeitpark
Möhnestr. 96
59581 Warstein-Sichtigvor
Tel. 02925/3310
schmiede@kettenschmiede.de
www.heimatverein-muesiwa.de
www.warstein.de

Stadtmuseum Schatzkammer Propstei Belecke [Warstein]

Das 1072 gegründete Benediktinerkloster Grafschaft errichtete um 1100 die bis zur Säkularisation 1804 bestehende, mit
einem Propst und bis zu sieben
Mönchen besetzte Propstei in
Belecke. Im ehemaligen Wirtschaftsgebäude ist heute das
Stadtmuseum „Schatzkammer
Propstei" untergebracht. Ausgestellt sind wertvolle mittelalterliche Kelche und Monstranzen sowie liturgische Gewän-
der aus dem 17. und 18. Jahrhundert. Der Kelch des Abtes
von 1509 ist einzigartig im
Sauerland. Stadt- und Kirchen-
geschichte werden ebenfalls
thematisiert. Nahebei befindet
sich die Propsteikirche St. Pan-
kratius, die als „glänzendes
Beispiel barocker Vielfalt" sehenswert ist.

■ **Informationen**
Schatzkammer Propstei
Am Propsteiberg 1
59581 Warstein-Belecke
Tel. 02902/71816
www.belecke.de
www.pastoralverbund-moehnetal.de

Museum Wendener Hütte [Wenden]

An vorindustrielle Bergbauzei-
ten erinnert noch heute die
Wendener Hütte, ein altes Ei-
sen- und Hammerwerk mit
Hochofen, das 1723 errichtet
und schon 1866 stillgelegt
wurde. Das einzigartige technische Kulturdenkmal kann zusammen mit einem Museum
zur Geschichte des Eisens besichtigt werden. Träger ist der
Museumsverein Wendener
Hütte e.V. Das Ensemble liegt
auf einer Hangterrasse des Big-
getals. Zu den Gebäuden zählen die Gießhalle mit Hochofen, das Dampfkesselhaus, das
Hammerwerk und ein Wohn-
haus. Regelmäßig finden Führungen statt. Für Schulklassen
gibt es ein erlebnisorientiertes
Lernprogramm.

■ **Informationen**
Museum Wendener Hütte
Hochofenstr. 6
57482 Wenden
Tel. 02761/81401
info@wendener-huette.de
www.wendener-huette.de

Stadtmuseum Werdohl

Im Stadtmuseum Werdohl bekommen die Besucher an-
schauliche Informationen
über die lokale Geschichte.
Werdohl hat dank der Industrialisierung einen enormen
Aufschwung erlebt. Die Veränderungen in wirtschaftlicher, gesellschaftlicher und
kultureller Hinsicht werden
dargestellt. In vier Themen-
welten geht es um Mobilität
und Verkehr, Eisen und
Drahtgewerbe, Vom Dorf zur
Stadt sowie Lebenswelten seit
1860. Das erste deutsche
Drahtwalzwerk entstand 1817
in Werdohl-Elverlingsen.

■ **Informationen**
Stadtmuseum
Bahnhofsplatz 1
58791 Werdohl
Tel. 02392/80665424 (Stadtmuseum)
Tel. 02392/917-247 (Stadt Werdohl)
www.heimatverein-werdohl.de
www.werdohl.de

KUNSTORTE
Spiritueller Sommer

Das Netzwerk „Wege zum Leben" veranstaltet seit einigen Jahren den „Spirituellen Sommer", eine Veranstaltungsreihe an unterschiedlichen Orten in ganz Südwestfalen. Die Veranstaltungen finden in den Ferienregionen Sauerland und Siegen-Wittgenstein statt. Für 2019 und 2020 hatten die Veranstalter das Element Wasser als Leitthema ausgewählt. Mit Kunstprojekten, Konzerten, Wander- und Pilgerangeboten, Meditation und Gebet, Tanz, Führungen und Vorträgen konnten sich die Teilnehmer den spirituellen Aspekten des Themas nähern. 2020 fanden die Veranstaltungen von August bis Oktober statt. Verantwortlich ist ein Netzwerk von über 250 Akteuren aus den Bereichen Kultur- und Heimatarbeit, Tourismus, Kirchen, Gesundheitsprävention. Grundlage der gemeinsamen Arbeit ist die Offenheit für eine zeitgemäße Spiritualität und die Akzeptanz unterschiedlicher Zugänge. Die Anfänge des Netzwerks entstanden 2011 im Raum Schmallenberg.

■ **Informationen**
Netzwerk Wege zum Leben
Poststr. 7 (Holz- und Touristikzentrum)
57392 Schmallenberg
Tel. 02972/9740-17
info@wege-zum-leben.com
www.wege-zum-leben.com

Heimatstube Usseln (Willingen)

In dem seit 1982 bestehenden Heimatmuseum können die Besucher nachempfinden, wie beschwerlich sich das Leben vor über 100 Jahren in den damals armen Bergdörfern des Waldeck'schen Uplands gestaltete. Die Themen sind breit gestreut. Dazu zählen Flachsverarbeitung, Webstuhlvorführungen, die „gute Stube", Küche, Landwirtschaft, Dorfschule, Handwerk und Wintersport.

■ **Informationen**
Heimatmuseum
Ringstr. 52
34508 Willingen-Usseln
Tel. 05632/5202 (Tourist-Information)
mail@heimatmuseum-usseln.de
www.heimatmuseum-usseln.de

Oldtimer-Curioseum (Willingen)

In diesem originellen Museum kann man sich anschauen, was der Willinger Bürger Hans Schlömer im Lauf seines Lebens gesammelt, gekauft und gebaut hat. Dazu zählen neben weiteren Exponaten 50 Oldtimer, Traktoren, Flugzeuge und Gegenstände aus der Seefahrt.

■ **Informationen**
Oldtimer-Curiosem
Düdinghauser Str. 1
34508 Willingen-Usseln
Tel. 05632/6232
info@curioseum-willingen.de
www.curioseum-willingen.de

Upländer Bauernmolkerei und Milchmuhseum (Willingen-Usseln)

Im alten Molkereigebäude der einstigen „Upländer Gebirgsmolkerei" konnte 2002 von dem Verein Upländer Milchmuhseum e.V. das lange geplante Museum eröffnet werden. Hier unternehmen die Besucher eine Reise durch die Welt der Milch. Beim Melken der Museumskuh oder beim Tragen des schweren Milchjochs können die heutigen Touristen das Leben auf dem Bauernhof testen. Angeboten werden auch Führungen, in denen selbst Butter hergestellt wird.

■ **Informationen**
Upländer Milchmuhseum
Korbacher Str. 6
34508 Willingen-Usseln
Tel. 05632/9222-22
info@muhseum.de
www.muhseum.de

Wintersportmuseum Neuastenberg (Winterberg)

Im Wintersportmuseum in Neuastenberg wird der weiße Sport von den Anfängen an dokumentiert. Der Skisport hat im Sauerland eine lange Tradition und wird anhand zahlreicher Ausstellungsstücke der vergangenen Jahrzehnte lebendig.

■ **Informationen**
Förderverein Westdt.
Wintersportmuseum e.V.
Neuastenberger Str. 17
59955 Winterberg-Neuastenberg
Tel. 02981/92500 (Touristikbüro)
info@winterberg.de
www.winterberg.de

FREIE BÜHNEN & THEATER

Heimatmuseum Borgs Scheune (Winterberg-Züschen)

Das Heimatmuseum Borgs Scheune steht mitten in Züschen auf einem Felsen. Das 1791 errichtete, fensterlose Gebäude diente bis 1815 als großherzogliche Zehntscheune. In dem Fachwerkgiebelhaus und Baudenkmal organisiert der örtliche Förderverein jährlich ein abwechslungsreiches Kulturprogramm. In der Dachstube finden Konzerte, Lesungen und Vorträge statt. Die kleine, anspruchsvolle geologische Dauerausstellung im Mittelgeschoss zeigt Mineralien aus der Region.

■ **Informationen**

Museum Borgs Scheune
Mollseifener Str. 17
59955 Winterberg-Züschen
Tel. 02981/1428 oder 02981/6367
info@borgs-scheune.de
www.borgs-scheune.de

Siedlinghauser Heimatstube (Winterberg-Siedlinghausen)

In der Siedlinghauser Heimatstube sind historische Gegenstände aus Haus und Hof sowie Handel und Gewerbe aus dem oberen Sauerland zu sehen. Träger ist der Heimat- und Verkehrsverein Siedlinghausen.

■ **Informationen**

Heimatstube
Am Wulfhage
59955 Winterberg-Siedlinghausen
Tel. 02983/8371 oder
02981/92500 (Touristikbüro)
info@winterberg.de
www.winterberg.de

Teatron Arnsberg

Anspruchsvolle Inszenierungen bietet seit mehreren Jahren das private Teatron-Theater in Arnsberg. Der bereits in Wien, Tel Aviv und Jerusalem erfolgreiche Regisseur und Schauspieler Yehuda Almagor hat gemeinsam mit seiner als Leiterin und Dramaturgin fungierenden Frau Ursula Almagor sein Publikum gefunden. Als Bühne dient die KulturSchmiede in Arnsberg, eine frühere Schmiedewerkstatt in der Altstadt, die für Kleinkunstaufführungen umgebaut worden ist. Teatron inszeniert nicht nur eigenständig, sondern schreibt auch selber Stücke. Oft sind es Kollagen aus Texten, Tanz und Musik, die von der ambitionierten Amateurtheatergruppe zu einem kunstvollen Ganzen zusammengefügt werden. Zehn bis 20 Vorstellungen von jeder Produktion sind die Regel. Als Konkurrenz zum großen Sauerlandtheater in Arnsberg sieht Yehuda Almagor das Teatron nicht – beide können gut nebeneinander leben.

■ **Informationen**

Teatron Theater in der Kulturschmiede
Apostelstr. 5
59821 Arnsberg
info@teatron-theater.de
www.teatron-theater.de

Parktheater Iserlohn

Das Parktheater Iserlohn hat sich zu einem kulturellen Zentrum der Region entwickelt. Rund 150 Veranstaltungen in einer durchschnittlichen Spielzeit sind ein beeindruckender Beleg. Vom Musical bis zur Kleinkunst, es wird alles angeboten, was auch der Kulturinteressierte in der Großstadt erwarten kann. Ein besonderes Augenmerk wird auf Kinder- und Jugendveranstaltungen gelegt.

■ **Informationen**

Parktheater Iserlohn
Alexanderhöhe
58644 Iserlohn
Tel. 02371/2171819
kulturbuero@iserlohn.de
www.iserlohn.de

Kulturgut Schrabben Hof (Kirchhundem)

>> Museen

Kulturhaus Lüdenscheid

Der 519 Sitzplätze umfassende Theatersaal des Kulturhauses sowie die Bühne sind mit moderner Technik ausgestattet, die einem gehobenen Anspruch an Gastspielhäuser gerecht wird. Die Szenefläche kann von 30 Quadratmetern auf bis zu 150 Quadratmeter erweitert werden. Auf dem Programm stehen klassische Theateraufführungen, Musicals, Konzerte, Comedy und

Shows. Im Kulturhaus Lüdenscheid kommen auch Angebote für das jüngere Publikum nicht zu kurz.

■ Informationen

Kulturhaus Lüdenscheid
Freiherr-vom-Stein-Str. 9
58511 Lüdenscheid
Tel. 02351/171299
kulturhaus@luedenscheid.de
www.kulturhaus-luedenscheid.de

Lüdenscheider Altstadtbühne e.V.

Mit „Blut und Liebe" begannen 1977 die Aktivitäten der Lüdenscheider Altstadtbühne. Engagierte Theaterfreunde hatten sich gesucht und gefunden. Seitdem hat es viele Inszenierungen gegeben, die das Publikum begeistert haben. In 2020 stand die Komödie „Du bist nur zweimal jung" auf dem Programm. Die Altstadtbühne hat seit 2008 auch wieder eine Junge Bühne, die in der Vorweihnachtszeit Kinderstücke aufführt.

■ Informationen

Lüdenscheider Altstadtbühne e.V.
Luisenstr. 21
Tel. 02351/24430
kontakt@lued-altstadtbuehne.de
www.luedenscheider-altstadtbuehne.de

Freilichtbühne Hallenberg

FREILICHTBÜHNEN

Freilichtbühne Herdringen (Arnsberg)

Die Freilichtbühne Herdringen bietet pro Saison eine Inszenierung für Kinder (Familientheater) sowie Erwachsenentheater. Dabei handelt es sich oft um bekannte Komödien. Wintertheater-Aufführungen finden zusätzlich im großen Saal des Spielerheims statt. Im Sommer 2020 hatten die Verantwortlichen aufgrund der Beschränkungen durch das Corona-Virus alle Aufführungen absagen müssen.

Freilichtbühne Herdringen

So mussten auch alle anderen Theater im Sauerland reagieren. Auf der seit 1949 bestehenden Freilichtbühne hat es bisher weit über 100 Inszenierungen gegeben. Vier Generationen einiger Familien aus Herdringen sind seit Jahrzehnten mit Begeisterung dabei. 1954 zog man aus Sälen und Hallen hinaus ins Grüne. Ein stillgelegter Steinbruch bietet eine „Naturkulisse von einmaliger Schönheit". Rund 800 überdachte Sitzplätze stehen zur Verfügung. Das ehrenamtliche Engagement, auch beim Bühnenaufbau, ist selbstverständlich. Nur die künstlerische Leitung wird einem Profi überlassen.

■ **Informationen**
Freilichtbühne Herdringen
Stiepeler Str. 15-17
59757 Arnsberg-Herdringen
karten@flbh.de
www.flbh.de

Freilichtbühne Hallenberg

In der herrlichen Naturkulisse in einem ehemaligen Steinbruch fanden seit 1946 mehr als 100 Inszenierungen statt. Über 1,1 Millionen Besucher haben die Aufführungen gesehen. In der Amateurspielschar engagieren sich mit Begeisterung 140 Mitwirkende. Unter einer freitragenden Überdachungsanlage finden 1.400 Besucher einen Sitzplatz und erleben gekonnt inszenierte Musicals und Komödien. Alle zehn Jahre wird – wie in Oberammergau – die Passion aufgeführt. Dann entfällt das sonst übliche Kinderstück. Die Einzelveranstaltung Hallenberger Musical Night ist die neueste, erfolgreiche Idee vom Team um die Freilichtbühne. Viele Familien aus Hallenberg unterstützten seit vielen Jahren die Aktivitäten ihrer Freilichtbühne.

■ **Informationen**
Freilichtbühne Hallenberg e.V.
Freilichtbühnenweg 14
59969 Hallenberg
info@freilichtbuehne-hallenberg.de
www.freilichtbuehne-hallenberg.de

Freilichtbühne Elspe (Lennestadt)

Die Karl-May-Festspiele auf der Freilichtbühne in Elspe locken jedes Jahr im Sommer Tausende von begeisterten Zuschauern an. Pierre Brice wirkte hier schon als Winnetou mit. Die Wildwest-Romantik hat nichts von ihrer Anziehungskraft verloren. Konzerte namhafter Rockbands und Events auf der Naturbühne sind ebenfalls beim Publikum gefragt. Das Elspe Festival ist Europas größter reiner Show- und Festivalpark.

■ **Informationen**
Elspe Festival GmbH
Zur Naturbühne 1
57368 Lennestadt-Elspe
Tel. 02721/94440
info@elspe.de
www.elspe.de

Firma Mennekes Elektrotechnik
in Kirchhundem

▶▶▶ INDUSTRIEKULTUR

Klassiker aus dem Sauerland auf ihren Gebieten: GROHE-Armaturen, MENNEKES-Elektrotechnikprodukte und BORBET-Leichtmetallräder

INDUSTRIE & WIRTSCHAFT

Weltmarktführer / Industrie- und Handelskammern

Das Sauerland zählt zum Zentrum von Südwestfalen. Man verbindet diese Region allgemein eher mit Natur in hügeliger Landschaft. Doch tatsächlich ist Südwestfalen – gemessen am Anteil der sozialversicherungspflichtig Beschäftigten – die stärkste Industrieregion in NRW und die drittstärkste in Deutschland. Fast 170 der hier ansässigen Unternehmen gelten sogar als „Hidden Champions", also

Weltmarktführer in ihrem Bereich. Die Industrie- und Handelskammern Arnsberg, Hagen und Siegen haben sie seit 2013 gesucht und 2018 in fünfter Auflage präsentiert. Als Weltmarktführer darf sich nennen, wer international oder EU-weit zu den Top-3-Unternehmen eines Marktes zählt. Dazu gehören so bekannte Firmen wie das 1935 gegründete Familienunternehmen Mennekes mit Sitz in Kirchhundem, das weltweit mit über 1.200 Mitarbeitern zu den füh-

renden Anbietern in der Elektroindustrie gehört. Allein die relativ kleine Kommune Meinerzhagen beherbergt fünf Weltmarktführer auf ihrem Gebiet. Leuchten-, Elektro-, Maschinenbau-, Armaturen-, Stein-, Nahrungsmittel-, Textil- und Holzindustrie sowie die Automotive-Zulieferer zählen zu den Schwergewichten. Produkte aus dem Sauerland sind oft so spezialisiert, dass sie weltweit zur Herstellung anderer Produkte benötigt werden. Doch auch Endprodukte stammen aus dem

erne sauerländische LED-Beleuchtung
der Klosterbrücke in Arnsberg

Sauerland: Endlose Datenmengen in Flughäfen, Kraftwerken und U-Bahnen weltweit werden mit Lichtwellen-Leitern aus Wenden verteilt. Formel-1-Piloten und A380-Flugpassagiere sichern sich mit Gurten aus Arnsberg. Bedeutende historische Gebäude in Berlin werden mit Leuchten aus Lüdenscheid und weiteren Sauerland-Städten angestrahlt.

Die Stühle der Firma Kusch + Co aus Hallenberg sind weltweit in öffentlichen Einrichtungen verbreitet. Seinen Hauptsitz hat in Hallenberg ebenfalls das Traditionsunternehmen Borbet, das zu den führenden Herstellern von Leichtmetallrädern weltweit gehört. 60 Prozent der in Deutschland gefertigten Sanitäranlagen und 70 Prozent der deutschen Schalter- und Steckdosen-Produktion stammen aus Südwestfalen. OBO Bettermann in Menden ist ein Beispiel für über Jahrzehnte gewachsenen unternehmerischen Erfolg in dieser Region. Seit ihrer Gründung 1911 in Familienbesitz ist die Firmengruppe heute weltweit mit 40 Tochtergesellschaften und Produktionsstandorten im Bereich der Elektro- und Gebäudeinstallationstechnik tätig. Grohe stellt in seinem Werk Hemer Armaturen und Kartuschen für Bad und Küche her und konnte sich mit hohem Qualitätsanspruch zu den führenden globalen Marken entwickeln. Das Familienunternehmen Dornbracht aus Iserlohn gilt als Weltmarktführer im Bereich hochwertiger Armaturen und Accessoires für Bad und Küche.

Brauereiverwaltung Warstein

BRAUEREIEN & BRENNEREIEN

Was das Bierbrauen betrifft, haben die Sauerländer Braumeister offenbar ein geschicktes Händchen. Denn seit Jahrzehnten haben sie sich in einem hart umkämpften Markt einen überregional ausgezeichneten Ruf erarbeitet. Die einstige Biermetropole Dortmund ist längst abgehängt und den Bayern wird Paroli geboten. Die traditionsreichen Brauereien Krombacher (Kreuztal), Warsteiner (Warstein), Veltins (Meschede-Grevenstein) zählen heute zu den national bekanntesten Marken.
Im Sauerland gibt es zusätzlich einige kleinere, regionale Braustätten, die spezielle, oft naturtrübe Biersorten brauen, in Flaschen vermarkten und mitunter sogar über originelle, urige Galträume verfügen, in denen frisch vom Fass gezapft wird. Dazu zählen Mühlenbräu an der Mühlenstraße in Arnsberg, Essel-Bräu mit Domschänke in Eslohe, Metten Hefemännchen Brauerei Finnentrop-Schliprüthen, Hallenberger Landbier in Hallenberg, Rönsahler Brauerei Kierspe, Hausbrauerei Hotel Flurschütz in Lennestadt-Saalhausen, Westheimer (Marsberg-Westheim), Biermanufaktur Dangel in Eslohe-Wenholthausen, Loisel's Bräu in Schmallenberg-Sellinghausen, Schmallenberger Braumanufaktur. Besonders die großen Braustätten im Sauerland zeigen Besuchern im Rahmen von professionell arrangierten Führungen gern ihre modernen Produktionsanlagen. Eine anschließende Bierprobe gehört dazu.

Brauerei Westheim GmbH (Marsberg)

■ **Informationen**
Kasseler Str. 7
34431 Marsberg-Westheim
Tel. 02994/889-0
prost@westheimer.de
www.brauerei-westheim.de

Krombacher Brauerei (Kreuztal)

■ **Informationen**
Hagener Str. 261
57223 Kreuztal-Krombach
Tel. 02732/88-0
service@krombacher.de
www.krombacher.de

Veltins Brauerei

■ **Informationen**
An der Streue
59872 Meschede-Grevenstein
Tel. 02934/959-0
veltinsinfo@veltins.de
www.veltins.de

Warsteiner Brauerei

■ **Informationen**

Besucherzentrum – Am Hillenberg

59581 Warstein

Tel. 02902/88-0

info@warsteiner.com

www.warsteiner.de

Schneider Korn Nuttlar (Bestwig)

Seit 1869 hat die Firma H. & F. Schneider in Nuttlar eine Destillation und Likörfabrik betrieben. Die bekannten Marken, die vielfach Auszeichnungen erhalten haben, wie zum Beispiel der „Ganz Alte Schneider" und der Halbbitter „Kahler Asten", werden inzwischen nach Sauerländer Originalrezept von der Firma Schwarze & Schlichte in Oelde hergestellt. Erworben werden können sie weiterhin auch in Nuttlar.

■ **Informationen**

Sauerländer Edelkorn- und Wacholderbrennerei H. & F. Schneider

Briloner Str. 8

59909 Bestwig-Nuttlar

Tel. 02904/97180

info@schneider-korn.de

www.schneider-korn.de

Kornbrennerei Kemper Olpe

Die Kornbrennerei J.J. Kemper in Olpe hat eine lange Tradition. Sie wurde bereits 1793 erstmals urkundlich erwähnt. Die Kempers waren im 19. Jahrhundert als Brauer, Brenner und Landwirte aktiv. Die Brennerei verfügt über einen eigenen Brunnen. Hergestellt werden klare Spirituosen, Fruchtliköre, Obstbrände und Kräuterliköre. Im Shop gibt es eine Vielzahl von hochwertigen Produkten. Besichtigungen für Gruppen nach Voranmeldung.

■ **Informationen**

Kornbrennerei J.J. Kemper

Felmicke 26 – 28

57462 Olpe

Tel. 02761/83770-0

post@kempers-korn.de

www.schnappsidee.de

Sauerländer Edelbrennerei Kallenhardt (Rüthen)

Der Familienbetrieb der Sauerländer Edelbrennerei in Kallenhardt stellt seit dem Jahr 2000 Brände, Geiste, Liköre in sehr hoher Qualität her. 2007 kam der (Premium) Single Malt Whisky „Thousand Mountains Mc Raven" hinzu. Bei der Produktherstellung wird auf Handarbeit und auf die Verwendung möglichst regionaler Zutaten Wert gelegt. Dafür gab es schon mehrere Auszeichnungen, so den Landesehrenpreis für Lebensmittel NRW. Als Firmenlogo wählte man den Raben – eine Idee des Künstlers Otmar Alt, der zu den Freunden des Hauses zählt. Seit 2016 brennt das engagierte Team in Kallenhardt in einer neuen Produktionsstätte mit Tastingraum, Theke und drei Brennblasen. Besichtigungen können in den Kategorien Klassik, Gin und Whisky gebucht werden.

■ **Informationen**

Sauerländer Edelbrennerei

In der Günne 22

59602 Kallenhardt

Tel. 02902/57151

info@sauerlaender-edelbrennerei.de

www.sauerlaender-edelbrennerei.de

Hausbrennerei Gasthof Heimes Grafschaft (Schmallenberg)

Im Gasthof Heimes in Schmallenberg-Grafschaft bestand schon 1759 die Genehmigung aus eigenen Obsterträgen „Hochprozentiges" zu brennen. Erst 2003 wurde diese über 100 Jahre alte nicht genutzte Konzession erneuert. Heute können die Gäste wieder den „Hausbrand", einen fruchtigmilden Obstler, genießen.

■ **Informationen**

Hotel Gasthof Heimes

Hauptstr. 1

57392 Schmallenberg-Grafschaft

Tel. 02972/9780-0

mail@gasthof-heimes.de

www.gasthof-heimes.de

Brennerei

Besucherbergwerk Kilianstollen, Marsberg

BESUCHERBERGWERKE

Schieferbergwerk Nuttlar (Bestwig)

Das Schieferbergwerk Nuttlar liegt an der Ruhr zwischen Ostwig und Nuttlar. Es bietet sowohl Führungen untertage an als auch die seltene Möglichkeit des Bergwergtauchens. 1878 wurde hier erstmals Schiefer abgebaut. Bis zu 200 Mitarbeiter waren beschäftigt. Auf mit Muskelkraft geschobenen Loren beförderten die Kumpel die schweren Schieferplatten ans Tageslicht. Es entstand ein 20 Kilometer umfassendes Labyrinth mit kilometerlangen Gängen und riesigen Hallen auf fünf Ebenen. Erst 1985 wurde die Anlage stillgelegt. Heute ist sie ein Erlebnisbergwerk.

Ausgestattet mit Helm und Lampe begeben sich die Besucher auf Entdeckungstour tief in den Berg hinein, vorbei an unterirdischen Seen und riesigen Hallen. Unterwegs gibt es Informationen über die Abbautechniken, die Geschichte und die Geologie.

Noch weiter in die Tiefe geht es für die Taucher: Weil von den insgesamt fünf Sohlen die unteren zwei auf einer Länge von zwölf Kilometern komplett geflutet worden sind, ist hier Höhlentauchen möglich. Unter Wasser finden die Taucher noch alles so vor, wie es die Bergleute verlassen haben. Es ist das größte zum Tauchen geeignete Bergwerk in Deutschland und zählt international zu den attraktivsten Tauchspots. (Taucharrangements im Berg-werk gibt es auch im Paket mit zwei Hotelübernachtungen. Buchung über www.hennesee-sauerland.de)

■ **Informationen**

Schieferbergbau Nuttlar UG

Briloner Straße 48 a

59909 Bestwig-Nuttlar

Tel. 0177/6844769

info@schieferbau-nuttlar.de

www.schieferbau-nuttlar.de

www.tauchschule-sauerland.de

Tel. 02393/220430

info@bergwerktauchen.de

Besucherbergwerk Ramsbeck (Bestwig)

Das Bergwerk in Ramsbeck wurde 1852 eröffnet, um hier Zink und Blei abzubauen. Heute fahren die Besucher – mit Helm und Schutzkittel ausgestattet – mit einer historischen Werkslok 1,5 Kilometer tief in die Stollen hinein und fühlen sich in einer anderen Welt. 300 Meter unter Tage beträgt die Temperatur zwölf Grad Celsius. Erfahrene Bergführer berichten von der einstigen Arbeit im Berg. Viele großformatige Maschinen, Wege und Werkzeuge sind noch vorhanden. Erst 1974 wurde das Werk stillgelegt. Heute geht es mitunter entspannter zu: Beim „Gruben-Light-Dinner" wird der Stollen in ein Restaurant mit ganz spezieller Atmosphäre verwandelt. Das Bergbaumuseum mit zahlreichen Exponaten befindet sich im ehemaligen Verwaltungs- und Kauengebäude

■ **Informationen**

Sauerländer Besucherbergwerk Ramsbeck
Glück-Auf-Straße 3
59909 Bestwig-Ramsbeck
Tel. 02905/250
info@sauerlaender-besucherbergwerk.de
www.sauerlaender-besucherbergwerk.de

Besucherbergwerk Grube Christiane (Diemelsee)

Adorf bei Diemelsee hat eine über 800-jährige Tradition als Bergbauort. Schon ab 1273 suchten hier Bergleute nach Eisenerz. Das Aus für die Grube wegen Unwirtschaftlichkeit kam im April 1963. Nach umfangreichen Vorarbeiten durch den Knappenverein Adorf konnte 1986 das beeindruckende Besucherbergwerk eröffnet werden. Im Info-Center gibt es Informationen, u.a.

an Mitmachstationen, zum Thema Eisenerz und Bergbau. Bei Führungen unter Tage berichten ehemalige Kumpel von der einst mühevollen Arbeit.

■ **Informationen**

Besucherbergwerk Grube Christiane
Bredelarer Str. 30
34519 Diemelsee-Adorf
Tel. 05633/5955
grube-christiane@t-online.de
info@diemelsee.de
www.diemelsee.de

Bergbaumuseum Siciliaschacht (Lennestadt)

Im Meggener Bergwerk baute man von 1853 bis 1992 das Zink und Blei enthaltende Schwefelkieserz ab. Das Museum in der vollständig erhaltenen Schachtanlage „Sicilia" informiert mit zahlreichen Exponaten über Abbau, Aufbereitung und Weiterverarbeitung des Erzes. Am Schacht beginnt auch der vier Kilometer lange „Wanderweg durch die Meggener Bergbaugeschichte" mit 17 Schautafeln an historischen Standorten.

■ **Informationen**

Bergbaumuseum Siciliaschacht
Siciliastr. 9
57368 Lennestadt-Meggen
Tel. 02721/81434
www.bergbaumuseum-siciliaschacht.de

Besucherbergwerk Kilianstollen (Marsberg)

Das Besucherbergwerk Kilianstollen wird seit 1984 vom Marsberger Heimatbund e.V. betrieben. Es umfasst drei

Grubenfelder im stillgelegten Kupferbergwerk. Durch eine 900 Meter lange Fahrstrecke geht es vom Mundloch ins Innere der Höhle. Farbenprächtige Sinterungen in leuchtenden Farben, entstanden durch Kupfer, Schwefel und Eisen, beeindrucken die Besucher. Das Gestein in Schwarz (Mangan), Grün (Kupfer), Rot (Eisen) und Weiß (Kalk) hat sich in der extrem langen Entstehungsphase gebildet. Während der Führung bekommen die Teilnehmer umfassende Informationen über Entstehung, Abbau und Verhüttung der Erze. Innerhalb des Bergwerks gibt es auch einen Heilstollen, dessen reine Luft das freie Atmen fördert.

■ **Informationen**

Besucherbergwerk Kilianstollen
Marsberger Heimatbund e.V.
Mühlenstr. 40b
34431 Marsberg
Tel. 02992/4366
info@kilianstollen.de
www.kilianstollen.de

Heilstollen Nordenau (Schmallenberg)

Der stillgelegte Schieferstollen Brandholz wird seit über zwei Jahrzehnten als Heilstollen genutzt. Die hohe Luftreinheit und ein besonderes stolleneigenes Quellwasser („Reduziertes Wasser") fördern die Gesundheit. Innen stehen bequeme Liegen und Decken zur Verfügung, da die Temperatur nur acht Grad Celsius beträgt.

Tauchen im Schieferbergwerk Nuttlar

Im Schieferbergwerk Grube Christine, Willingen

Gleich nebenan befindet sich das Land- und Kurhotel Tommes.

■ **Informationen**

Heilstollen Nordenau am
Landhotel Tommes
Heilstollenweg 9
57392 Schmallenberg-Nordenau
Tel. 02975/9622-0
info@landhotel-tommes.de
www.stollen-nordenau.de

Schiefergrube Christine (Willingen)

Erst 1971 musste der unrentabel gewordene Betrieb in der Schiefergrube Christine eingestellt werden. Über 100 Jahre lang hatten Bergleute in Willingen Schiefer abgebaut. Seither steht die Grube für Besichtigungen zur Verfügung. Sie ist ein Bestandteil des Nationalen GeoPark Grenzwelten. Unter fachmännischer Führung geht es ins Berginnere, wo eine ständige Temperatur von acht Grad Celsius herrscht.

„Heiraten unter Tage" ist in der außergewöhnlichen Kulisse ebenso möglich wie Meditation. Ausgebildete Höhlentaucher können die gefluteten Sohlen an einer 1,2 Kilometer langen Führungsleine erforschen.

■ **Informationen**

Schiefergrube Christine
Schwalefelder Str. 28
34508 Willingen
Tel. 05632/69673
willingen@willingen.de
www.willingen.de
www.geopark-grenzwelten.de

Eisenstraße

Die wichtigsten industriekulturellen Erlebnisorte, Denkmäler und Museen in der Region zwischen dem Siegerland und Hagen sind in der „Eisenstraße Südwestfalen" zusammengeschlossen, einem Netzwerk von 16 Kommunen. Sieben dieser Schwerpunkte liegen im Sauerland: Wenden, Drolshagen, Kierspe, Lüdenscheid, Altena, Iserlohn, Hagen. Die enge wirtschaftliche Verknüpfung in früheren Jahrhunderten resultierte aus der Gewinnung von Erzen, ihrer Verarbeitung mittels Wasserkraft und Holzkohle (später Kohle) sowie dem Transport. Der Verein „WasserEisenLand e.V." ist die Dachmarke der Industriekultur Südwestfalens und unterstützt die beteiligten Akteure der Eisenstraße. (Hohlwege >> Natur & Erholung, Hohlwege in Meinerzhagen und Kreuztal)
(Museen an der Eisenstraße >> Kunst und Kultur, Museen)

■ **Informationen**

WasserEisenLand e.V. –
Industriekultur in Südwestfalen
c/o Kultur des Märkischen Kreises
Bismarckstr. 15, 58762 Altena
Tel. 02352/966-7066

c/o SIHK zu Hagen
Bahnhofstr. 18, 58095 Hagen
Tel. 02331/390272
servicebuero@kulturregion-swf.de
www.kulturregion-swf.de
www.wassereisenland.de

LEUCHTENINDUSTRIE

Traditionell haben die Leuchtenindustrie und die Zulieferbetriebe im nördlichen Sauerland einen hohen Stellenwert und sichern hier viele Arbeitsplätze. Schwerpunkte liegen in Arnsberg mit seinen Stadtteilen Neheim und Hüsten, Sundern, Ense, Werl, Menden, Fröndenberg, Lüdenscheid, Hemer und Brilon. Die regionalen Unternehmen aus dem Sauerland haben einen über 50prozentigen Marktanteil für Wohnraumleuchten in Europa. Arnsberg ist weltweit bekannt für seine Leuchten. Das Spektrum reicht von Wohnraumbeleuchtung über Krankenhaus- und OP-Leuchten bis hin zu Straßenlaternen und Objektbeleuchtungen im Außenbereich. Sowohl die Kapelle auf dem Arnsberger Kreuzberg als auch das Brandenburger Tor in Berlin werden nachts von modernen Leuchten aus dem Sauerland angestrahlt.

Ausdruck dieser Bedeutung ist die Lichtwoche Sauerland als Regionalmesse für Wohnraumleuchten. Seit 2005 findet sie alle zwei Jahre dezentral im Sauerland statt – meistens in den Ausstellungsräumen der beteiligten Firmen oder in Hotelräumlichkeiten. Sie hat sich zur zweitgrößten Messe für den Leuchtenhandel in Deutschland entwickelt.

Seit 2013 wurde die nichtöffentliche Messe durch öffentliche Veranstaltungen ergänzt. Anfangs nahmen 22 Firmen teil, 2019 waren es 44 ausstellende Firmen, mittlerweile auch aus anderen Regionen Deutschlands und aus dem Ausland; rund 5.000 Fachbesucher informierten sich. Allein aus Arnsberg waren 13 Betriebe dabei.

Das Lichtforum NRW fördert nicht nur Aus- und Weiterbildung im Bereich Licht, sondern betreibt auch gemeinsame Forschung und Entwicklung. Im Oktober 2020 wurde das Schülerforschungslabor für Licht & Beleuchtung Südwestfalen F. LUX eröffnet. (www.flux.nrw)

Das Wachstum der Firmen aus der Elektrobranche, besonders in den letzten 70 Jahren, kann man oft nur als „atemberaubend" bezeichnen:

Trilux in Neheim begann 1912 als „Manufaktur für Leuchtenteile" in Menden. 1934 siedelte man nach Neheim um und baute zusätzlich Wohnraumbeleuchtung. Nach 1948 stellte man auch Leuchten für Gasentladungslampen sowie Straßenleuchten her. Schon Ende der 1950er wurde Trilux international; heute gibt es selbständige Vertriebsgesellschaften in zwölf Ländern. Der Absatzmarkt umfasst 50 Länder. Der heutige Weltmarktführer BJB in Neheim begann 1867 zunächst mit der Fertigung von Petroleumlampen, ehe man sich auf Zubehörteile (heute Komponenten) konzentrierte. Ziel ist stets die beste Technik für Licht. Bei der Beleuchtung von Hausgeräten ist man führend.

Beispielhaft ist auch der Aufstieg der Firma BEGA aus Menden. Begonnen hatte alles 1945, als Heinrich Gantenbrink die erste schmiedeeiserne Krone für drei Lampen anfertigte und dann weitere Aufträge bekam … Heute zählen die Produkte von BEGA mit über 2.000 verschiedenen Leuchtentypen zu den größten Kollektionen an Außenleuchten weltweit. Die LED-Technologie ermöglichte ungeahnte gestalterische Freiräume.

■ **Informationen**

Lichtforum NRW GmbH
Möhnestr. 55
59755 Arnsberg
Tel. 02932/9311310
post@lichtforum-nrw.de
www.lichtforum-nrw.de
info@lichtwoche-sauerland.de
www.lichtwoche-sauerland.de

Mit dem Mountainbike auf Waldpfaden

SPORT

KLETTERFELSEN

Warstein – Hillenberg

Das Klettern an Felswänden ist eine boomende Sportart. Vor allem immer mehr junge Menschen testen hier auf ganz neue Weise ein Gefühl von „Freiheit und Abenteuer". Im gebirgigen Sauerland konnten in den letzten Jahren mehrere überregional attraktive Kletterarenen der Öffentlichkeit zugänglich gemacht werden. Auch das Bouldern in Kletterhallen hat eine rasante Entwicklung genommen. Bei dieser Variante wird in geringerer Höhe geklettert und daher auf Seile und Gurte verzichtet. Eines der herausragenden Klettergebiete im Sauerland und in Westfalen ist die Kletterarena Hillenberg in Warstein. Hier stehen für ambitionierte Sportler bis zu 100 Routen mit Schwierigkeitsgraden zwischen drei und neun zur Verfügung. Die Kletterarena wurde vom Deutschen Alpenverein (DAV), Landesverband NRW. e.V., und der IG Klettern NRW e.V. erschlossen. Die Felswände sind eher für erfahrene Sportkletterer, bzw. Alpinkletterer geeignet. Ein 28-seitiger Kletterführer Hillenberg steht als PDF-Datei zum Download bereit.

■ **Informationen**

www.kletterarena.info.de
www.alpenverein.nrw.de
www.stadtmarketing-warstein.de

Kletterfelsen Hillenberg Warstein

Weitere interessante Klettergebiete gibt es hier:
■ **Informationen**

Steinbruch
„Am Bähnchen" (Bestwig)

Unterer Elberskamp (Finnentrop)
Eins der Klassikergebiete im Sauerland
mit sehr abwechslungsreicher
Felsstruktur!)

Borghauser Wand
(Finnentrop, betreut durch die Alpenver-
einssektion DAV Gummersbach)

Scharpenbeul
(Listersee, Biggetal)

Steinschab (saniertes Klettergebiet auf
Grauwackeplatten, Hallenberg)

Hülloch (Das Klettergebiet wird seit 2020
für das Klettern eingerichtet. / Kierspe)

Oberhagen (Warstein)
Klettergebiet Wennefels
(Wenholthausen/Eslohe)
Lenneplatten, Denkmalwand,
Lennewächter (Werdohl,

Altenaer Str. 26, 58791 Werdohl)
Steinkuhle
(Winterberg-Neuastenberg)

www.dav-gummersbach.de
www.kletterarena.info.de
geschaeftsstelle@dav-hochsauerland.de
www.dav-hochsauerland.de

Informationen auch in
den örtlichen Tourismusbüros
der einzelnen Kommunen,
>> Städteporträts von A – Z

KLETTERHALLEN

In Kletterhallen können Anfänger und Fortgeschrittene – unabhängig von Jahreszeit und Wetter – ihre Grenzen austesten und den „Kick" spüren. Die Hallen sind auch für Familien und Clubs geeignet.

Kletterwelt Sauerland (Altena)

In der Kletterwelt Sauerland ist die ganze Familie willkommen, zum Klettern, aber auch zum Zuschauen. Die Halle liegt in zentraler Lage zwischen Lüdenscheid, Altena und Werdohl im Gewerbepark Rosmart. Regelmäßig finden auch Aktionen rund um das Thema Klettern und Bouldern statt. Die 16 Meter hohen Kletter- und die 4,50 Meter hohen Boulderwände haben eine Fläche von 1.500, bzw. 500 Quadratmetern.

■ **Informationen**

Kletterwelt Sauerland
Rosmarter Allee 12
58762 Altena
Tel. 02351/8799112
info@kletterwelt-sauerland.de
www.kletterwelt-sauerland.de

Blox Boulderhalle Sauerland (Finnentrop)

Die Blox Boulderhalle Sauerland in Finnentrop bietet auf einer Gesamtfläche von 540 Quadratmetern viel Kletterspaß. Die Anlage in der neuen, hellen Halle mit Bistro wurde nach neuesten Kriterien gebaut. Auch für Schulklassen und Kindergeburtstage geeignet.

■ **Informationen**

Blox Boulderhalle Sauerland
Eibachstr. 3
57413 Finnentrop
Tel. 02721/7197500

In der Kletterwelt Sauerland, Altena

info@blox-boulderhalle.de
www.blox-boulderhalle.de

Kletterhalle Sauerland – Freizeitwelt Sauerland (Schmallenberg)

Die Kletterhalle in der Freizeitwelt Sauerland in Schmallenberg verfügt über 40 Vorstiegs- oder Toprope-Routen. Der überdachte Hochseilgarten umfasst 26 Stationen auf zwei Ebenen. Kurse für Einsteiger und Fortgeschrittene werden angeboten. Außerdem gibt es in der großen Halle viele weitere An-gebote für Groß und Klein (z.B. MicroBowling, Kinderland).

■ **Informationen**
Kletterhalle Sauerland
Auf dem Loh 12
57392 Schmallenberg
Tel. 02972/978555
info@freizeitwelt-sauerland.de
www.freizeitwelt-sauerland.de

Kletterhalle Willingen

In der Kletterhalle Willingen bleibt kaum ein Wunsch offen: Über 150 verschiedene Routen der Schwierigkeitsgrade drei bis zehn an der 750 Quadrat-meter großen Wand, 150 Quadratmeter Boulderfläche mit 85 Grad Überhang stehen den Sportlern zur Verfügung. In der Bogenschießanlage kann man dann noch an neun Zielscheiben seine Treffsicherheit testen. Für Kinder gibt es eine eigene Kletterwand.

■ **Informationen**
Kletterhalle Willingen
Zur Hoppecke 9
34508 Willingen
Tel. 05632/966855
info@kletterhalle-willingen.de
www.kletterhalle-willingen.de

HOCHSEILGÄRTEN & KLETTERPARKS

Team-Klettergarten / Wildwald Vosswinkel (Arnsberg)

In dem innovativen Team-Klettergarten im Wildwald Vosswinkel können ausschließlich gebuchte Gruppen ab acht Personen toprope-gesichert klettern. Geboten werden spannende Hochseil-Elemente.

■ **Informationen**
Kräftespiel – Vogt & Hedtkamp
Bellingsen 5
59757 Arnsberg-Vosswinkel
Tel. 02931/937355
info@kraeftespiel.de
www.kraeftespiel.de

Kletterpark Repetal (Attendorn)

Der Kletterpark Repetal zählt mit seinem 1,5 Kilometer langen Klettersteig zu den größten Anlagen im Land. Er verfügt über 130 verschiedene Übungselemente, einen Kletterfelsen und elf Seilbahnen. Weitere Freizeitmöglichkeiten auf dem Gelände: Bogenschießen, Wurftaubenstand, Mountainbike-Trainingsparcours, Trails und

zur Stärkung ein Restaurant.

■ **Informationen**
Outdoor + Adventure Repetalpark
Repetalstr. 437
57439 Attendorn-Borghausen
Tel. 02721/10114
safari-discoverer@t-online.de
www.biggesee-listersee.com

Kletterwald Halver

Der Kletterwald-Parcour bietet für jeden Besucher die passenden Schwierigkeitsstufen. Für Gruppen gibt es Teamprogramme, die sich auch für Schulklassen eignen.

■ **Informationen**
Kletterwald Halver
Herpiner Weg
58553 Halver
Tel. 0177 4212872
info@kletterwald-halver.de
www.kletterwald-halver.de

AVENTURA – Der SpielBerg (Medebach)

Auf dem breit angelegten, kostenfreien und ganzjährig geöffneten Gelände kämpft man sich bis zum Gipfel des Berges hinauf

bis zur letzten Hürde, der Kletterwand mit Aussichtsturm. Hier oben vom Bromberg (557 Meter) bietet sich den jungen „Kraxlern" ein grandioser Blick über die Stadt. Abwärts geht es dann durch einen Rutschenpark oder mit der Doppelseilbahn. Das „längste Spielgerät Europas", so die Werbung, bietet Kletterspaß auf 160 Meter Länge und bis zu 32 Höhenmeter.

■ **Informationen**
AVENTURA
Am Bromberg
59964 Medebach
info@medebach-touristik.de
www.medebach-touristik.de

Hochseilgarten Schlossberg in Küstelberg (Medebach)

Die Anlage besteht aus 16 zwischen 12 und 20 Meter hohen Baumstämmen, die in einer Höhe von 10 bis 15 Metern mittels Seil- und Balkenkonstruktion erklettert werden können. Mit einer Grundfläche von 4.000 Quadratmetern ist sie überdurchschnittlich groß und

AVENTURA - Der SpielBerg, Medebach

besonders für Teams geeignet. Öffnungszeiten bitte erfragen.

■ **Informationen**
Hochseilgarten Küstelberg
Schlossbergstr. 33
59964 Medebach-Küstelberg
Tel. 02981/820336
www.medebach-touristik.de
info@aktiv-im-sauerland.de
www.aktiv-im-sauerland.de

Hochseilgarten Eversberg (Meschede)
Das Matthias-Claudius-Haus als Ferien- und Tagungsstätte der Diakonie, in schöner Waldrandlage von Eversberg gelegen, verfügt über einen Hochseilgarten. Hier können Familien beim Klettern „erlebnis-pädagogisch" erfahren, wie wichtig es ist, dem Anderen zu vertrauen.

■ **Informationen**
Matthias-Claudius-Haus
Matthias-Claudius-Weg 1
59872 Meschede-Eversberg
Tel. 0291/54990
info@matthias-claudius-haus.de
www.matthias-claudius-haus.de

Kletterpark Biggesee (Olpe)
Im Kletterpark Biggesee gibt es 54 unterschiedliche Kletterübungen für jeden Anspruch. Hier kann sich die ganze Familie vergnügen und trainieren. Der „Rosenthaler Räuberpfad" ist sogar schon für Vierjährige geeignet. Als mittlerer Schwierigkeitsgrad wird der Seilrutschenparcours gewertet, schwer ist die Übung „Rothaarsteig".

■ **Informationen**
Kletterpark Biggesee
Rosenthal 2
57462 Olpe
Tel. 02761/6972527
kletterpark-biggesee-sieckmann@gmx.de
www.kletterpark-biggesee.de

Mosaik Outdoorzentrum Sorpesee (Sundern)
Im Hochseilgarten Mosaik am Sorpesee werden erlebnisreiche Programme für Schul- und Jugendgruppen, Teamtrainings und Workshops angeboten. Beim Mosaik-Team kann man auch Fahrräder und Kanus (bis vier Personen) und Großkanadier (bis zehn Personen) für eine Tour auf dem Sorpesee ausleihen.

■ **Informationen**
Mosaik Outdoorzentrum Sorpesee
Am Sorpesee 193
59846 Sundern-Langscheid
Tel. 02393/2408641
info@mosaik-team.de
www.mosaik-team.de

Kletterwald Winterberg
Im weiträumig angelegten Kletterwald Winterberg am Erlebnisberg Kappe können sich die Sportler und Familien durch verschiedene Parcours hangeln, über wackelige Brücken balancieren und an Seilbahnen von Baum zu Baum sausen. Es ist ein Abenteuerspielplatz in luftiger Höhe. Fünf verschiedene Kletterrouten stehen zur Verfügung. Auch für kleinere Kinder (bis sieben Jahre) ist schon ein Parcours angelegt worden. Ab elf Jahren dürfen Kinder schon alleine klettern.

■ **Informationen**
Erlebnisberg Kappe
Am Waltenberg 89
59955 Winterberg
Tel. 02981/9296433
info@erlebnisbergkappe.de
www.erlebnisbergkappe.de

Anlage des Golfclubs Schmallenberg

GOLFCLUBS

Das Sauerland ist eine Region mit vielen attraktiven Golfclubs, die teilweise sogar Seen und Bachläufe integriert haben. Sie bieten gepflegte Plätze, die eingebettet in grüne Parklandschaften liegen. Gemütliche Clubhäuser, in denen die Gastfreundschaft und Geselligkeit gepflegt wird, gehören dazu. Hier eine Auswahl:

Golfclub Sauerland e.V., Arnsberg-Herdringen

Der traditionsreiche, bereits 1958 gegründete Club mit einem 9-Loch-Platz liegt in Herdringen ganz in der Nähe des historischen Schlosses. Sanft gewellte Fairways, mächtige Eichen und malerische Teiche prägen das Bild der Anlage.

■ **Informationen**
Golfclub Sauerland
Zum Golfplatz 19 (Arnsberg)
59759 Arnsberg-Herdringen
Tel. 02932/31546
sekretariat@golfclub-sauerland.de
www.golfclub-sauerland.de

Golfclub Repetal-Südsauerland e.V. (Attendorn)

Der 1991 gegründete Golfclub hat zusätzlich zu seinem im idyllischen Repetal liegenden 18-Loch-Platz 2004 noch einen 6-Loch-Kurzplatz in Mecklinghausen gebaut, der für Einsteiger und zum Training ideal ist.

■ **Informationen**
Golfclub Repetal-Südsauerland
Repetalstr. 220
57439 Attendorn-Niederhelden
Tel. 02721/718032
info@gc-repetal.de
www.golfclub-repetal.de

Golfclub Brilon e.V.

Die Briloner Golfanlage besteht aus einem weitläufigen 9-Loch-Platz in einer Parklandschaft mit Wasserläufen. Zusätzlich wurde ein 6-Loch-Kurzplatz gebaut, der ein sportliches Ausflugsziel für Familien, Freunde und Clubs bietet.

■ **Informationen**
Golfclub Brilon
Am Hölsterloh 7
59929 Brilon
Tel. 02961/53550
info@golfclub-brilon.de
www.gc-brilon.de

Märkischer Golf Club e.V. (Hagen)

Der seit 55 Jahren bestehende, heute über 500 Mitglieder starke Märkische Golf Club hat seinen 9-Loch-Platz in leicht hügeliger Lage im Wannebachtal, einem kleinen Zufluss der Lenne. Zu den Übungseinrichtungen gehört eine Driving Range mit zehn Abschlägen.

■ **Informationen**
Märkischer Golf Club
Tiefendorfer Str. 48
58093 Hagen
Tel. 02334/51778
welcome@mgc-hagen.de
www.mgc-hagen.de

Golfclub Varmert (Kierspe)

Der 18-Loch-Platz des 1976 gegründeten Golf-Clubs Varmert liegt eingebettet in eine sanfte Hügellandschaft mit Schräglagen, Teichen und Bächen. Der Platz gilt als anspruchsvoll. Das Clubhaus ist ein renovierter Bauernhof.

■ **Informationen**
Golfclub Varmert
Woeste 2
58566 Kierspe
Tel. 02359/290215
post@golfclub-varmert.de
www.golfclub-varmert.de

Golfclub Westheim e.V. (Marsberg)

Der Golfclub Westheim liegt malerisch in hügeliger, absolut ruhiger Kulisse am Nordostrand des Sauerlandes. Der junge Club begann 2010 mit der Erweiterung auf 18 Löcher.

Seit 2004 gibt es den 6-Loch „Pay and Play"-Platz.

■ **Informationen**
Golfclub Westheim
Kastanienweg 16b
34431 Marsberg-Westheim
Tel. 02994/908854
info@gc-westheim.de
www.gc-westheim.de

Golfclub Möhnesee e.V. (Möhnesee)

Charakteristisch für den Golfclub Möhnesee sind der schattige alte Baumbestand, idyllische Teiche und Feuchtbiotope sowie weite Ausblicke in den Naturpark Arnsberger Wald. Zur Verfügung stehen 18 gepflegte Spielbahnen und ein öffentlicher 5-Loch-Kurzplatz. Schnupperkurse werden ebenso angeboten wie ein kleines Turnier auf der 5-Loch-Anlage für Betriebs- und Vereinsausflüge.

■ **Informationen**
Golfclub Möhnesee
Frankenufer 13
59519 Möhnesee-Völlinghausen
Tel. 02925/4935
info@golfclub-moehnesee.de
www.golfclub-moehnesee.de

Golfclub Gelstern Lüdenscheid-Schalksmühle e.V.

Der vorwiegend hügelige 18-Loch-Parcours des Golfclubs Gelstern stellt eine abwechslungsreiche Aufgabe für jeden Golfer dar. Die Anlage ist 84 Hektar groß. Auch Seen zählen zum Ambiente. Der öffentliche 4-Loch-Kurzplatz ist für Anfänger ideal.

■ **Informationen**
Golfclub Gelstern
Gelstern 2
58579 Schalksmühle
Tel. 02351/51819
kontakt@gc-gelstern.de
www.golf-gelstern.de

Golfclub Sellinghausen e.V. (Schmallenberg)

Die Anlage des GC Sellinghausen bietet Golf für Jedermann. Ob Gelegenheitsgolf auf dem 9-Loch Kurzplatz, eine sportlich ambitionierte Runde auf dem 18-Loch-Turnierplatz oder einfach nur schnuppern. Nebenan liegt das Ferienhotel Stockhausen.

■ **Informationen**
Golfclub Sellinghausen
Auf der Fuhr 5
57392 Schmallenberg-Sellinghausen
Tel. 02971/908274
info@golfclub-sellinghausen.de
www.gc-sellinghausen.de

Golfclub Schmallenberg e.V.

Der Golfclub Schmallenberg zählt zu den Top-Adressen unter Golfern. Drei 9-Loch-Plätze (West, Ost, Nord) sind kombinierbar. Das Gelände mit Teichen und Bachläufen erstreckt sich über 130 Hektar und bietet schöne Ausblicke in die Landschaft des Schmallenberger Sauerlands. Der Club verfügt über einen 6-Loch-Übungsplatz, der ohne Mitgliedschaft und Platzreife bespielt werden kann.

■ **Informationen**
Golfclub Schmallenberg

Über dem Ohle 25
57392 Schmallenberg-Winkhausen
Tel. 02975/8745
info@golfclub-schmallenberg.de
www.golfclub-schmallenberg.de

Golf am Haus Amecke (Sundern)

Die Golfanlage am Sorpesee verfügt über einen 9 Loch-Golfplatz und einen 6 Loch-Family-Golfplatz, auf dem Schnupperkurse für Einsteiger geboten werden. Hier kann man auch ohne größere sportliche Ambitionen in geselliger Runde Golf spielen. Auf dem anspruchsvolleren 9-Loch-Platz werden Teiche und Wasserläufe umspielt.

■ **Informationen**

Golf am Haus Amecke
Haus Amecke
59846 Sundern-Amecke
Tel. 02393/170666
info@golfhausamecke.de
www.golfhausamecke.de

Golf-Club Siegen-Olpe e.V. (Wenden)

Der Golf-Club Siegen-Olpe verfügt über einen 18-Loch-Platz mit einigen Wasserhindernissen und zahlreichen geschickt platzierten Bunkern in leicht hügeligem Gelände. Schnupperkurse und Probe-Mitgliedschaften ermöglichen Interessenten den Zugang zum Golfsport.

■ **Informationen**

Golf-Club Siegen-Olpe
Am Golfplatz

57482 Wenden-Dörnscheid
Tel. 02762/9762-0
info@gcso.de
www.golfclub-siegen-olpe.de

Golfclub Winterberg e.V.

Zahlreiche Schräglagen und ein natürlicher Wasserlauf kennzeichnen die 9-Loch-Anlage in reizvoller Landschaft des 1962 gegründeten Golfclubs. Gäste können – allein oder in einer Gruppe – unter Anleitung den Golfsport kennenlernen.

■ **Informationen**

Golfclub Winterberg
In der Büre
59955 Winterberg
Tel. 02981/1770
golfclub-winterberg@t-online.de
www.golfclub-winterberg.de

PFERDEHÖFE

Überall im Sauerland gibt es Reit- und Fahrvereine, in denen das Reiten von Kindheit an gelernt werden kann und in denen Gäste die Möglichkeit zum Ausritt haben. 24 Vereine und über 15 Pferdebetriebe aus dem Hochsauerlandkreis haben sich im Verein „Pferdesport im Sauerland e.V." zusammengeschlossen. 34 Vereine mit 3.782 Pferdesportlern sind im Märkischen Reiterverband organisiert. In den Sommermonaten finden Reitturniere und Dressur-Cups statt, die von den Vereinen in der Region gern besucht werden. Pferdepensionen, die teilweise

zu Bauernhöfen gehören, bieten oft geführte Ausritte in die Feldflur und in die Wälder an. Ponys, Islandpferde und Haflinger sind beim Reiternachwuchs beliebt. Es besteht mitunter auch die Möglichkeit, das eigene Pferd unterzustellen. Reiterhöfe mit Ferienwohnungen eignen sich für mehrtägige Aufenthalte, um den gesamten Umgang mit Pferden zu erleben. Reitstationen zum Wanderreiten ermöglichen es, über größere Entfernungen zu reiten. Informationen über solche Pferdehöfe gibt es bei den örtlichen Tourismusbüros.

■ **Informationen**

www.pferdesport-sauerland.com
www.maerkischer-reiterverband.jimdosite.com
www.sauerland.com/attraktionen/reithof

Mit dem Pony unterwegs

RENNRAD- & MOUNTAINBIKE-TOUREN

StoppOmat – Finnentrop-Rönkhausen

Die 4,5 Kilometer lange Strecke am Pumpspeicherwerk in Rönkhausen vom Unterbecken bis zum Plateau ist seit 2014 mit einem sogenannten StoppOmat ausgestattet. Jeder Radfahrer kann hier sein Können messen und vergleichen. Das Prinzip ist einfach: Im Starterhäuschen zieht man eine Karte und radelt mit voller Kraft den Berg hinauf. 250 Höhenmeter sind zu überwinden. Oben im Zielhäuschen schiebt man sein Ticket in einen weiteren Automaten und die Zeit wird gestoppt. Die Zeit und der Platz im Ranking sind anschließend im Internet unter www.stoppo-mat.de zu sehen. Nicht nur ambitionierte Rennradfahrer, sondern auch Freizeit- und Moutainbiker nutzen das „Drive-in", um mal zu testen, wie fit sie sind. Wer es in 15 Minuten schafft, ist „gut drauf".

■ **Informationen**

Gemeinde Finnentrop
n.eckert@finnentrop.de
www.finnentrop.de
info@bike-arena.de
www.bike-arena.de

Versetal- und Oestertal-sperre ab Neuenrade (Rennrad)

Für Rennradfahrer bietet Neuenrade abwechslungsreiche Rundstrecken an, die die landschaftlichen Reize der Region erschließen. Start für die 72 Kilometer lange anspruchsvolle Strecke mit knapp 1000 Höhenmetern zur Versetal- und Oestertalsperre ist Neuenrade. Die Strecke führt am Ahe-Bach entlang zu den Seen. Über Plettenberg und Affeln geht es zurück.

■ **Informationen**

www.radeln-nach-zahlen.de
www.bike-arena.de
www.neuenrade.de
www.hoennetal.de

Bad Fredeburg – Sauer-land-Marathon (Rennrad)

Der 246 Kilometer lange Sauerland-Marathon führt über zumeist verkehrsarme Nebenstraßen durch traumhaft schöne Landschaften des Sauerlands. Er kann als Zwei- oder auch Mehrtagestour geplant werden und in allen Städten, die man passiert, gestartet werden. Zu bewältigen sind 4.500 Höhenmeter. Geboten wird das komplette Programm, das Rennradfahrer so sehr mögen: Anstiege, Abfahrten, kurvige Passagen und lange Flachstücke. Von Schmallenberg geht es über Lennestadt-Kirchhundem, Finnentrop, Eslohe, Meschede, Willingen, Medebach, Hallenberg und Winterberg zurück nach Bad Fredeburg. Im Tourenportal sind alle Strecken mit ihren Daten aufgelistet. Die gewünschte Tour kann man per Mausklick auf das GPS-Gerät exportieren.

■ **Informationen**

Tel. 02974/969889

info@bike-arena.de
www.bike-arena.de

Plettenberg – Zwei Täler Tour – Herscheid – Plettenberg und P-Weg-Marathon (Rennrad/Mountainbike)

23 in einer Broschüre beschriebene Radrouten führen durch den Märkischen Kreis. Die 47 km lange Zwei-Täler-Tour von Herscheid nach Plettenberg führt an den Ufern der Oestertalsperre und Versetalsperre vorbei. Die Sauerländer Kleinbahn in Herscheid-Hüinghausen lädt zur Rast ein. Start und Ziel ist an der Gemeinschaftshalle Herscheid oder in Plettenberg. 500 Höhenmeter sind zu bewältigen. Etwa vier Stunden Fahrtzeit

sollte man einplanen. Durch den jährlich stattfindenden „P-Weg-Marathon" ist Plettenberg als beliebtes Ziel der Mountainbike-Szene überregional bekannt. Die Strecken sind sportlich anspruchsvoll. Der um die Vier-Täler-Stadt Plettenberg verlaufende P-Weg führt viermal in die Täler hinab und am Gegenhang wieder hinauf. Zur Wahl stehen eine 45 Kilometer lange Strecke mit 1.200 Höhenmetern, 74 Kilometer mit 2.000 Höhenmetern oder 93 Kilometer mit 2.600 Höhenmetern.

■ **Informationen**

p-weg-team@plettenberg.de
www.p-weg.de
www.plettenberg.de
www.maerkischer-kreis.de

Auf Trails abwärts

Radtouren mit Aussicht

MOUNTAINBIKE

TrailGround Brilon

Das neue Streckennetz des TrailGround Brilon weist einen hohen Anteil an schmalen Pfaden auf und ist nicht nur für ambitionierte Radexperten geeignet. Die drei Runden mit moderaten Anstiegen und flüssigen Abfahrten sind sechs, zehn und 16 Kilometer lang. Sie liegen am Hängeberg, Bilstein und Plattenberg. Gestartet wird am Ortsrand von Brilon. Ein Abstecher zur Bilstein-Aussichtsplattform lohnt sich. Um das erste Mal Trailfeeling zu schnuppern, eignet sich die sieben Kilometer lange Bilstein-Runde. Der Gipfel-Trail (10,8 Kilometer) führt in Serpentinen auf den höchsten Punkt des Bilsteins. Auf der mit 17 Kilometern längsten Strecke „Drei-Berge-Trail" nimmt man alle drei Berge mit.

■ **Informationen**
Infopunkt an der Kreuzung B/251/L870
Am Hängeberg 1
59929 Brilon
www.trailgroundbrilon.de
Brilon Wirtschaft und Tourismus
59929 Brilon
bwt@brilon.de
www.brilon-tourismus.de

Trailtour Nr. 33 Brilon

Die schwere, 52 Kilometer lange Strecke verlangt von den Mountainbikern fahrerisches Können und Ausdauer. Zur Belohnung gibt es eine abwechslungsreiche Landschaft mit aussichtsreichen Höhenzügen. Erstes Ziel ist der Borberg. Die alte Kultstätte bietet einen tollen Ausblick bis Olsberg. Weiter führt die Tour nach Elleringhausen und dann hinüber ins Nachbartal der Hoppecke. Auf dem anschließenden Grenztrail zwischen Hessen und NRW ist das Naturerlebnis besonders intensiv. An Fahrzeit sollte man über fünf Stunden einplanen. Der Aufstieg beträgt 1.274 Meter.

■ **Informationen**
Tourismus Brilon Olsberg GmbH
www.tourismus-brilon-olsberg.de
Tel. 02961/96990 (Brilon)
bwt@brilon.de
Tel. 02962/97370 (Olsberg)
info@olsberg-touristik.de
www.bike-arena.de
Tel. 02974/969889
info@bike-arena.de

Medebach – Auf den Kahlen Pön (Mountainbike)

Start für diese mittelschwere, 24 Kilometer lange Rundtour ist in Küstelberg (658 Meter Höhe). Ziel sind die Bergwiesen und Heideflächen der Kahlen Pön. Ein Abstecher zur Diemelquelle bietet sich an. Es folgt eine tolle Abfahrt und einige knackige Steigungen. Rund 2:30 Stunden an Fahrtzeit sollte man einplanen.

■ **Informationen**

Touristik-Gesellschaft Medebach mbH
Marktplatz 1
59964 Medebach
Tel. 02982/9218610
info@medebach-touristik.de
www.medebach-touristik.de

Meinerzhagen – Gipfelstürmer – Über die Höhen des Ebbekamms (Mountainbike)

Die 44 Kilometer lange Tour beginnt in Meinerzhagen. Willertshagen gilt als Tor zum Ebbegebirge. Auf gut ausgebauten Forstwegen führt die Strecke zwölf km lang über die Höhen des Ebbekamms. Mit einem Abstecher zur Nordhelle ist der Gipfel der Tour erreicht. Die Nordhelle ist mit 662 Höhenmetern der höchste Berg im Märkischen Kreis. Von der Spitze des 18 Meter hohen Robert-Kolb-Turms hat man einen weiten Blick über das Ebbegebirge. Es folgen rasante Abfahrten und kurze Anstiege. In Valbert bietet sich eine Pause an.

■ **Informationen**

Märkischer Kreis
info@mk-tourismus.de
www.maerkischer-kreis.de
www.meinerzhagen.de

Auf langer Radtour unterwegs

TOURENRAD- & E-BIKE-TOUREN

Almeradweg (ab Brilon)

Der 70 Kilometer lange Almeradweg zählt landschaftlich zu den reizvollsten Flussrouten in NRW. Er beginnt in Brilon und führt dann aus dem Sauerland hinaus nach Büren, Burgruine Ringelstein, Wewelsburg bis Schloss Neuhaus bei Paderborn. Die Almeauen bei Büren sind ein malerisches Naherholungsgebiet.

■ **Informationen**
www.alme-radweg.de

Ruhrradweg nördlich von Iserlohn

Lenneroute (ab Winterberg)

Der 140 Kilometer lange Radweg beginnt an der Lennequelle am Kahlen Asten/Winterberg. Die reizvolle Strecke durch das Lennetal über Schmallenberg sollte man zunächst nur bis Plettenberg fahren, da danach der Ausbau eines separaten Radweges – weg von der Bundesstraße – noch nicht abgeschlossen ist.

■ **Informationen**
www.lenneroute.de

MöhnetalRadweg (ab Brilon)

Der MöhnetalRadweg am Nordrand des Sauerlandes führt auf einem alten Bahndamm durch das Möhnetal von Brilon bis an den Möhnesee und dann weiter bis Neheim, wo die Möhne in die Ruhr mündet. In Möhnesee-Wamel zweigt der alte Bahndamm nördlich ab und führt leicht ansteigend

über den Haarstrang bis nach Soest. Dies ist ebenfalls eine beliebte Strecke für Radfahrer. Auf der 70 Kilometer langen Strecke von Brilon nach Neheim geht es ganz entspannt fast 300 Höhenmeter bergab.

■ **Informationen**
www.moehnetalradweg.de

RuhrtalRadweg (ab Winterberg)

Der 240 Kilometer lange Ruhrtalradweg von der Quelle bei Winterberg bis zur Mündung in den Rhein bei Duisburg zählt zu den am häufigsten befahrenen Fernradwegen in Deutschland. Vom ADFC erhielt er eine „Vier-Sterne"-Bewertung. Der Weg verläuft meistens direkt am Flussufer. Hier wird auch ein Stück Industriegeschichte dokumentiert. Zunächst das waldreiche, hügelige Sauerland, dann eindrucksvolle Industriedenkmäler. Historische Altstädte laden zur Rast ein. Die Ruhr Tourismus GmbH hat weitere Pro-

jekte ausgearbeitet: Römer-Lippe-Route, radrevier.ruhr, RuhrKunstMuseen, Ruhr.Topcard, ExtraSchicht, RuhrBühnen.

■ **Informationen**
www.ruhrtalradweg.de
www.ruhr-tourismus.de

SauerlandRadring (ab Meschede-Wennemen)

Der 84 Kilometer lange SauerlandRadring, der zum Teil auf der 1910 gebauten und 1966 stillgelegten Eisenbahnstrecke Finnentrop – Wennemen liegt, gilt als Klassiker. In den Rundkurs kann man überall einsteigen. Finnentrop, Lennestadt, Schmallenberg und Eslohe sind die Stationen. Highlight ist der stets acht Grad kalte, knapp 690 Meter lange Fledermaustunnel bei Fehrenbracht. Eine schöne Ergänzung bildet die 40 Kilometer lange Henneseeschleife, die durchs Wennetal und am Hennesee entlang führt.

■ **Informationen**
www.sauerlandradring.de
www.fledermaustunnel.de

BIKEPARKS

Bikepark Attendorn

Klein – aber fein, so ist der Bikepark Attendorn, der oberhalb der Stadt am Rappelsberg liegt. Es gibt eine Dirtline, einen Pumptrack und einen Singletrail. Die Benutzung ist kostenlos.

■ **Informationen**
www.attendorn.de

TrailGround Brilon

>> Mountainbike

Bikepark Finnentrop

2018 wurde als LEADER-Projekt der Bikepark Finnentrop errichtet. Kinder und Jugendliche nutzen mit ihren Mountainbikes, Dirtbikes und BMX-Rädern die Anlage an der Lenne-Schiene. Unterschiedliche Streckenführungen mit diversen Hindernissen und Sprüngen locken Anfänger und erfahrene Biker. Jugendliche haben beim

Bau der Anlage mitgeholfen.

■ **Informationen**
www.finnentrop.de
www.leader-lenneschiene.de

Trailpark Iserlohn

Im Stadtwald von Iserlohn entsteht (voraussichtlich) bis Ende 2021 ein Trailpark exklusiv für Mountainbiker. Dafür soll es Fördermittel aus dem LEADER-Programm LenneSchiene geben.

■ **Informationen**
www.leader-lenneschiene.de
www.iserlohn.de

Bikepark Meinerzhagen

Der Bikepark Meinerzhagen lässt mit seinem Pumptrack die Herzen junger Radsportler höher schlagen. Für Tricks und Sprünge mit dem Rad hat man hier ein ideales, welliges Gelände geschaffen. Auch Sprünge auf einer kleinen Dirtline sind möglich.

■ **Informationen**
Bikepark Meinerzhagen
Himecke, 58540 Meinerzhagen
roll@pumptrack-meinerzhagen.de
www.pumptrack-meinerzhagen.de

Bikepark Winterberg

Der professionell gestaltete Bikepark Winterberg stellt mit elf unterschiedlichen Strecken sowohl Anfänger als auch Profis zufrieden. Er gilt als „Deutschlands vielseitigster Bikepark". Downhill, Freeride und flowige Trails, auf denen man – gefühlt wie in einer Achterbahn – auf ausgebauten Kurven gen Tal fährt, garantieren Fahrvergnügen. Die Streckenführungen der Abfahrten für fortgeschrittene Fahrer mit ihren Tables, Jumps und Drops sind „flowig". Im Tal angekommen, kann man mit zwei Liften bequem wieder den Start auf der Bergkuppe erreichen. Zum Bikepark zählen auch ein Verleih für Räder und Schutzausrüstungen, Verkauf sowie eine Bikeschule.

■ **Informationen**
Bikepark Winterberg
Kapperundweg 3
59955 Winterberg
Tel. 02981/9199-909
info@bikepark-winterberg.de
www.bikepark-winterberg.de

Trailpark Winterberg

Der seit 2015 bestehende Trailpark Winterberg umfasst ein

Rasante Strecken im Bikepark Winterberg

Steile Kurven im Parcours

60 Kilometer langes Streckennetz. Darin sind sowohl familientaugliche Runden als auch anspruchsvolle Trails enthalten. Auch E-Mountainbiker sind im Trailpark gern unterwegs. Die Nutzung des Trailparks ist kostenlos. Ein schöner Einstieg ist die leichte, 9,3 Kilometer lange „Family First"-Strecke. Startpunkt ist der Bremberg Parkplatz. Der gleiche Startpunkt gilt für die schwierige Strecke „King Uppu Loop" (10,6 Kilometer). Sie verbindet die schwierigen, schwarzen Trails und ist für geübte Fahrer geeignet.

■ **Informationen**
Am Waltenberg 115
59955 Winterberg
Tel. 02981/9250

Ferienwelt Winterberg
Am Kurpark 4
59955 Winterberg

Tel. 02981/925027
info@winterberg.de
www.winterberg.de
www.trailpark-winterberg.de
www.bike-arena.de

Warsteiner Bikepark

Der Warsteiner Bikepark liegt am Rabennest in Kallenhardt. Für Mountainbiker wurde hier ein beachtliches sportliches Angebot an Abfahrten und Varianten geschaffen: Downhill, Flying Smurphy, Freeride, Funride, Northshore, Slopestyle. In der familiengeführten Location lässt es sich auch gut feiern. Auf dem Disc-Golf-Parcours kann man lernen, mittels einer Frisbee mit wenigen Würfen das Ziel zu erreichen.

■ **Informationen**
Warsteiner Bikepark
Rabennest 2a
59602 Rüthen-Kallenhardt
info@warsteiner-bikepark.de

Tel. 0170/8076962
www.warsteiner-bikepark.de

MTB ZONE Bikepark Willingen

Der MTB ZONE Bikepark Willingen liegt am 838 Meter hohen Ettelsberg. Man kann bequem mit der Kabinenbahn den Berg hinauffahren. Eine flüssige Freeride-Abfahrt und ein Weltcuperprobter Downhill-Kurs sorgen für Nervenkitzel bei erfahrenen Bikern. 2005 fand hier die Premiere des Triple-Weltcups statt. Die besten Fahrer in den Disziplinen Cross-Country, Four Cross und Downhill treffen sich zum Kräftemessen. Die Downhill-Strecke mit Sprüngen von bis zu zehn Metern ist nur für Könner geeignet. Ein kostenloser Bike-Testparcours zum Üben befindet sich hinter der Eissporthalle.

■ **Informationen**
www.mtbzone-bikepark.com
www.willingen.de

Flugplatz Arnsberg-Menden

FLUGPLÄTZE

Flugplatz Heggen (Attendorn)

Auf dem Segelflugplatz Heggen bietet der LSC Attendorn-Finnentrop schon Jugendlichen die Möglichkeit, in einem Schnupperkurs das Segelfliegen zu lernen.

■ **Informationen**

Segelflugplatz Heggen
57413 Finnentrop-Heggen
Tel. 02722/635923
info@edku.de
www.edku.de

Flugplatz Arnsberg-Menden

Der 1970 eröffnete Flugplatz wird von der Flugplatzgesellschaft Arnsberg-Menden, deren Geschäftsanteile die OBO Bettermann Gruppe hält, betrieben. Für Besucher interessant ist der Full-Motion-Flugsimulator, mit dem man realitätsnah Flüge von nahezu allen Flughäfen der Welt unternehmen kann. Er wird auch von Flugschülern genutzt. Das JU 52 Restaurant Hotel Lounge ist

2020 renoviert worden. Dazu zählt eine der größten teilüberdachten Terrassen des Sauerlands. Der Luftsportclub Arnsberg bietet Ausbildungen zum Privatpiloten und Rundflüge über das Sauerland an.

■ **Informationen**

Flugplatz Arnsberg-Menden
59757 Arnsberg-Vosswinkel
info@flugplatz-arnsberg-menden.de
www.flugplatz-arnsberg-menden.de
Luftsportclub
Tel. 02377/78770
info@lsc-arnsberg-ev.com
www.lsc-arnsberg-ev.com

Flugplatz Oeventrop (Arnsberg)

Beim LSC Oeventrop e.V. sind Interessenten zu einem Schnupperflug willkommen. Der Verein verfügt auf seinem direkt am RuhrtalRadweg liegenden Gelände in Oeventrop über mehrere moderne Segelflugzeuge, bis hin zu einem Motorsegler.

■ **Informationen**

Lufsport-Club Oeventrop e.V.

Glösinger Str. 1 / Zum Spatzennest
59823 Arnsberg-Oeventrop
mail@lsc-oeventrop.de
www.lsc-oeventrop.de

Flugplatz Brilon

Der in der Thülener Bucht gelegene Briloner Flugplatz bietet Rundflüge über das Sauerland. Der Verein bildet mit erfahrenen Piloten im Segel- und im Ultraleichtflugzeug aus.

■ **Informationen**

Flugplatz Brilon
Thülener Bruch
59929 Brilon-Thülen
Ultraleicht-Flugschule Busch
info@ultraleicht-flugschule.de
www.ultraleicht-flugschule.de

Flugplatz Hegenscheid (Iserlohn)

Die „Adler vom Hegenscheid" verfügen über Segelflieger, Motorsegler und Motorflugzeug. Wer testen möchte, ob ihm Segelfliegen Spaß macht, kann erst mal für einen Monat „reinschnuppern".

■ **Informationen**

Luftsportverein Hegenscheid e.V.

Hegenscheider Str. 8

58644 Iserlohn

info@lsvhegenscheid.de

www.lsvhegenscheid.de

Flugplatz Schüren (Meschede)

Der Flugplatz liegt nicht weit vom Hennesee entfernt. Segelflieger des LSV Meschede trainieren hier. Rundflüge und fachkundige Führungen nach Anmeldung. Der Fliegerclub Milan e.V. bietet eine Flugschule für Motorflieger.

■ **Informationen**

Flugplatzgesellschaft Meschede

Otto-Lilienthal-Str. 2

59872 Meschede-Schüren

Tel. 0291/95272840

flugplatz@hochsauerlandkreis.de

www.flugplatz-meschede.de

Flugplatz Küntrop (Neuenrade)

Auf dem traditionsreichen Flugplatz Werdohl-Küntrop bietet der Luftsportverein Sauerland e.V. Rundflüge und Schnupperflüge mit Motorflugzeugen und Motorseglern sowie Segelflugzeug-Doppelsitzern an. Beliebtes Ziel ist der Sorpesee. Gastflieger sind willkommen. Im Flugplatz-Restaurant Ikarus kann man sich stärken.

■ **Informationen**

Luftsportverein Sauerland e.V.

Am Flugplatz 1

58809 Neuenrade-Küntrop

info@lsv-sauerland.de

www.lsv-sauerland.de

Flugplatz Rennefeld (Schmallenberg)

Der im landschaftlich besonders reizvollen Schmallenberger Sauerland liegende Flugplatz Rennefeld bietet Rundflüge in verschiedenen Typen. Die Fluggemeinschaft Rennefeld bildet Jugendliche (ab 14 Jahren) zum Segelflug- oder zum UL-Piloten (mit Motor) aus. Für Gastvereine wurde ein 2017 renoviertes Fliegerlager eingerichtet. Am Flugplatz Rennefeld ist auch der Fallschirmsportclub Sauerland ansässig. Er bietet Tandemsprünge für mutige Luftsportfreunde.

■ **Informationen**

Flugplatz Rennefeld

Zum Rennefeld 50

57392 Schmallenberg-Wormbach

vorstand@rennefeld.de

www.rennefeld.de

www.skydive-sauerland.de

Flugplatz Hünsborn (Wenden)

Mit dem Luftsportverein LSV Hünsborn e.V. können Interessenten vom Flugplatz Hünsborn aus einen Rundflug unternehmen. Zur Verfügung stehen Segelflugzeug, Motorsegler und Cessna-Motorflug. Bei einer „Schnuppermitgliedschaft" kann man das Fliegen lernen.

■ **Informationen**

Luftsportverein Hünsborn e.V.

Fliegerhorststr. 50

57482 Wenden-Hünsborn

vorstand@lsvh.de

www.lsvh.de

DRACHEN- UND GLEITSCHIRM-FLIEGEN

Im Sauerland gibt es mehrere Geländeflächen mit Startplätzen, um den faszinierenden Luftsport auszuüben. Eine erste Flugschule wurde 1977 in Elpe (Olsberg) eröffnet. Auch Aero-Clubs bieten Flugausbildungen an.

■ **Informationen**

Reinholds Gleitschirm-Flugschule Willingen

www.gleitschirm-flugschule-sauerland.de

SauerlandAIR

www.sauerlandair.de

Papillon Sauerland

www.flugschule-sauerland.de

AERO-Club Altena Hegenscheid

www.air-hegenscheid.de

Gleitschirmflug im Sauerland

Abfahrtski auf gepflegten Pisten im Hochsauerland

WINTERSPORT

Wintersport hat im Sauerland eine lange Tradition. In der Nähe von vielen höher gelegen Gemeinden gibt es Skilifte und Langlaufloipen. Am bekanntesten ist die Wintersport-Arena Sauerland rund um Winterberg, Schmallenberg, Olpe und Willingen. Durch den Ticketverbund können Skifahrer mit nur einer Karte die weiträumigen Skigebiete mit 97 Abfahrten mit 66 Kilometer Gesamtlänge, davon 52 beschneit, und 75 Liften benutzen. Mit leistungsstarken Beschneiungsanlagen wird das Skifahren auch in den wärmeren Phasen des Winters ermöglicht. Moderne Sessellifte verringern mit ihren hohen Transportkapazitäten längere Wartezeiten.

Wer Skilanglauf bevorzugt, findet im Hochsauerland bei entsprechender Schneelage gespurte und gekennzeichnete Rundstrecken. Die Nordicsport-Arena Sauerland informiert über geöffnete Loipen und Schneehöhen. Ein Skilanglaufzentrum mit Trainingsparcours wurde im Schmallenberger Ortsteil Westfeld-Ohlenbach eingerichtet. Das Langlaufzentrum Langewiese/Hoheleye bietet 22 Kilometer Loipe mit weiten Ausblicken. Vom Albrechtsplatz geht es zum Nordic Aktiv Zentrum Girkhausen in Richtung Berleburg.

■ **Informationen**
info@wintersport-arena.de
www.wintersport-arena.de
www.skilanglaufzentrum.de
www.fahlenscheid.de

ERLEBNISBÄDER & SAUNA-ANLAGEN

Trotz strenger kommunaler Sparkurse haben es die meisten Städte im Sauerland geschafft, ihre Freibäder und Hallenbäder, die in vielen Fällen um attraktive Saunaräume oder sogar Saunalandschaften mit frei stehenden Hütten erweitert worden sind, zu erhalten und mit zeitgemäßen Badelandschaften auszubauen. Hier exemplarisch einige Anlagen:

Freizeitbad Nass Arnsberg
(www.nass-arnsberg.de)

Erlebnisbad Finto, Finnentrop
(www.erlebnisbad.finnentrop.de)

SauerlandBad Bad Fredeburg
(www.sauerland-bad.de)

Lenne-Therme, Lennestadt-Meggen
(www.lennetherme.de)

Saunadorf Lüdenscheid
(www.saunadorf.de)

AquaMundo – Erlebnisbad Center Parcs Hochsauerland, Medebach
Hotelanlage – für Tagesgäste nutzbar
(www.tagesausflugcenterparcs.de)

Freizeitbad Olpe
(www.freizeitbad-olpe.de)

AquaOlsberg, Olsberg
(www.aquaolsberg.de)

AquaMagis, Plettenberg
(www.aquamagis.de)

Börde-Therme Bad Sassendorf
www.boerde-badsassendorf.de)

Panoramasauna Sorpesee, Sundern-Langscheid
(www.sorpesee.de)

Allwetterbad Warstein
www.warstein.de

Lagunenerlebnisbad Willingen
www.willingen.de

WASSERSPORT

Segeln, Rudern, Paddeln, Tauchen, Schwimmen
>> Seen, Bigge-,Listersee, Glörtalsperre, Hennesee, Hillebachsee, Möhnesee, Oestertalsperre, Sorpesee, Diemelsee

Sporttauchen
>> Höhlen & Besucherbergwerke, Schieferbergwerk Nuttlar (Bestwig), Schiefergrube Christine Willingen

Segelsport im Sauerland

Abendsonne über dem Land der 1000 Berge

▶ ▶ ▶ NATUR & ERHOLUNG

NATURPARKE

Natur und Topographie zählen zu den Kriterien, die das Sauerland für Urlauber so attraktiv machen. Doch der Wald im Sauerland verändert sich, zum Teil sogar dramatisch. Da die Niederschlagsmengen – vor allem im Frühjahr und Sommer – seit 2018 unterdurchschnittlich waren, die sommerliche Hitze jedoch zunahm, konnten sich die Fichtenbäume des Befalls durch Borkenkäfer nicht erwehren und ganze Bestände sind vertrocknet. Das treibt den Forstleuten und Waldbesitzern die Sorgenfalten auf die Stirn. Große Kahlschläge und ein Verfall der Holzpreise sind die Folge. (In weiten Teilen Thüringens und in anderen Mittelgebirgsregionen sieht es nicht anders aus.)

Die unteren Höhenlagen sind bei uns stärker betroffen als das Hochsauerland. Bei Arnsberg, Hirschberg, Warstein, Rüthen und am Möhnesee gibt es große Kahlschläge, die das Landschaftsbild verändern. Die Alternativen für die Forstexperten sind klar: Mehr Laubbäume und resistentere Nadelbäume, wie z.B. Douglasien und Weißtannen, anpflanzen. Mischwälder statt „Fichtenplantagen". Begonnen hatte der Siegeszug der Fichte vor rund 220 Jahren, als die Hessen das Herzogtum Westfalen übernahmen und Fichten hier wegen ihres schnellen, geraden

Weite Aussichten ins Land

Wachstums anpflanzten. Heimisch ist sie im Sauerland ursprünglich nicht.

Naturpark Sauerland-Rothaargebirge

Der Naturpark Sauerland-Rothaargebirge erstreckt sich kreisübergreifend über große Teile des Sauerlands. Er ist der zweitgrößte Naturpark Deutschlands und wurde 2015 durch die Fusion der früheren Naturparke Ebbegebirge, Homert und Rothaargebirge gebildet. Aufgabe ist die Verbindung des Schutzes und der Nutzung der Natur. Infozentren gibt es in Hemer, Bad Berleburg, Meinerzhagen, Lennestadt & Kirchhundem, Burbach und Medebach.

Zu den schönsten und wertvollsten Schutzgebieten im Naturpark zählen die Ebbemoore im Ebbegebirge zwischen Herscheid und Meinerzhagen, die Gilberginsel im Biggesee, das Melbecketal bei Lennestadt-Elspe, das FFH-Gebiet Dollenbruch und Sellenbruch bei Kirchhundem, die Ahauser Klippen am Ahauser Stausee, die Albaumer Klippen bei Kirchhundem, Breiter Hagen zwischen Lennestadt-Grevenbrück und Attendorn-Rölllecken, Rübenkamp bei Lennestadt-Elspe, der Urwald Rosenberg bei Burg Bilstein (Lennestadt), das Schwarzbachtal bei Kirchhundem-Heinsberg, die

Buchenwälder an der Einsiedelei bei Olpe, das Großmicketal bei Wenden, der Luerwald zwischen Menden und Neheim, Stilleking bei Lüdenscheid, das Orlebachtal bei Balve, das Bommecketal bei Plettenberg, die Niederwälder bei Visbeck, das Gelängebachtal bei Medebach, die Nuhnewiesen bei Hallenberg, das Orketal bei Medelon, das Liesetal und der Hilmesberg bei Hallenberg, das Wennetal bei Eslohe-Wenholthausen, Kahler Pön bei Medebach, Drübel bei Brilon und einige weitere.

Tipp: Eine rund 26 Kilometer lange, knapp zweistündige Radtour (oder auch Wanderung) durch das Großmicketal bei Wenden führt an fünf Naturschutzgebieten vorbei. Mit der Wendener Hütte liegt ein wertvolles Kulturdenkmal am Wegesrand. (>> Kunst & Kultur, Museen)

■ **Informationen**
Naturpark Sauerland Rothaargebirge e.V.
Johannes-Hummel-Weg 2
57392 Schmallenberg
Tel. 02974/9680625
info@naturpark-sauerland-rothaargebirge.de
www.naturpark-sauerland-rothaargebirge.de

Naturpark Arnsberger Wald

Der am Nordrand des Sauerlandes liegende, 600 Quadratkilometer große Naturpark Arnsberger Wald umfasst eines der größten zusammenhängenden Waldgebiete zwischen den Flüssen Möhne und Ruhr. Mit dem Projekt WaldKulTour werden historische Details aufgezeigt, die für den heutigen Wald von Bedeutung sind. Themen sind Jagd, Preußischer Wald, Bergbau, Klosterwirtschaft und Grenzstädte. Angesichts der klimatischen Veränderungen kommt dem Lehr- und Versuchsforstamt Arnsberger Wald eine wachsende Bedeutung zu. Hier werden zum Beispiel im Bereich „Waldbau und Forstvermehrungsgut" Konzepte für Wälder der Zukunft entwickelt.

■ **Informationen**
Zweckverband Naturpark Arnsberger Wald
Hoher Weg 1-3
59494 Soest
Tel. 02921/30-0
Arnsberger-wald@kreis-soest.de
www.naturpark-arnsberger-wald.de

Lehr- und Versuchsforstamt
Arnsberger Wald
Obereimer 13
59821 Arnsberg
Tel. 02931/7866-0
arnsberger-wald@wald-und-holz.nrw.de
www.wald-und-holz.nrw.de

Blick von Rüthen auf den Arnsberger Wald

Ranger betreuen die Fernwanderwege

FERNWANDERWEGE

Sauerland-Höhenflug

Der Sauerland-Höhenflug trägt seinen Namen, weil er unterwegs eine Vielzahl von spektakulären Ausblicken ermöglicht. Auf dem 203 Kilometer langen Qualitätswanderweg von Meinerzhagen, ganz im Westen des Sauerlandes, bis nach Korbach, östlich vom Sauerland gelegen, passiert man beeindruckende Naturschutzgebiete sowie viele Kultur- und Industriedenkmäler. Er verläuft über die Gipfel und Kämme von Ebbegebirge, Homert, Hunau und Rothaargebirge und lässt sich am besten in individuell festgelegten zwölf Etappen erschließen. Eine etwas kürzere Variante beginnt ab Altena. Ab hier würden elf Etappen ausreichen. Der Höhenflug verläuft quer durch den Naturpark Sauerland

Rothaargebirge, der auch verantwortlicher Träger ist. Viele Passagen sind auch für Familien mit Kindern geeignet. Der Landesbetrieb Wald und Holz NRW setzt Ranger ein, die nicht nur die Wege pflegen, sondern auch als Ansprechpartner zur Verfügung stehen. Spezielle Rangerwanderungen können gebucht werden. An einigen Panoramapunkten stehen große Tafeln, die über Gipfel und Landschaften informieren. Wer es gern organisiert hat: Fünf unterschiedliche Wanderpauschalen mit Unterkunft, Frühstück, Lunchpaket und Gepäcktransport können gebucht werden. Der Zeitraum – je nach Strecke – reicht von elf Tagen über sieben, fünf oder drei Tage. Hier die zwölf Etappen (mit Kilometer-Angaben):

Meinerzhagen – (16,7 Kilometer) Valbert – (17,7 Kilometer) Windhausen – (17,4 Kilometer) Lenhausen) – (8,1 Kilometer) Faulebutter – (17,9 Kilometer) Wenholthausen – (22,3 Kilometer) Bad Fredeburg – (19,0 Kilometer) Altastenberg – (24,1 Kilometer) Hallenberg – (16,9 Kilometer) Medelon – (13,6 Kilometer) Küstelberg – (15,8 Kilometer) Düdinghausen – (18,8 Kilometer) Korbach.

Auf der Alternativstrecke von Altena bis Wenholthausen, wo es dann auf einer gemeinsamen Route weitergeht, wandert man folgende Etappen: Altena – (16,6 Kilometer) Neuenrade, Wilhelmshöhe – (11,2 Kilometer) Altenaffeln – (19,3 Kilometer) Wildewiese – (18,5 Kilometer) Wenholthausen.

Besonders schöne Naturerleb-

Strycktal Willingen

nisse gibt es an folgenden Orten: Die seltenen Ebbemoore an den Hängen der Nordhelle. Die im Herbst spektakuläre Heidelandschaft auf dem Kahlen Asten und auf der Usselner Hochfläche. Der Rotmilan, der Leitvogel des Höhenflugs, fühlt sich in der Medebacher Bucht wohl. Weite Panoramaaussichten ermöglichen die Höhen rund um Altena, Neuenrade, Attendorn, Wenholthausen, Nordhelle, Pumpspei-

cherwerk Rönkhausen, Hunau und Kahler Pön bei Düdinghausen.

Um mal für einen oder einen halben Tag nicht nur den Sauerland-Höhenflug, sondern auch angrenzende Waldgebiete kennenzulernen, hat man in einigen Orten Rundwanderwege markiert, die zwischen elf und fünf Kilometer lang sind. Sie befinden sich in Meinerzhagen, Allendorf, Wenholthausen, Obersorpe,

Medelon, Düdinghausen (zwei Strecken) und Goldhausen.

■ **Informationen**
Tel. 02974/202199,
www.sauerland.hoehenflug.de,
www.npsr.de,
www.sauerland.com

Rothaarsteig

Der 154 Kilometer lange Rothaarsteig gilt als der bekannteste Fernwanderweg im Sauerland. Er trägt den Beinamen „Weg der Sinne", weil viele reizvolle De-

tails an Landschaft, Kunst und Kultur an der Strecke liegen. Er beginnt in Brilon, führt dann in Nord-Süd-Richtung über den Kamm des Rothaargebirges und endet in der Oranierstadt Dillenburg. Passiert werden der höchste Berg von NRW, der Langenberg (843 Meter) an der Grenze zu Hessen, der bekannteste Gipfel des Sauerlandes, der Kahle Asten (842 Meter), sowie viele beeindruckende Land- und Ortschaften. Vorbei am Rhein-Weser-Turm verläuft die Strecke in den Hilchenbacher Winkel und weiter in das Quellgebiet von Lahn, Sieg und Eder. Die „Wisent-Wildnis am Rothaarsteig" bei Bad Berleburg bietet die Chance, die seit 2013 hier wieder in freier Wildbahn lebenden „majestätischen Riesen" aus der Nähe zu sehen. (>> Seen & Freizeitregionen, Wildparks) Wer den ganzen Weg mit Zwischenübernachtungen wandern

möchte, sollte acht Etappen einplanen. Man kann aber auch eine gemütlichere Tagesroute mit insgesamt zwölf Etappen auswählen. Ganz Sportliche schaffen die Distanz in sechs Etappen. Bucht man eine Pauschale mit geeigneten Unterkünften, wird das Gepäck transportiert.

Hier die Tagestouren: Brilon – (23,3 Kilometer) Willingen – (22 Kilometer) Winterberg – (18,6 Kilometer) Schanze – (22,6 Kilometer) Rhein-Weser-Turm – (18,6 Kilometer) Lützel – (14,2 Kilometer) Lahnhof – (18,4 Kilometer) Wilgersdorf – (20,7 Kilometer) Dillenburg. Eine Variante ab Dillenburg führt in einer Schleife durch die reizvolle Landschaft des Westerwalds und bietet herrliche Weitsichten: Dillenburg – Fuchskaute – Wasserscheide – Dillenburg (70,5 Kilometer). Hierfür sollte man drei bis

SGV- und DAV-geführte Wanderungen

In vielen Kommunen des Sauerlandes finden regelmäßig geführte Wanderungen statt. Anbieter sind meistens die örtlichen SGV-Abteilungen und die Gruppen in der Sektion Hochsauerland des Deutschen Alpenvereins (DAV). Vom Frühjahr bis zum Winterbeginn geht es „hinaus ins Grüne". Hierbei sind Gäste stets willkommen. Oft handelt es sich um Halbtages-

wanderungen mit der Option, anschließend noch gemeinsam in einer Gaststätte einzukehren. In dem Informationsheft „Bergfex" des DAV Hochsauerland sind alle Wanderungen sowie weitere Veranstaltungen (Klettern, Bergtouren) aufgeführt.

■ **Informationen**
Sauerländischer Gebirgsverein
Hasenwinkel 4

59821 Arnsberg
Tel. 02931/5248-13
info@sgv.de
www.sgv.de

Deutscher Alpenverein
Sektion Hochsauerland e.V.
Pfarrer-Spielmann-Straße 23
59846 Sundern
Tel. 02983/97998030
info@dav-hochsauerland.de
www.dav-hochsauerland.de

sechs Nächte einplanen. Ausgebildete Forstwirte sind als Ranger des Landesbetriebs Wald und Holz NRW auf dem Rothaarsteig unterwegs und kümmern sich um die Wege und Einrichtungen. Genau wie ihre Kollegen in den Nationalparks der USA tragen sie markante, große Hüte. Gern beraten die Ranger die Wanderer auf ihrer Teilstrecke und geben Infos rund um Flora und Fauna. Man kann auch naturkundliche Führungen für Kleingruppen buchen.

Rechts und links des Hauptweges hat man zusätzlich elf Rundwanderwege gekennzeichnet. Sie sind zwischen sechs und 16 Kilometer lang und ebenfalls als Qualitätswanderwege nach den Kriterien „Wanderbares Deutschland" klassifiziert. Sie liegen bei Medebach, Winterberg, Schmallenberg-Westfeld, Schmallenberg-Niedersorpe, Bad Berleburg-Wingeshausen, Oberhundem, Feudingen, Burbach, Haiger-Offdilln, Breitscheid und Dillenburg-Donsbach.

■ **Informationen**
Tel. 02974/4994163,
www.rothaarsteig.de,
www.sauerland.com

Sauerland-Waldroute

Die 240 Kilometer lange Sauerland-Waldroute quert fast den gesamten Naturpark Arnsberger Wald in West-Ost-Richtung von Iserlohn nach Marsberg. Der abwechslungsreiche Weg

führt durch einsame Waldreviere, einige Landschaftsschutzgebiete, bietet weite Panoramaaussichten und umfangreiche Informationen über Flora, Fauna und Geologie. „Zauberhaft mystisch" wird er beschrieben. Die Stauseen an Sorpe und Möhne werden gestreift. In neun Etappen lässt sich die Waldroute gut erkunden: Iserlohn – (12,9 Kilometer) Stephanopeler Tal – (12,4 Kilometer) Volkringhausen – (13,4 Kilometer) Sundern-Amecke – (20 Kilometer) Arnsberg –

(Möhnesee-Torhaus/-Neuhaus – (20,4 Kilometer) Hirschberg – (16,3 Kilometer) über Bilsteintal Kallenhardt-Bibertal – (16,9 Kilometer) Ringelstein – (12,1 Kilometer) Alme – (26,1 Kilometer) Marsberg.

16 Städte und Gemeinden mit sehenswerten Altstädten warten darauf, entdeckt zu werden. Neben den Ausgangspunkten Iserlohn und Marsberg sind dies Hemer, Balve, Sundern, Arnsberg, Möhnesee, Meschede, Bestwig, Olsberg, Warstein, Rüthen, Büren, Brilon und

Fernwanderwegstrecken im Sauerland

Diemelsee.

Highlights an oder in der Nähe der Waldroute sind u.a. die Dechenhöhle und der Danzturm in Iserlohn, das Felsenmeer in Hemer, die Luisenhütte in Balve-Wocklum, die Reckenhöhle in Balve, die Staumauer des Möhnesees und der Möhneseeturm, der Naturerlebnispark Bilsteintal in Warstein mit Wildpark und Tropfsteinhöhle, das Waldschiff im Bibertal von Rüthen, die Burgruine Eversberg. Wanderfreundliche Gastronomiebetriebe entlang der Route und in den Städten sorgen für entspannte Pausen. Die Beschilderung der Sauerland-Waldroute besteht aus einem weißen W auf grünem Quadrat. Die Zuwege sind genau umgekehrt (grünes W auf weißem Quadrat) gekennzeichnet.

Ab dem Lörmecketurm bei Warstein, der auf dem mit 581 Metern höchsten Punkt des Naturparks liegt und weite Fernsichten ermöglicht, können Wanderer entweder die Route über Rüthen oder Olsberg wählen, um das Ziel Marsberg zu erreichen.

Auch auf der Waldroute sind die Ranger vom Landesbetrieb Wald und Holz NRW unterwegs, um den Wanderern mit Rat und Tat zur Seite zu stehen, quasi als Mittler zwischen Mensch und Natur. Rangerführungen können gebucht werden.

■ **Informationen**

Tel. 02974/202190,
www.sauerland-waldroute.de,
www.sauerland.com

Im Naturpark Arnsberger Wald

Blick vom Olsberg-Gipfel

WANDERN – MAL KURZ, MAL LÄNGER

Balve – Auf dem Hönnepfad

Für die 7,3 Kilometer lange Wanderung auf schmalen, gut markierten Pfaden durch eines der schönsten Täler Westfalens sollte man etwa zwei Stunden Zeit einplanen. Wanderzeichen ist das V1. Die tief eingeschnittene Hönne verläuft an bis zu 80 Meter hohen Felsklippen vorbei. (Als kleinen Abstecher kann man Haus Recke und die Reckenhöhle „mitnehmen".) An der Feldhofhöhle bietet sich eine Rast an. Unterhalb befindet sich die sagenumwobene Felsformation der „Sieben Jungfrauen". Zum großen Teil verläuft die Strecke durch Naturschutzgebiet. Start ist der Parkplatz Wanderportal in Balve-Volkringhausen.

■ **Informationen**
www.balve.de , www.hoennetal.de
Tel. 02375/926-0

Bad Berleburg – Rothaarsteig-Spur – Wisent-Pfad

In einem für Westeuropa einzigartigen, 2003 begonnenen Artenschutzprojekt hat man in den Wäldern von Siegen-Wittgenstein wieder Wisente angesiedelt. Im Schaugehege zwischen Bad Berleburg-Wingeshausen und Schmallenberg-Jagdhaus können Wanderer die scheuen Kolosse mit etwas Glück beobachten. Der 15,3 Kilometer lange Rundweg (Zeit: 3:30 Stunden; Wanderzeichen: weißes, liegendes R auf schwarzem Grund) führt durch das malerische Tal der Ihrige. Startpunkt entweder in Jagdhaus oder in Wingeshausen.
Eine Wisent-Infoausstellung befindet sich im Besucherzentrum des Naturpark Sauerland Rothaargebirge, Marktplatz 1a, 57319 Bad Berleburg. (>> Seen & Freizeitregionen, Wildparks)

■ **Informationen**
info@wisent-welt.de
www.wisent-welt.de
Tel. 02751/92055-35

Brilon – Almequellen

Der 6,5 Kilometer lange und 1:55 Stunden dauernde Quellenweg Alme führt durch eine Landschaft von seltener Schönheit. (Wanderzeichen Q) Die Almequellen liegen am Nordrand der Briloner Hochfläche, unweit des Dorfes Alme. Die Alme hat über 100 kleine Quellaustritte. Die meisten von ihnen liegen unter dem Quellteich. Ursache ist die hier vorherrschende stark zerklüftete, 350 Millionen Jahre alte Kalksteinschicht mit einer Stärke von 600 bis 1400 Meter. Darin sammelt sich unterirdisch das Regenwasser. Im Almer Mühlental staut sich das Wasser an einer Schicht aus undurchlässigem Schiefer und tritt zutage. Seltene Pflanzen säumen den Bachlauf.

Brilon – Rund um den Borberg

Für die 5,7 Kilometer lange

Wanderung auf den geschichtsträchtigen Borberg mit Start am Wanderparkplatz Hilbringse sollte man 1:45 Stunden Zeit einplanen. Startet man vom Markplatz Brilon aus, sind es 12,5 Kilometer (Wanderzeichen B1). Auf dem Borberg errichteten einst die Germanen einen Ringwall gegen die Kelten. Davon zeugen Erdwälle und Ausgrabungen. Am höchsten Punkt steht seit 1925 die Borbergkapelle. Von hier bietet sich ein weiter Ausblick bis nach Olsberg.

Brilon – Grenzgang Bontkirchen

Ein besonderes Naturerlebnis bietet der Grenzgang Bontkirchen. Für die 11,2 Kilometer sind 2:30 Stunden Gehzeit realistisch. Auf schmalen Pfaden geht es über den Grenzverlauf zwischen NRW und Hessen. Der Weg führt teilweise durch alte Buchenbestände und bietet weite Aussichten. Startpunkt ist die Ortsmitte von Bontkirchen.

■ **Informationen**
Am Hemberg, 59929 Brilon

Olsberg – Gipfelkreuztour

Die 8,5 Kilometer lange Olsberger Gipfelkreuztour ist schwer und wegen der schönen Aussichten besonders reizvoll. Es ist eine Etappe des Olsberger Kneippwanderwegs, den die WDR-Zuschauer als „schönsten Wanderweg in NRW" gewählt haben. An der Luisenquelle bietet sich Was-

sertreten à la Kneipp an. Der Blick vom Gipfelkreuz ist grandios. Start ist im Ort an der Olsberg Touristik (Wanderzeichen XR und K).

■ **Informationen zu allen vier Touren**
www.tourismus-brilon-olsberg.de
Tel. 02961/96990 (Brilon) oder
02962/97370 (Olsberg)

Diemelsee – Panoramaweg

Der 10,2 Kilometer lange Panoramaweg (ca. 3:35 Stunden) beginnt mit einem steilen Anstieg von 360 Meter auf fast 600 Höhenmeter. In der abwechslungsreichen Landschaft werden die Wanderer mit herrlichen Aussichten auf den Diemelsee und die Bergwelt belohnt. Gestartet wird am Wanderparkplatz Florenbicke, Seestraße, 34519 Diemelsee-Heringhausen.

■ **Informationen**
www.diemelsee.de
Tel. 05633/91133

Kirchhundem – Krenkeltal und Goldener Zapfen – Gradwanderung zwischen Rhein und Weser

Der Aufstieg hält sich mit 266 m in Grenzen. Die Wanderstrecke ist 11,4 Kilometer lang und dauert ca. 3:30 Stunden. Der Qualitätsweg bietet herrliche Naturpassagen durch Hohlwege und idyllische Wälder sowie weite Aussichten. In Kirchhundem verläuft die Wasserscheide von Rhein und Weser. Krenkelsbach, Hun-

dem, Lenne und Ruhr strömen zum Rhein; Zinse, Röspe und Elberndorfer Bach fließen in die Eder und weiter durch die Fulda in die Weser. Historisch besteht hier ein Dreiländereck: Am Dreiherrenstein stießen die Herrschaftsgebiete Herzogtum Westfalen, Nassau-Siegen und Wittgenstein-Hohenstein zusammen. Interessantes Highlight im Krenkeltal ist ein Aquädukt, mit dem seit dem Beginn des 20. Jahrhunderts ein Bachverlauf über eine – mittlerweile stillgelegte – Bahnlinie geführt wurde. Start ist am Wanderparkplatz „Stauweiher Heinsberg", Kirchhundem-Heinsberg.

■ **Informationen**
www.lennestadt-kirchhundem.de
Tel. 02723/608-800

„Oben an der Volme" – Halver – Kierspe – Meinerzhagen – Schalksmühle

„Oben an der Volme" ist eine Wander- und Freizeitregion, die viele Möglichkeiten bietet, die malerische Landschaft im Westen des Sauerlands zu genießen. Hier einige Beispiele:

Halver – Durch die wilde Ennepe

Die 6,2 Kilometer lange Wanderung dauert etwa zwei Stunden. Start ist am Aussichtsturm Karlshöhe. Die Strecke verläuft durch das Naturschutzgebiet „Wilde Ennepe". Die Quelle der Ennepe ist von geheimnisvollen Quarzblöcken umgeben.

Wienhagener Turm, Kiersp

Kierspe – Familienspaß im Wienhagen

In Kierspe beginnt am Wanderparkplatz Dürener Haus eine 5,6 Kilometer lange Tour, die „Familienspaß in Wienhagen" lautet. Der naturnahe Rundwanderweg ist auch für Kinder geeignet. Lohnendes Ziel ist der Wienhagener Turm, der eine schöne Fernsicht bietet.

Schalksmühle – Im oberen Nahmertal

Ausgangspunkt für die 6,5 Kilometer lange Rundwanderung ist das Wildgehege Mesekendahl. Die Strecke verläuft an den verstreut liegenden Quellen des Nahmerbaches, dem Wildgehege Mesekendahl und dem historischen Mühlenensemble Brenscheider Kornmühle und Ölmühle vorbei. (>> Flüsse und Mühlen)

Meinerzhagen – Kneipp'sche Spuren im Quellental

Die leichte und kurzweilige, 3,4 Kilometer lange Wanderung startet am Wanderparkplatz Qellental in Meinerzhagen-Valbert. Am Fuß des Ebbegebirges kann man zur gesunden Entspannung die Kneippstationen nutzen.

Meinerzhagen – Höhenflug – Rundweg

Bei dem 1,4 Kilometer langen Rundweg, der zu Beginn identisch mit dem Fernwanderweg Sauerland-Höhenflug ist, steht das Thema Wasser im Vordergrund. Die Strecke führt zum Wasserschloss Badinghausen, durch einen grandiosen Buchenhochwald, an der Genkeltalsperre entlang, durchs Naturschutzgebiet Grotmicke, zur Ortschaft Heed mit seinem Wald- und umweltpädagogischem Zentrum und zur Aggerquelle. Gestartet wird am Wanderparkplatz Schallershaus mit Blick auf die Meinhardusschanzen.

Meinerzhagen – Rundweg Valbert

Die 10,4 Kilometer lange Wanderstrecke Valbert – Höhweg – Westebbe – Quellental (Zeit: 2:55 Stunden) zeichnet sich durch biologisch wertvolle Moorlandschaften aus. Man wandert durch wildromantische Quell-, Übergangs- und Heidemoore sowie Moorbirken- und Erlenbruchwälder. Bäche und Heideflächen mit Wacholderbeständen sorgen für abwechslungsreiche Impressionen. Auf den Höhen des Ebbegebirges im Naturpark Sauerland Rothaargebirge haben sich atlantische, kontinentale und submediterrane Pflanzenarten angesiedelt. Käuze, Spechte und Eisvogel fühlen sich hier wohl. Startpunkt ist der Potsdamer Platz in Valbert.

■ **Informationen**
touristinfo@meinerzhagen.de
www.freizeit@oben-an-der-volme.de
Tel. 02354/77138
www.npsr.de
www.meinerzhagen.de

Oberhundem – Bergtour

Die Oberhundemer Bergtour ist mit 11,6 Kilometer zwar nicht besonders lang, der Zeitplan von 4:15 Stunden zeigt jedoch, dass die Strecke anspruchsvoll ist. Schroffe Felsen und weite Panoramablicke am Kahleberg, dazu schmale Pfadpassagen auf alten Eselspfaden zeichnen diesen zertifizierten Rundwanderweg aus. Im urigen, beliebten Ausflugsziel Alpenhaus (vorher Ruhetage erfragen, www.alpenhaus.de) bietet sich nach acht Kilometern eine ausgiebige Rast an. Startpunkt am Haus des Gastes (Kurpark), Oberhundem.

■ **Informationen**
www.lennestadt-kirchhundem.de
Tel. 02723/608-800

Schmallenberg – Golddorf-Route Holthausen

Die Golddorfroute hat als Wanderzeichen ein goldenes G auf rotem Grund. Sie bietet reizvolle Ausblicke in die Landschaft, ist 13,5 Kilometer lang und dauert ca. 3:15 Stunden. Ab Holthausen geht es nach Bad Fredeburg. Unterwegs kommt man an dem einzigen Schieferbergwerk von NRW vorbei, in dem heute noch Schiefer abgebaut wird: Die Grube Magog. Weiter führt der Weg ins kleine Dorf Huxel, dann Richtung Niedersorpe und an der 27-Loch-Golfanlage vorbei und zurück. Der Start befindet sich an der Schützenhalle in Schmallenberg-Holthausen.

■ **Informationen**
www.schmallenberger-sauerland.de
Tel. 02972/9740-0

Medebach – Orketalrundweg

Für die 16 Kilometer lange Halbtageswanderung sollte man etwa 4:30 Stunden einplanen. Der Auf- und Abstieg beträgt 465 Höhenmeter. Passiert werden die Dörfer Medelon, Berge und Dreislar. Auf dem Gewässerpfad Orke geht es durch ein landschaftlich wertvolles, im Rahmen des EU-LIFE-Projektes renaturiertes Tal zunächst bis nach Medelon. Durch Buchenwälder, Wiesen und das Naturschutzgebiet „Heideköppel" erreichen die Wanderer das idyllisch gelegene Dorf Berge. Vom Lückenkopf hat man anschließend eine schöne Aussicht auf die Medebacher Bucht. Wieder wird ein Naturschutzgebiet, Rüggen, passiert. Vom Gipfel des Kreuzberges schaut man auf Dreislar und die Bucht. Auf einem Pfad geht es dann abwärts nach Dreislar. Startpunkt ist der Wanderparkplatz Orketal.

■ **Informationen**
www.medebach-touristik.de
Tel. 02982/9218810

Winterberg – Extratour Hildfeld – Durch Hochwald und Heide

Der neun Kilometer lange Wanderweg (Gehzeit: ca. 2:40 Stunden) verläuft am östlichen Rand der Winterberger Hochmulde. Hildfeld gewann 1987 die Goldmedaille „Unser Dorf soll schöner werden". Über die Höhen, die die Wasserscheide zwischen Rhein und Weser bilden, führt die Strecke vorbei an historischen Grenzsteinen (NRW – Hessen) durch das Naturschutzgebiet „Neuer Hagen". Die Hochheide entfaltet besonders im Herbst mit dem blühenden Heidekraut ihre ganz besonderen Reize. Vom Clemensberg bietet sich ein weiter Rundumblick. Gestartet wird am Dorfbrunnen in Hildfeld.

■ **Informationen**
www.winterberg.de
Tel. 02981/92500

Warstein – Durch das Paradies zum Lörmeketurm

Start für die anspruchsvolle Runde ist der Parkplatz am Wildpark im Bilsteintal. Die rund 17 Kilometer lange Wanderung gipfelt am 580 Meter hoch gelegenen Lörmeketurm, auf dem man mit einer weiten Aussicht bis in die Soester Börde, den Teutoburger Wald und das nördliche Sauerland belohnt wird. Der 35 Meter hohe Turm – eine gelungene Komposition aus Stahl und Holz – mit innenliegender Wendeltreppe und 204 Stufen ist außen mit zwölf Meter langen Douglasienhölzern verkleidet, sodass er sich gut an die Landschaft anpasst. Der Standort liegt auf dem höchsten Punkt des Arnsberger Waldes und direkt am Fernwanderweg Sauerland-Waldroute, der von Iserlohn bis Marsberg führt. (>> Natur & Erholung, Fernwanderwege) Vom Bilsteintal führt der Weg zunächst in Richtung B55 und Waldpark-Brauerei. (Wanderzeichen: Waldroute, weißes W in grünem Rechteck, später auch X1) Das Paradies ist ein schön gelegener Rastplatz mitten im Grünen. Vorbei an der Hubertusquelle, dem Hochmoor und dem romantischen Kapellenplatz geht es zum Lörmeketurm. Auf dem Rückweg kreuzt man unterhalb des Stimmstamms wieder die B55. Anschließend verläuft der Weg abwärts am Bilsteinbach und am Sedansteich vorbei.

Oberhalb von Grafschaft

Auf dem Waldskulpturenweg

THEMENWANDERWEGE

■ **Informationen**
www.warstein.de
Tel. 02902/81-275
www.naturpark-arnsberger-wald.de
Tel. 02921/302252

WaldSkulpturenWeg Bad Berleburg – Schmallenberg

Der in den Jahren 2000 bis 2010 entstandene WaldSkulpturenWeg ist ein in Deutschland einmaliger Kunstwanderweg über den Rothaarkamm. Er verbindet Bad Berleburg mit Schmallenberg und stellt die wechselvolle Geschichte zwischen dem protestantisch geprägten Wittgenstein und dem kurkölnisch-katholischem Sauerland her. Auf der 23 Kilometer langen Wanderstrecke säumen elf Kunstwerke den Weg. So steht bei Schanze zum Beispiel die 7,50 Meter hohe und 2600 Kilogramm schwere Aluminiumskulptur „Der Krummstab". Dazu stellt der Künstler Heinrich Brummarck ein Zitat von Martin Luther: „Eine allzu große Macht stürzt durch ihre eigene Masse." Als Gehzeit für den Wanderweg sollte man ca. sechs Stunden einplanen. Als Stationen für eine Rast sind Kühhude, Schanze und Grafschaft geeignet. In Schanze bietet sich ein Abstecher zum Kyrillpfad an.

■ **Informationen**
www.waldskulpturenweg.de
Rothaarsteigverein e.V.
Tel. 02974/4994163
www.rothaarsteig.de
www.blb-tourismus.de

Drolshagen – KuLtour – Ein Skulpturenweg

Auf dem sieben Kilometer langen Rundweg am Listersee haben sich zwölf kreative Frauen 2007 mit dem Thema Natur auseinandergesetzt und gemeinsam Skulpturen und Objekte gestaltet. Dabei entstanden Bauminstallationen, Steinbogen, galoppierende Strohhaufen. Einige der Kunstwerke sind mittlerweile vergangen – die Natur hat sie sich zurückgeholt. In den folgenden Jahren wurden weitere Objekte realisiert. Das Miteinander von Kunst und Landschaft macht die KuLTour spannend. Der Skulpturenweg liegt zwischen der Listertalsperre und dem Ort Dumicke.

■ **Informationen**
www.drolshagen-marketing.de
Tel. 02761/9427990
info@drolshagen-marketing.de

Rundwanderweg Deilinghofen – Felsenmeer – Sauerlandpark (Hemer)

Die 16,9 Kilometer lange

Rundstrecke beginnt am Sauerlandpark in Hemer, Eingang Deilinghofen. Ganz in der Nähe befindet sich das Felsenmeer, das sich aus einem hier vor 400 Millionen Jahren bestehenden Korallenriff gebildet hat. Der Wanderweg führt zum Naturschutzprojekt auf dem ehemaligen Truppenübungsplatz „Apricke". Hier fühlen sich heute Heckrinder, Dülmener Wildpferde und seltene Vogelarten wohl. Auf den blütenreichen Magerweiden wachsen außergewöhnliche Pflanzen. Der Sauerlandpark Hemer liegt auf dem Gelände der Landesgartenschau von 2010. Wesentliche Elemente wie das Grohe-Forum, die Themengärten, der Jübergturm und der Park der Sinne blieben erhalten. Üppig gestaltete Wasser- und Waldspielplätze, ein Skaterpark, der Himmelsspiegel, ein grünes Klassenzimmer und Picknickplätze tragen zur Beliebtheit des Sauerlandparks bei Jung und Alt bei. (Sauerlandpark >> Seen & Freizeitregionen, Freizeitparks)

■ **Informationen**

www.sauerlandpark-hemer.de

www.naturpark-sauerland-rothaargebirge.de

Olsberg – Rosenring Assinghausen

Der neun Kilometer lange Themenrundweg verbindet das Rosendorf Assinghausen mit dem Europa-Golddorf Bruchhausen an den Steinen. In den gepflegten Vorgärten von Assinghausen blühen im Sommer nicht weniger als 130 Rosensorten. Dahinter erheben sich

Seelenorte

Die Sauerland-Wanderdörfer empfehlen ihren Gästen ihre Lieblingsorte in der näheren Umgebung als sogenannte Seelenorte: Mächtige Bäume, einsame Täler, Grotten, Felsen, Steinbrüche oder Kirchen. Einige von ihnen wirkten schon seit Generationen auf die Menschen anziehend und berühren emotional, geistig und spirituell. 43 Seelenorte sind bisher festgelegt. (>> Medebach, Galerie der Himmelssäulen)

■ **Informationen**

Sauerland Tourismus

Tel. 02974/202190

info@sauerland.com

www.sauerland-wanderdoerfer.de

Labyrinth Drolshagen

Wanderdörfer

Mehrere Orte im Sauerland vermarkten als „Wanderdörfer" ihre reizvolle Landschaft gemeinsam und haben besondere Wandertipps herausgegeben. Zertifiziert durch den Deutschen Wanderverband bilden sie die bundesweit erste und größte „Qualitätsregion Wanderbares Deutschland". Zu diesen Orten zählen Brilon, Diemelsee, Eslohe, Hallenberg, Kirchhundem, Lennestadt, Medebach, Olsberg, Schmallenberg, Willlingen und Winterberg. Ausgewählt wurden Tages- oder Halbtagestouren, Vorschläge für Bus- und Bahnreisende, für Familien oder mit dem Hund. Wer die Sauerland Card besitzt, reist sogar mit dem ÖPNV kostenlos.

■ **Informationen**
www.sauerland-wanderdoerfer.de
Tel. 02974/202190

Schmallenberger Sauerland

die in schwarz-weiß gehaltenen Fachwerkhäuser. Am Wegesrand wachsen allerlei Wildrosen. Die vier mächtigen Bruchhauser Steine recken sich von weitem in den Himmel. (>> Sehenswerte Ziele in der Natur) Am Gutshof des Schlosses Bruchhausen liegt ein weiterer malerischer Rosengarten. (>> Natur & Erholung, Gärten im Sauerland).

■ **Informationen**
www.tourismus-brilon-olsberg.de

Schmallenberg – Sorper Panoramapfad

Die 154 Kilometer lange Hauptstrecke des Rothaarsteigs führt hier entlang. Zusätzlich entwickelt wurden die Rothaarsteig-Spuren, die besonders für Tagesausflügler geeignet sind. So z.B. der Sorper Panoramapfad. Hier wandert man 12,6 Kilometer nach dem Motto „Idylle trifft Kunst in romantischer Kulisse" durch das am Fuß von Hunau und Kahlem Asten liegende romantische Sorpetal. (>> Kunst & Kultur, Galerie in der Waldemai, Sorpetal)

■ **Informationen**
www.schmallenberger-sauerland.de
Tel. 02972/9740-0

Willingen – Paradies und Weltcupschanze

Die 10,5 Kilometer lange naturkundliche Wanderung führt vom Besucherzentrum zunächst ins romantische Strycktal. Man passiert die durch internationale Skispringen weltbekannte – und weltgrößte – Mühlenkopfschanze. (>> Feste & Events, Wintersportevents) Weiter geht es zum Paradies, auch durch Mischwald entlang an naturbelassenen Bachläufen. Am Osthang des Mühlenkopf erleben Wanderer den Blockhaldenwald, einen seltenen Schluchtwald mit einer besonderen urwaldartigen Vegetation. Sommerlinden, Bergulmen und Bergahorne wachsen in einem Klima, das durch die vielen kleinen Quellen feucht gehalten wird. Hier gedeihen alpine Pflanzen. Der Waldlehrpfad bietet Informationen über viele wichtige Aspekte des Waldes.

■ **Informationen**
www.willingen.de
Tel. 05632/9694353

Historischer Wanderpfad Elkeringhausen (Winterberg)

Start für den acht Kilometer langen Rundweg ist im Kurpark Elkeringhausen. An der alten Lore vorbei geht es hinauf zum Landschaftskino – ein schönes Landschaftsmotiv im Holzrahmen. Danach führt der Weg zur Zeche Elend, einem alten Stollen. Durch das idyllische Orketal, in dem als Besonderheit eine 200jährige Buche zu bestaunen ist, wandert man allmählich zurück nach Elkeringhausen. Der Kurpark am See lädt zum Entspannen ein.

■ **Informationen**
www.winterberg.de
Tel. 02981/92500

Felsenmeer Hemer

SEHENSWERTE ZIELE IN DER NATUR

Hemer – Felsenmeer

Zu den überregional bekannten geologischen Besonderheiten Hemers zählt das Felsenmeer. Es ist auf festen Wegen frei zugänglich. Aufgrund seiner Einmaligkeit in Deutschland ist es sogar als „nationales Geotop" ausgezeichnet worden. Weil sich Kalkstein vor zig Millionen Jahren im Tertiär auflöste, entstand eine bizarre Kegelkarstlandschaft. Nach Einstellung des im Mittelalter betriebenen Bergbaus entwickelte sich in dem Klippengebiet ein Buchenwald mit artenreicher Bodenfauna. Details dazu gibt es in dem Informationszentrum. Führungen auf Anfrage. Es ist nur etwa 700 Meter lang und etwa 200 Meter breit. Eine freischwebende, wellenförmige Brücke und eine Aussichtsplattform eröffnen dem Besucher tiefe Blicke. Durch einen Waldpfad ist das Felsenmeer mit der Heinrichshöhle verbunden. Das Naturschutzgebiet ist Bestandteil des europäischen Naturschutzgebietsystems „Natura 2000". (>> Themenwanderwege, Rundwanderweg Deilinghofen – Felsenmeer – Sauerlandpark)

■ **Informationen**
www.felsenmeer-museum.de
Tel. 02372/61549

Marsberg – Naturerlebnis Wald

Marsberg liegt im Tal der Diemel. Im Naturpark Diemelsee gibt es noch zahlreiche Erlebnis-Bauernhöfe. Im Naturpark Eggegebirge liegt in Marsberg-Meerhof der 3,5 Kilometer lange Rundweg „Naturerlebnis Wald". An über 20 Stationen können Besucher durch eigenes Handeln „ihren" Wald erkunden. Per Brücken geht es auch über Feuchtbiotope und Wasserflächen. Start ist am Forsthaus in Meerhof. Das Waldinformationszentrum Hammerhof des Regionalforstamtes Hochstift koordiniert Führungen auch für Gruppen, Schulklassen und Vereine.

■ **Informationen**
Forsthaus, Lange Str. 50
34431 Marsberg-Meerhof
Stadtmarketing u. Wirtschaftsförderung Marsberg e.V.
Tel. 02992/3388
info@tourismus-marsberg.de
www.tourismus-marsberg.de
Waldinformationszentrum Hammerhof
Walme 50, 34414 Warburg-Scherfede
Tel. 05642/949750
hammerhof@wald-und-holz.nrw.de
www.wald-und-holz.nrw.de

Medebach – Galerie der Himmelssäulen

Hinter dem klangvollen Namen „Galerie der Himmelssäulen" verbirgt sich ein Unikat: Es ist eine Baumreihe mit 38, bis zu 63 Meter hohen, über 120 Jahre alten Douglasien. Sie gelten als ältester Baumbestand im Sauerland. Diese Naturriesen haben sogar die Orkanböen der letzten Jahrzehnte, wie Kyrill und Friederike, überlebt, während die Fichten ringsumher reihenweise flachgelegt wurden. Weitere besuchenswerte Seelenorte bei Medebach sind der Krutenberg, ein bewaldeter, 785 Meter hoher Berggipfel mit weitem Blick über die Landschaft, der Freistuhl Düdinghausen, die Quarzklippen und der Berg „Kahlen".

■ **Informationen**
Touristik-Gesellschaft Medebach mbH
Tel. 02982/9218610
info@medebach-touristik.de
www.medebach-touristik.de

Möhnesee – Heve-, Schmalenautal, Möhneaue im Naturpark Arnsberger Wald

Zum Wandern bietet der Naturpark Arnsberger Wald ideale Voraussetzungen. Der Rennweg auf der Höhe führt vom Möhnesee bis Hirschberg. Der einstige Handelsweg ist heute Bestandteil der „Sauerland Waldroute". (>> Natur & Erholung, Fernwanderwege) Renaturierte, idyllisch gelegene Täler gibt es an der Heve und an der Schmalenau. Lichte Erlen- und Eichen-

An der Heve bei Neuhaus, Möhnesee

wälder begleiten die Bäche. Hier fühlen sich seltene Pflanzen und Vogelarten, wie der Schwarzstorch und Schwarzspecht, wohl. Die Wanderung von Neuhaus zum Lattenberg zählt zu den schönsten Strecken im Arnsberger Wald. Beides sind alte Waldarbeitersiedlungen. Das Waldreservat Breitenbruch/ Neuhaus mit seinen Buchenwäldern erkundet man vom Parkplatz Kreuzeiche aus. Am Beginn des Möhnesees (>> Seen & Freizeitregionen) liegt bei Völlinghausen der 2,4 Kilometer lange Info-Pfad Möhneaue. Mit zwölf Stationen wird der Besucher über die ökologischen Besonderheiten des Naturschutzgebietes informiert. Ausgangspunkt ist der Parkplatz Wildpark Völlinghausen oder der Parkplatz Kanzelbrücke.

■ **Informationen**
www.naturpark-arnsberger-wald.de

www.moehnesee.de
Tel. 02924/981391

Olpe – Naturschutzgebiet Einsiedelei und Apollmicke

Das Naturschutzgebiet an der Einsiedelei, zwischen Olpe und Lennestadt liegend und über die B55, Abzweig Oberveischede, erreichbar, besteht aus bis zu 190 Jahre alten Buchenwäldern und einigen Quellen und Bächen mit Erlenwäldern. Es bildet eines der größten zusammenhängenden und wertvollsten Buchenwaldkomplexe im Sauerland. In den Moorwäldern wachsen Moorbirke, Rippenfarn, Sumpf-Veilchen und einige Torfmoos-Arten. Hier gedeiht sogar noch eine gefährdete Orchidee. Schwarz- und Grauspechte, Raufußkäuzchen und Schwarzstörche fühlen sich in den unberührten Wäldern wohl. Ein 5,6 Kilometer langer

Naturerlebnisweg führt durch das Gebiet. Nur der idyllisch gelegene Weiler Apollmicke und ein altes Forsthaus unterbrechen den dichten Wald. Der Wanderparkplatz Einsiedelei ist auch Start einer elf Kilometer langen Rundwanderung. Sie führt über Welschen-Ennest, Wolfhardt und Rahrbacher Höhe. Der 37 Kilometer lange Rundweg „Veischeder Sonnenpfad" beginnt ebenfalls an der Einsiedelei.

■ **Informationen**

Stadtmarketingverein Olpe Aktiv e.V.

Tel. 02761/831900

www.olpe-erleben.de

www.lennestadt-kirchhundem.de

www.naturpark-sauerland-rothaargebirge.de

Olsberg – Bruchhauser Steine

Die Bruchhauser Steine sind als Boden- und Kulturdenkmal von überregionaler Bedeutung und ein sehr lohnenswertes Ziel. Vier riesige Vulkanfelsen ragen aus der Landschaft hervor. Als einziger der vier Felsen ist der Feldstein mittels Treppe und Seil für die Öffentlichkeit begehbar. Der Blick von 756 Meter Höhe reicht bei guter Sicht weit über die Höhen des Sauerlandes bis ins Münsterland. Die Archäologen fanden durch Grabungen und Funde heraus, dass es hier in vorchristlicher Zeit Wallanlagen als Fliehburg gegeben hat. Seltene Tiere und Pflanzen fühlen sich auf und an den Felsen wohl. Verschiedene Themenpfade führen durch das Gebiet.

Im Info-Center wird über Archäologie, Geologie, Pflanzen & Tiere informiert. Das Ausflugsziel ist für Jung und Alt geeignet. Eine durch Freiherr von Fürstenberg und das Land NRW 1992 gegründete Stiftung kümmert sich um Erhaltung und Pflege des Nationalen Naturmonuments.

■ **Informationen**

Bruchhauser Steine

59939 Olsberg

Tel. 0160/7506458

info@stiftung-bruchhauser-steine.de

www.bruchhauser-steine.de

Kallenhardt – Hohler Stein (Rüthen)

Im Naturschutzgebiet „Lörmecketal" bei Kallenhardt liegt die Kulturhöhle „Hohler Stein", die man wandernd oder mit dem Fahrrad besuchen sollte. Archäologische Funde belegen, dass die Menschen hier in der Zeit von 10.000 v. Chr. auf Rentierjagd gingen, indem sie den vorbeiziehenden Herden an einem Engpass auflauerten. Die Fundobjekte sind in unterschiedlichen Museen in Westfalen ausgestellt. Mythen und Sagen ranken sich um die einstige Nutzung dieser archaischen Stätte. Wenige hundert Meter entfernt befindet sich die Felsformation Hoher Stein. Sie liegt ebenfalls im Naturschutz- und FFH-Gebiet Lörmecketal.

■ **Informationen**

59602 Rüthen-Kallenhardt

Tel. 02952/818-172

post@ruethen.de, www.ruethen.de

Warstein – Diamantenpfad Suttrop

In Suttrop stellt der Heimatverein im Geopark die „Suttroper Diamanten" vor, eine seltene Quarzart. Diese sechskantigen Quarze sind heute international in den großen Naturkundemuseen ausgestellt. Der von einer Arbeitsgruppe mit großem Engagement gestaltete Steinlehrpfad informiert über die wichtigsten Gesteinsarten, die im Warsteiner Raum zu Tage treten und wirtschaftlich von großer Bedeutung sind. Dies unterstreicht eine Edelstahl-Skulptur der Suttroper Quarze. Die Gesteinsschichten sind überwiegend aus Meeresablagerungen entstanden. Vor 380 Millionen Jahren bildete sich der Kalkstein aus Korallen und den Schalen unzähliger Kleinstlebewesen. Der Massenkalk wird heute in mehreren großen Steinbrüchen als wertvoller Rohstoff abgebaut. Ein Kalkofen nach historischem Vorbild und eine Ausstellung zum Thema Kalk vermitteln Hintergrundwissen. Der gebrannte Kalk wurde zum Düngen in der Landwirtschaft oder zur Herstellung von Mörtel eingesetzt. Früher gab es in Suttrop viele handbetriebene Kalköfen.

■ **Informationen**

www.heimatverein-suttrop.de

www.kalkofen@suttrop-online.de

www.kalkofen-suttrop.de

www.warstein.de

HOHLWEGE IN MEINERZHAGEN, KREUZTAL UND SCHLÜSEN IN DROLSHAGEN

Die Hohlwege an der B54 in Meinerzhagen sind ein Beleg für die Bedeutung des historischen Fernhandelswegs von Frankfurt in Richtung Holland. Sie führten von Siegen nach Hagen. Es bestand ein ganzes Bündel von Trassen, deren Spuren noch heute tief im Boden liegen. Weitere Hohlwege, die zum Teil als Bodendenkmal geschützt sind, gibt es an der Listerquelle. Sie waren im Bereich Nocken Bestandteil der nach Hagen führenden Eisenstraße. Ebenfalls sehenswert sind in Meinerzhagen die uralten Hohlwegspuren „Haumche". Sie waren Bestandteil der Heidenstraße, die als Fernstraße von Köln nach Leipzig führte.

In Kreuztal sind am Krombacher Schlag noch Hohlwege zu erkennen. Einachsige Ochsen- und Pferdewagen transportierten das begehrte Siegerländer Eisen einst auf unbefestigten Wegen, die sich tief in das Gelände eingeschnitten hatten. War ein Weg unbefahrbar geworden, wurde nebenan ein neuer eröffnet. So entstanden vielspurige Hohlwegbündel. Im Raum Drolshagen werden Hohlwege mundartlich „Schlüsen" genannt. Das Schlüsenbündel Junkernhöh / Germinghausen liegt unweit der Autobahn 45. Man wandert wie in einer Zeitreise auf mittelalterlichen Handelswegen und hört in der Ferne den Straßenlärm von heute. Ein Lehrpfad lässt die Geschichte lebendig werden.

(>> Industriegeschichte, -kultur, Eisenstraße)

■ **Informationen**
Grünewald
58540 Meinerzhagen
Tel. 02354/77171
www.heimatverein-meinerzhagen.de
www.kreuztal.de
Schlüsen-Lehrpfad
Am Frohnen Wenden
57489 Drolshagen-Junkernhöh
www.drolshagen-marketing.de

Fischbauchbogenbrücke Plettenberg

Die Fischbauchbogenbrücke über den Fluss Lenne in Plettenberg war von 1914 an Bestandteil der Eisenbahnverbindung nach Herscheid, die 1969 stillgelegt wurde. Sie steht seit 2000 unter Denkmalschutz und ist u.a. mit finanziellen Mitteln der REGIONALE 2013 saniert worden. Auf einem Segment der Brücke hat man 2015 eine Aussichtsplattform errichtet, die einen schönen Blick ins Lennetal ermöglicht. Die Brücke verläuft in einer Kurve über das Tal.

■ **Informationen**

Schlüsen-Lehrpfad Drolshagen

GÄRTEN IM SAUERLAND

Böddinghauser Feld 1,
58840 Plettenberg
www.plettenberg.de
www.plettenberg-kultour.de

Rüthen – Bibertal mit Walderlebnispfad

Das Rüthener Bibertal liegt am Möhnetal im Naturpark Arnsberger Wald. 2015 wurde das Waldschiff eröffnet. Dies ist ein kleines Informationszentrum und Ausgangspunkt für spannende Erkundungstouren, gern auch mit dem Ranger. Der 2,3 Kilometer lange Biberpfad ist als Walderlebnispfad mit 17 Stationen gestaltet und bietet Wissenswertes zu den Themen Wald, Wasser, Holz und Boden. Eingebettet in die wunderschöne Landschaft hat das Bibertal seinen besonderen Reiz.

■ **Informationen**
Waldschiff
Bibertal 33
59602 Rüthen
Tel. 02952/818-172
tourismus@ruethen.de
www.naturpark-arnsberger-wald.de

In mehreren Städten des Sauerlandes können zu bestimmten Terminen private, besonders schön und naturnah gestaltete Gärten besichtigt werden. So heißt die Aktion in Arnsberg zum Beispiel „Offene Gärten im Ruhrbogen", die an fünf Sonntagen zwischen Mai und September ihre Pforten öffnen. Ähnliche Aktivitäten gibt es in Balve, Fröndenberg, Hemer, Iserlohn, Menden, Neuenrade, Sundern und Wickede. Besucher erfahren, dass mit der Wahl der richtigen Pflanzen der Lebensraum für Bienen, Schmetterlinge, Vögel und Insekten verbessert werden kann. Im Rahmen der Aktivität „Gartenlust im Sauerland" öffnen im späten Juni an einem Sonntag private Gartenbesitzer ihre Tore und ermöglichen Einblicke in versteckte grüne Paradiese.

■ **Informationen**
www.ein-garten-im-sauerland.de
www.arnsberg.de
www.gaerten-im-ruhrbogen.de
(Landschaftspark Sauerlandpark Hemer >> Seen & Freizeitregionen, Freizeitparks)

Blütengarten in Olsberg-Bruchhausen

Seit Sommer 2019 hat der Sauerländer Blütengarten im Gutshof Schloss Bruchhausen seine Pforten geöffnet. Der rund 1.500 Quadratmeter

große Garten ist in acht kleine Themengärten aufgeteilt. Erschaffen hat das Paradies die passionierte Gärtnerin Mechtild Heidrich. Die Besucher erleben eine bunte Pflanzenvielfalt, erfahren ökologische Zusammenhänge und entdecken altes Gärtnerwissen neu. Das Gutscafé und das Lädchen Rose-Cottage runden das kurzweilige Angebot in der Natur ab.

■ **Informationen**
Rosenbogen Heidrich
Im Gutshof Schloss Bruchhausen
Gaugreben'scher Weg 1
59939 Olsberg
Tel. 02962/880812
info@rosenbogen-heidrich.de
www.rosenbogen-heidrich.de

Distelfalter im Rosengarten

Dechenhöhle Iserlohn

HÖHLEN

Das Sauerland zählt mit knapp 1.000 bekannten Höhlen zu den bedeutendsten Höhlengebieten Deutschlands. Nur ein geringer Teil von ihnen ist öffentlich begehbar. Ihre Entstehung verdanken sie dem sogenannten Massenkalk. Vor allem im Devon vor etwa 380 Millionen Jahren hatten sich diese mächtigen Riffkalkvorkommen gebildet. Das Grundwasser strömte durch den Kalk und löste ihn auf. Es entstanden unterirdische Hohlräume unterschiedlichster Prägung. Von der Decke tropfte das kohlensäurehaltige Wasser – immer an den gleichen Stellen – und bildete in Jahrtausenden Stalagmiten. Das sind die vom Boden einer Höhle emporwachsenden kerzen- oder kegelförmigen Tropfsteingebilde. Die von der Decke hängenden Zapfen Stalaktiten sind die exakten Gegenstücke. Diese Gebilde können zart und zerbrechlich sein oder säulenartig dick.

Mit der Entdeckung der Dechenhöhle bei Iserlohn im Jahr 1868 begann das Interesse der Wissenschaft an deren Erforschung. Auch für die Anfänge des Tourismus im nördlichen Sauerland waren die Tropfsteinhöhlen mit ihren faszinierenden Gebilden von großer Bedeutung. Weitere Erschließungen, wie die der Bilsteinhöhle in Warstein, der Reckenhöhle und Balver Höhle im Hönnetal sowie der Heinrichshöhle in Hemer und der Atta-höhle in Attendorn, trugen dazu bei, dass Besucher – besonders aus dem industriellen Ruhrgebiet – gezielt das Sauerland ansteuerten, um sich diese „Wunder der Natur" aus der Nähe anzusehen. 2013 haben sich die fünf im nördlichen Sauerland liegenden Schauhöhlen (Dechen-, Heinrichs-, Recken-, Balver – Bilsteinhöhle) zu dem Verbundnetzwerk „Sauerland-Höhlen" zusammengeschlossen. Sie wollen gemeinsam bei Erforschung und Vermarktung auf die „wunderbare Welt unter Tage" aufmerksam machen.

■ **Informationen**
www.sauerland-hoehlen.de

Atta-Höhle (Attendorn)
Die Atta-Höhle wurde im Sommer 1907 von Steinbrucharbeitern der Biggetaler Kalkwerke zufällig bei Sprengarbeiten entdeckt. Sie gilt heute als eine der größten und schönsten Tropfsteinhöhlen in Deutschland, die „Königin un-

ter den Tropfsteinhöhlen". Ihre Gesamtlänge beträgt 6.670 Meter, von denen 1.800 Meter begehbar sind. Eine Führung dauert rund 40 Minuten. Die Temperatur im Inneren beträgt konstant neun Grad Celsius. 1986 konnte ein weiteres, bis dahin unbekanntes, 5.000 Meter langes Labyrinth aus bizarren Tropfsteingebilden entdeckt werden. Dieses ist jedoch für die Öffentlichkeit nicht zugänglich. Eine Gesundheitsgrotte mit Ruheliegen lädt in 50 Metern Tiefe zum entspannten Durchatmen ein. Die Luft ist hier völlig staub-, keim-, allergen- und ozonfrei. Durch die natürlichen Gesteinsfilter ist sie sogar reiner als die Luft am Meer oder im Hochgebirge. In der Atta-Höhle kann auch Kindergeburtstag gefeiert werden. Nebenan liegt das Restaurant/ Café Himmelreich.

■ **Informationen**

Attahöhle
Finnentroper Straße
57439 Attendorn
Tel. 02722/93750
info@atta-hoehle.de
www.atta-hoehle.de

Reckenhöhle (Balve)

Die 1888 durch Franz Recke entdeckte Reckenhöhle bietet auf einem Führungsweg von 500 Metern bei einer Gesamtlänge von 2500 Metern prächtige Stalaktiten, Stalagmiten, Sinterterrassen und Wasserbecken. Von der großen Haupthalle geht es über das „Paradies" mit Adam und Eva zur „Kapelle". Diese Naturschätze können von den Besuchern sogar barrierefrei besichtigt werden. Weil der Luft in der Höhle eine gesundheitsfördernde Wirkung nachgesagt wird, kann man unter dem Stichwort „Heilstollentherapie" für 20 Minuten – eingehüllt in Decken – im Innern der Höhle verweilen und mental zur Ruhe kommen. Die Höhle liegt im idyllischen Hönnetal im Balver Ortsteil Binolen. Das moderne Hotel & Restaurant Haus Recke ist stilvoll in einem 200 Jahre alten Gebäude untergebracht.

■ **Informationen**

Haus Recke
Binolen 1
58802 Balve-Binolen
Tel. 02379/209
info@reckenhoehle.de
www.reckenhoehle.de

Balver Höhle

Die Balver Höhle besticht durch ihre Größe. 2.000 Menschen haben in der riesigen Halle Platz, um Konzerten zu lauschen, Theateraufführungen zu erleben und sogar Schützenfest zu feiern. Mit ihrem zwölf Meter hohen, 18 Meter breiten Eingangsportal und einer Tiefe von 90 Metern wirkt die Kulturhöhle wie ein gigantischer Stollen. Die feintönige Akustik und die vielfarbigen Lichtreflexe im Kalkgestein des Gewölbes sorgen für eine einzigartige Atmosphäre. Auch „Felsendom" genannt, ist sie die größte offene Kulturhöhle Europas. Der Verein „Festspiele Balver Höhle e.V." sorgt dafür, dass hier ansprechende Inszenierungen und Konzerte stattfinden. Im Jahr 2022 können die Festspiele auf eine hundertjährige Tradition zurückblicken. Die St. Sebastian-

Musikgruppe in der Balver Höhle

Schützenbruderschaft fungiert als Verwalterin der Höhle.

Die Geschichte der Höhle ist uralt: Etwa 380 Millionen Jahre v. Chr. bildete sich im Zeitalter des Devon das Kalkgestein, in dem die Wasserströme der Eiszeiten die gigantische Halle ausformten. Bei Grabungen haben Forscher unberührte Reste menschlicher Kulturen aus sieben Siedlungsepochen entdeckt. Sensationelle Funde, wie der größte je entdeckte Elefanten-Stoßzahn sowie Stein- und Knochenwerkzeuge aus der Mittleren Altsteinzeit, trugen dazu bei, dass Balve in der internationalen Wissenschaft einen bedeutenden Ruf erlangt hat. Das Restaurant Zur Höhle liegt in der Straße Helle 2.

■ **Informationen**
Balver Höhle
Helle 2
58802 Balve
vorsitzender@schuetzen-balve.de
www.balverhoehle.de
www.festspiele-balver-hoehle.de

Veleda-Höhle (Bestwig)

Die Veleda-Höhle im Bestwiger Ortsteil Velmede zählt zwar zu den ältesten Kulturdenkmälern des Sauerlands, führte bisher jedoch eher ein Schattendasein. 50 Jahre lang war sie komplett verschlossen, ehe 2014 mit finanzieller Unterstützung durch ein Leader-Projekt und die Gemeinde Bestwig Treppen und Stege eingebaut werden konnten. Die Höhle besteht aus einer zweiteiligen großen, durch einen Gang miteinander verbundenen Halle und einem nach 90 Meter endenden Seiteneingang. Von den wenigen Tropf-steinen fällt ein großer, kegelförmiger Stalaktit in der unteren Halle auf. Die Dorfgemeinschaft bemüht sich, dass die Höhle, um die sich Sagen und Geschichten ranken, nicht wieder in Vergessenheit gerät. Öffnungszeiten und Buchungen von Gruppenführungen bitte erfragen.

■ **Informationen**
Dorfgemeinschaft Velmede-Bestwig e.V.
Wilmes Kamp 2
59909 Bestwig-Velmede
Tel. 02904/1088
kontakt@veleda-hoehle.de
www.veleda-hoehle.de

Heinrichshöhle (Hemer)

Die bereits 1812 entdeckte Heinrichshöhle in Hemer-Sundwig ist mit phantastischen Tropfsteingebilden geschmückt und wegen der zahlreichen Knochenfunde von eiszeitlichen Tieren berühmt. So konnte man aus aufgefundenen Knochen das Skelett eines Höhlenbären rekonstruieren. Es ist 2,35 Meter lang und vor Ort ausgestellt. Der für Besucher begehbare Abschnitt erstreckt sich über 350 Meter. Die Heinrichshöhle ist Teil des Perick-Höhlensystems, das insgesamt über drei Kilometer lang ist. Über Tage geht es ebenfalls spannend zu: Die Heinrichshöhle liegt im Naturschutzgebiet Felsenmeer. (>> Natur, Sehenswerte Ziele)

■ **Informationen**
Heinrichshöhle
Felsenmeerstr. 7

Deutsches Höhlenmuseum, Iserlohn

In der Bilsteinhöhle Warstein

58675 Hemer-Sundwig
Höhlen- und Karstkundliches
Informationszentrum Hemer
Tel. 02372/61549
www.hiz-hemer.de
buchungswunsch@hiz-hemer.de

Dechenhöhle (Iserlohn)

Eher zufällig – beim Bau der Eisenbahnlinie Letmathe – Iserlohn entdeckten Bauarbeiter 1868 die Dechenhöhle. Weil sie eine der größten und schönsten ist, zählt sie heute zu den besucherstärksten Tropfsteinhöhlen Deutschlands. Die Gesamtlänge beträgt 900 Meter, der Führungsweg 400 Meter. Zahllose phantastische Stalaktiten und Stalagmiten sind über Jahrtausende durch die Ablagerung des Sinters entstanden. Die Besucher bewundern u.a. eine drei Meter hohe „Palme" und die sogenannte „Orgel", eine ganze Tropfsteinwand. Seit 2015 ist alles perfekt mit LED-Brillantlicht angestrahlt. Angeboten werden nicht nur Höhlenerlebnisführungen sondern auch allerlei Kinder- und Familienveranstaltungen.
Zur Dechenhöhle gehört das in NRW einmalige „Deutsche Höhlenmuseum". Zu sehen sind Dinosaurierknochen, zwei lebensgroße Nachbildungen von Dinosauriern, die es tatsächlich im Sauerland gegeben hat, ein Höhlenbärenbaby-Skelett (200.000 Jahre alt), Kopien der berühmten steinzeitlichen Höhlenmalereien aus Spanien und Frankreich und einiges mehr. Im Museumsshop gibt es allerlei Souvenirs.

■ **Informationen**
Dechenhöhle und Deutsches
Höhlenmuseum
Dechenhöhle 5
58644 Iserlohn
Tel. 02374/71421
dechenhoehle@t-online.de
www.dechenhoehle.de

Bilsteinhöhle (Warstein)

Im September 1887 entdeckte der Warsteiner Waldarbeiter Franz Kersting bei Wegebauarbeiten die Bilsteinhöhle. Anschließend leitete der Geologe Emil Carthaus die Erforschungs- und Erschließungsarbeiten, so dass die Höhle schon seit 1888 für die Öffentlichkeit zugänglich war. In der Höhle wurden Knochen von Bären, Löwen und weiteren Tieren gefunden. Von den 1.800 Metern des ganzen Höhlensystems können 400 Meter bequem begangen werden. Die Führung dauert circa 30 Minuten. Eine einstündige Führung mit vielen zusätzlichen Informationen „Höhle Plus" kann separat gebucht werden. Ein aktiver Höhlenbach durchfließt die untere Etage des Höhlensystems. Das Wasser wäscht – ganz langsam – unter den Füßen der Besucher das Gestein weiter aus. Die Höhle lebt! Ein angrenzender Wildpark, ein Waldspielplatz und die Wanderwege an den Felsen entlang verleihen dem Tal ein besonderes Ambiente. (>> Seen & Freizeitregionen, Wildparks) Kindergeburtstage im Bilsteintal sind buchbar. Bilsteinladen und Kartenverkauf befinden sich in der alten Jugendherberge. Der gemeinnützige Verein „Bilsteintal e.V." hat seit 2011 die „Regie übernommen". Auch ein Restaurant am Eingang des Wildparks konnte wiedereröffnet werden. Nicht für die Öffentlichkeit zugänglich ist die 1948 bei Sprengungen entdeckte Liethöhle, die in einem Steinbruchgebiet östlich von Warstein liegt. Das Gelände „Liethöhle und Bachschwinden des Wäschebachs" steht seit 1982 (erweitert 2003) unter Naturschutz.

■ **Informationen**
Bilsteintal – Alte Jugendherberge
Im Bodmen 54
59581 Warstein
Tel. 02902/2731
info@bilsteintal.de
www.bilsteintal.de
www.bilsteinhoehle.de

Abendstimmung über dem Möhnesee

SEEN & FREIZEITREGIONEN

Die Ruhr bei Meschede

SEEN

Ruhr und Seen

Die Ruhr ist ein relativ kleiner Fluss, der eine große Aufgabe hat und diese bravourös meistert. Die Distanz von der Quelle bei Winterberg bis zur Mündung in den Rhein beträgt lediglich 219 Kilometer. Nur 80 Kubikmeter Wasser pro Sekunde fließen an der Mündung bei Duisburg-Ruhrort in den Rhein. Dagegen ist der Rhein 1.233 Kilometer lang und an seinem Ziel spendet er der Nordsee mehr als 2.000 Kubikmeter pro Sekunde.

Die Ruhr ist so bedeutend, dass sie einem der größten Ballungsräume und Industriegebiete in Europa ihren Namen gibt: dem Ruhrgebiet. Sie versorgt 4,6 Millionen Menschen mit Trink- und Brauchwasser. Der Wasserverbrauch ist hier – besonders bedingt durch die vielen Industriebetriebe – siebenmal höher als im Bundesdurchschnitt. Um das alles „stemmen" zu können, sind Stauseen nötig, die dafür sorgen, dass auch in regenarmen Sommern stets genügend Wasser im Flussbett der Ruhr abwärts strömt und partiell entnommen werden kann. Dafür sorgt der Ruhrverband. Eine Ausnahme bildet nur die am Ostrand des Sauerlandes liegende Diemeltalsperre, mit der der Wasserstand der Weser reguliert wird.

Die Seen sind für das Sauer-

Ruhrquelle bei Winterberg

land darüber hinaus ein wichtiger Bestandteil der Freizeitgestaltung. Sie bieten Erholung, Sport und Spaß. Für den Tourismus im Sauerland haben sie – auch in wirtschaftlicher Hinsicht – eine enorme Bedeutung. Henne-, Möhne-, Sorpe-, Bigge-, Lister- und Diemeltalsperre sind – besonders in den warmen Jahreszeiten – wahre Publikumsmagneten, die Tausende von Besuchern anlocken. Strände, an denen man baden kann, zählen ebenso dazu wie die Möglichkeiten zu segeln, surfen, rudern, angeln, tauchen, Kanu- und Kajakfahren, Tretbootfahren oder im Strandcafé bei einem Kaffee einfach nur den Blick schweifen zu lassen. Nicht zu vergessen: Fahrradtouren an den Ufern entlang. Auf den größeren Seen fahren Personenschiffe. Einige Stauseen im westlichen Sauerland, wie Versetalsperre, Fürwiggetalsperre, Ennepetalsperre sind als reine Trinkwassertalsperren für sportliche Nutzung nicht zugelassen, bieten jedoch beliebte Wanderwege an den waldreichen Ufern.

Durch Ausnutzung des Gefälles zwischen Stausee und Abfluss wird mittels Wasserkraft – wo immer es möglich ist – umweltfreundlich Strom erzeugt und ins öffentliche Netz eingespeist.

Aussichtsplattform Biggeblick am Biggesee

Biggetalsperre / Listertalsperre (Attendorn)

Während die Listertalsperre bereits 1912 fertiggestellt wurde, begann der Bau der Biggetalsperre erst 1957. Mit einem Stauvolumen von 171,70 Millionen Kubikmeter Wasser ist es heute die größte Talsperre in NRW. (Bezogen auf die Staufläche ist der Möhnesee größer.) Die Listertalsperre bildet quasi das Vorbecken der 1965 fertiggestellten Biggetalsperre. Mehr als 2.500 Menschen mussten umgesiedelt werden. Neue Ortschaften, wie Sondern und Neu-Listernohl entstanden. Acht große Talbrücken und 24 kleinere Brücken waren nötig, um die Ufer und Orte mit neuen Straßen zu verbinden. Heute sind der Bigge- und der Listersee Ausflugsparadiese für Gäste und Einheimische. Wanderungen und Radtouren um den See und in die benachbarten Wälder sind beliebt. Die 2013 eröffnete Aussichtsplattform „Biggeblick" bei Attendorn (Waldenburger Bucht 11) hat sich zu einem touristischen Highlight entwickelt. In 90 Meter Höhe hat der Besucher eine beeindruckende Aussicht auf den See mit der Gilberginsel und auf die Burgruine Waldenburg. (>> Burgen – Schlösser – Ruinen) Abends ist das Plateau spektakulär beleuchtet.

Der 46 Kilometer lange Bigge-Lister-Wanderweg bietet viele imposante Aussichten auf die Seenlandschaft. Die Tauchschule Biggesee ermöglicht mit erfahrenen Lehrern jungen und erwachsenen Anfängern und fortgeschrittenen Tauchern beeindruckende Erlebnisse unter Wasser. Ein Bootsverleih mit 25 Tret-, Bade- und Elektrobooten befindet sich in Olpe-Sondern, ein weiterer am Listersee sowie am Bootshaus Olpe. Wer mal im Verein „schnuppern" möchte: Der familienfreundliche Wassersportverein Biggesee mit seinem Segelhafen Sondern und Clubhaus, der Aggertaler Segel-Club, der Surf-Club Sauerland, der Ruder-Club Biggesee, die Angelschule Bachfloh freuen sich über Gäste. Angellizenzen gibt es auch auf dem Campingplatz Gut Kalberschnacke in Drolshagen. Während einer Schiffsfahrt mit der Weißen Flotte lassen sich die Uferbuchten aus ungewohnter Perspektive betrachten. Die MS Westfalen und die MS Bigge kreuzen von April bis Oktober über das Wasser. Auch Events für Jung und Alt können gebucht werden. Mit der Bahn Biggolino kann man von der Atta-Höhle durch die Innenstadt von Attendorn bis zur Schiffsanlegestelle am Biggedamm fahren.

An der Diemeltalsperre

Wegen der Größe des Biggesees profitieren fünf Kommunen von seinem touristischen Mehrwert. Es sind Attendorn, Drolshagen, Meinerzhagen, Olpe und Wenden. (Adressen >> Städteporträts von A – Z.) Sie bieten zahlreiche touristische Sehenswürdigkeiten, wie z.B. das Museum Wendener Hütte, das Südsauerlandmuseum in Attendorn, das Labyrinth Drolshagen oberhalb von Stupperhof, die St. Clemens Pfarrkirche in Drolshagen, der Schlüsen-Lehrpfad über Hohlwege in Drolshagen-Junkernhöh, die historische Knochenmühle in Meinerzhagen-Mühlhofe, die Jesus-Christus-Kirche in Meinerzhagen und einiges mehr. (>> Kunst & Kultur, Museen, >> Natur & Erholung, Sehenswerte Ziele in der Natur)

■ **Informationen**

Tourismusverband Biggesee-Listersee
Schüldernhof 17
57439 Attendorn
Tel. 02722/6579240
info@bigge-listersee.de,
tourismus@attendorn.de
www.biggesee-listersee.de,
www.sauerland-seen.de

Personenschifffahrt Biggesee
info@biggesee.de
www.biggesee.de

Tauchschule Biggesee GmbH
Am Sondener Kopf 3
57462 Olpe-Sondern
Tel. 02761/944170
info@tauchschule-biggesee.de
www.tauchschule-sauerland.de

Bootsverleih Schürmann
Strandweg 2,
57462 Olpe-Sondern
Tel. 0171/2848833
bootsverleihbiggesee@web.de
www.bootsverleih-biggesee.de

Wassersportverein Biggesee e.V.
Talbrücke Sondern 1
57462 Olpe
Tel. 02761/62525
info@wsvb-olpe.de
www.wsvb-olpe.de
Ruhrverband
www.ruhrverband.de

Diemeltalsperre

Die bis 1923 errichtete Diemeltalsperre mit 19,9 Millionen Kubikmeter Speicherraum zählt neben dem Edersee zu den wasserregulierenden Stauanlagen im Einzugsgebiet der Weser. Sie liegt an der Gemeinde Diemelsee und in der Nähe der Stadt Marsberg. Auch Willingen ist schnell erreicht. Eigentümerin des Stausees ist der Bund. Die Ferienregion Diemelsee im nordöstlichen Sauerland bietet für Wanderer, Radfahrer, Familien und Angler vielfältige Angebote. Segeln, surfen, Kanu fahren, rudern, tauchen oder Stand-up-paddeln – alles ist hier möglich. Rundfahrten mit dem Schiff werden von Ostern bis Oktober angeboten. Der Wanderweg rund um den See ist 12,7 Kilometer lang, der Prädikatsweg Panoramaweg Diemelsee 9,4 Kilometer und der Prädikatsweg Diemelsteig lässt

Campingplätze

Im Sauerland liegen an den für Wassersport freigegebenen Seen stets auch gut ausgestattete Campingplätze. In weiteren Regionen mit ansprechender Landschaft von Willingen über Brilon bis Meinerzhagen haben beliebte Camping- und Ferienparks ihre „Stammkundschaft". 63 Anlagen sind bei camping.info aufgeführt. Einzelne Gemeinden haben für Wohnmobile Stellplätze zum Übernachten ausgewiesen, falls man „auf der Durchreise" ist.

■ **Informationen**

www.camping.info
www.sauerland.com/
Planen&BuchenSauerland-Camping

sich mit seinen 63 Kilometern gut in vier Etappen wandern.

■ **Informationen**

Tourist-Information Diemelsee
Kirchstr. 6
34519 Diemelsee-Heringhausen
Tel. 05633/91133
www.waldecker-land.de
info@diemelsee.de
www.diemelsee.de
info@seerundfahrten-diemelsee.de
www.seerundfahrten-diemelsee.de

Glörtalsperre Halver / Schalksmühle / Breckerfeld

Die Glörtalsperre, in der das Baden erlaubt ist, liegt – annähernd zu gleichen Teilen – auf

Seilersee, Iserlohn

den Flächen der Kommunen Halver, Schalksmühle und Breckerfeld. Die Wasserqualität ist sehr gut. Errichtet wurde die 32 Meter hohe und 168 Meter breite Bruchstein-Staumauer von 1903 bis 1904; seit 2018 wird sie vom Ruhrverband betrieben. Der Stauinhalt beträgt 2,1 Millionen Kubikmeter Wasser. Einst hatte sie die Funktion, die Kleineisen- und Drahtindustrie sowie die Wasserräder der Mühlen mit ausreichend Wasser zu versorgen. In den letzten Jahren und Jahrzehnten hat die Bedeutung als Freizeitoase und Naherholungsgebiet im Grünen ständig zugenommen. Ein Naturbad mit schönen Liegeplätzen befindet sich am Nordufer. Die Modernisierung der Badestelle stand für 2020 auf dem Programm. Der 3,4 Kilometer lange Wanderweg rund um den See ist auch für Familien mit Kinderwagen geeignet. Ein Restaurant mit großer Seeterrasse lädt zur Rast

ein. Am westlichen Seeufer befindet sich eine Jugendherberge.

■ **Informationen**

Glörtalsperre
58339 Breckerfeld
Tel. 02355/840
gloer@rvr.ruhr

Freizeitschwerpunkt Glörtalsperre GmbH
Kronprinzenstr. 35
45128 Essen
www.gloer.de
www.schalksmuehle.de

Seilersee – Callerbachtalsperre Iserlohn

Die Callerbachtalsperre, die eher unter dem Namen Seilersee bekannt ist, bietet als Naherholungsgebiet zahlreiche Freizeitaktivitäten, wie z.B. Rudern, Tretboot fahren, Schwimmen im neu erbauten Sport- und Solebad oder im Freibad Schleddenhof, Schlittschuhlaufen in der Eissporthalle. Spaziergänge und Joggingrunden um den See und ein Wanderweg zum Bismarckturm sind beliebt. Im

nahe gelegenen Stadtwald gibt es 200 Kilometer Wanderwege. Der See ist eine der zehn Talsperren des Märkischen Kreises. Er war 1913/14 zur Sicherung der Frischwasserzufuhr für die Kläranlage Iserlohn-Ost gebaut worden. Nach Stilllegung der Kläranlage rückte die Nutzung für Sport und Freizeit in den Mittelpunkt.

■ **Informationen**

www.iserlohn.de

Jubachtalsperre (Kierspe)

Die von 1904 bis 1906 gebaute Jubachtalsperre bei Kierspe hat ein Stauvolumen von 1,05 Mio. Kubikmetern. Die aus Bruchsteinen gebaute Staumauer ist 152 Meter lang und 27,7 Meter hoch; die Kronenbreite beträgt 4,5 Meter. Sie dient der Trinkwasserversorgung und wird vom Wasserbeschaffungsverband Lüdenscheid betrieben. Auf einem 2,7 Kilometer langen Weg kann man nah am Wasser den romantisch in grü-

scheid und Herscheid staut den Bach Verse auf, der bei Meinerzhagen entspringt und bei Werdohl in die Lenne mündet. Sie wurde ab 1929 errichtet und dient neben der Trinkwasserversorgung der Wasserregulierung der Ruhr und der Stromerzeugung.

■ **Informationen**

Versetalsperre
Klinkenberg 40a
58515 Lüdenscheid
www.naturpark-sauerland-rothaargebirge.de
Ruhrverband
www.ruhrverband.de

Hennetalsperre (Meschede)

Mitten im Sauerland, südlich der Kreisstadt Meschede, liegt der Hennesee. Von 1901 bis 1905 baute man eine erste Staumauer, die allerdings im Verlauf der Jahre undicht wurde. 1948 mussten alle Klappen geöffnet werden, um den See zu leeren. Nach umfangreichen Bodenuntersuchungen entstand bis 1955 ein neuer

ner Natur liegenden See umrunden. Eine direkte Zufahrt gibt es jedoch nicht, sondern nur den Fußweg ab der B 54 in Kierspe-Vollme. Am östlichen Ende des Sees beginnt das Naturschutzgebiet Fernhagener Bach und Jubachtal.

■ **Informationen**

Wasserbeschaffungsverband Lüdenscheid
Jubach 1
58566 Kierspe-Vollme
info@stadtwerke-luedenscheid.de
www.stadtwerke-luedenscheid.de

Versetalsperre (Lüdenscheid)

Lärmenden Badetourismus wird man an der idyllisch zwischen den bewaldeten Bergen des märkischen Sauerlands liegenden Versetalsperre nicht finden. Wenige Kilometer flussaufwärts liegt die Fürwiggetalsperre, für die gleiches gilt. Wassersport ist hier nicht erlaubt. Beide wurden 1987 zum Wasserschutzgebiet erklärt, weil sie unmittelbar der Wasserversorgung der umlie-

genden Gemeinden dienen. Mit einem Stauinhalt von 32,2 Millionen Kubikmetern ist die Versetalsperre die größte Talsperre im Märkischen Kreis. Mit ihren Wanderwegen rund um den See ist sie ein beliebtes Ausflugsziel. Ein knapp zwei Kilometer langer Naturerlebnispfad an der Hokühler Bucht mit neun Stationen, initiiert vom Geschichts- und Heimatverein Lüdenscheid, bietet für Jung und Alt interessante Informationen. Die Talsperre zwischen Lüden-

Versetalsperre Lüdenscheid

Erfrischender Sprung in den Hennesee

Damm, der mit einer Höhe von 60 Metern und einer Länge von 276 Metern rund 38,4 Millionen Kubikmeter Wasser aufstaut. Zwei Dörfer im Tal, Immenhausen und Enkhausen, hatten geräumt werden müssen und wurden an den Hängen neu aufgebaut.

Zur sportlichen Freizeitgestaltung am Hennesee mit mehreren Badebuchten zählt neben Schwimmen, Rudern, Segeln, Surfen die Trendsportart „Stand-Up-Paddling". Über den zwei Kilometer langen Henne-Boulevard ist der Staudamm sogar zu Fuß von der Innenstadt zu erreichen. Abschließend führt die 2014 gebaute, steil nach oben führende Himmelstreppe mit ihren 330 Stufen zum Damm. Sie überwindet die 55 Höhenmeter vom Tal zum See. Belohnt wird man mit einem weiten Blick von der Aussichtsplattform über die Stadt. Abends ist die Treppe beleuchtet.

Die MS Hennesee startet ihre Touren an der Hauptanlegestelle Hennedamm und fährt über den ganzen See bis zur Anlegestelle Mielinghausen (Feriendorf). Eine Bedarfsanlegestelle befindet sich unweit des Ferienhofes „Xavers Ranch" am Ostufer. Das weiße Schiff befördert und bewirtet bis zu 400 Personen. Die Saison reicht in normalen Zeiten von Ostern bis Ende Oktober.

■ **Informationen**
Wassersportcenter Hennesee
Berghauser Bucht
59872 Meschede-Berghausen

Tel. 0171 6812359
Wassersport-hennesee@web.de
www.wassersport-hennesee.de

Personenschifffahrt:
info@hennesee.de
www.hennesee.de

Tourist-Information Meschede
Le-Puy-Str. 6-8
59872 Meschede
Tel. 0291/9022443
info@hennesee-sauerland.de
www.hennesee-sauerland.de

Fürwiggetalsperre (Meinerzhagen)

Die Fürwiggetalsperre zwischen Meinerzhagen und Lüdenscheid fügt sich mit ihrer historischen, 166 Meter langen und 29 Meter hohen Staumauer malerisch in das Landschaftsbild ein. Sie staut sechs Bäche auf und dient mit einem Fassungsvermögen von 1,7 Millionen Kubikmetern der Trinkwasserversorgung. Die bis 1904 errichtete, leicht gekrümmte Sperrmauer mit ihren Schiebertürmen, Schieberhäusern und Tosbecken steht seit 2004 unter Denkmalschutz. Sie besteht aus Grauwackestein. Bis zum Bau der wenige Kilometer unterhalb errichteten neuen Talsperre hatte sie den Namen Versetalsperre. Ein 4,1 Kilometer langer, asphaltierter Rundweg ist für Spaziergänger samt Kinderwagen sowie für Inliner- und Radfahrer geeignet. Angrenzend gibt es einen Lehrpfad.

■ **Informationen**

Fürwiggetalsperre
58540 Meinerzhagen
Tel. 023554/77171
www.meinerzhagen.de

Oestertalsperre (Plettenberg)

Die sehr schmale, lang gezogene Oestertalsperre in Plettenberg-Himmelmert an der Ebbetalstraße kann für Freizeit und Wassersport genutzt werden, weil es sich um eine Brauchwassertalsperre handelt. Daher gilt sie auch als „größtes Schwimmbad" von Plettenberg. Das Fassungsvermögen beträgt 3,1 Millionen Kubikmeter bei einer Staumauerhöhe von 36 Meter und –länge von 231 Meter. Mit der 1904 errichteten Talsperre gelang es, den Oesterbach zu regulieren, so dass die Mühlen und Kraftwerke auch in trockenen Sommern betrieben werden konnten.

■ **Informationen**
www.plettenberg.de

Sorpetalsperre (Sundern)

Mit rund 70 Metern Tiefe und einem Stauraum von 70 Millionen Kubikmeter ist die von 1926 bis 1935 errichtete Sorpetalsperre der tiefste und drittgrößte Stausee im Ruhrverband. Die Wasserqualität ist hervorragend. An heißen Sommertagen kann man hier ideal Wassersport betreiben. Das Strandbad in Langscheid, Segel- und Ruderclubs, die Tauchschule Sorpesee und der Kanuverleih Mosaik bieten unterschiedliche Aktivitäten.

Fürwiggetalsperre Meinerzhagen

Im RC Sorpesee geht es nicht nur um Freizeit- und Wanderrudern sondern auch um Wettkämpfe. In der Tauchschule können sich Anfänger und Fortgeschrittene von erfahrenen Tauchlehrern unterrichten lassen. Das Mosaik-Team verleiht Kanus und Fahrräder und veranstaltet Programme aus den Bereichen Erlebnispädagogik, Event & Incentive sowie Outdoor-Training für Schul- und Jugendgruppen und für Erwachsene.

Das 2005 in Dienst gestellte Salonschiff MS Sorpesee der Lux-Werft kann 300 Gäste aufnehmen und bewirten. An Bord werden auch Events geboten. Um den See herum führen Wander- und Radwege.

Im Rahmen des REGIONALE 2013-Projektes „Sauerland Seen" konnte in Amecke ein naturnaher und interaktiver Erlebnisrundweg rund um das Vorbecken errichtet werden. Dieser 3,4 Kilometer lange „Airlebnisweg" informiert an 20 Stationen zum Thema Wasser und Atmung. Im Kurpark Langscheid kann man sich in einem „Mehrgenerationen-Parcours" an verschiedenen Bewegungselementen fit halten.

■ **Informationen**

Stadtmarketing Sundern eG
Rathausplatz 7
59846 Sundern
Tel. 02933/979590
info@sundern-sorpesee.de
www.sundern-sorpesee.de

Sorpesee GmbH
Hakenbrinkweg 19
59846 Sundern-Langscheid
Tel. 02935/9699015
info@sorpesee.de
www.sorpesee.de

Personenschifffahrt Sorpesee
info@personenschifffahrt-sorpesee.de
www.personenschifffahrt-sorpesee.de

Ruderclub Sorpesee
Am Sorpesee 43
59846 Sundern
info@rc-sorpesee.de
www.rc-sorpesee.de

Tauchschule Sorpesee GmbH
Amecker Str. 16
59846 Sundern-Amecke
Tel. 02393/220430
info@tauchschule-sorpesee.de
www.tauchschule-sauerland.de

Mosaik – Outdoorzentrum Sorpesee
Nordic Familienpark
Am Sorpesee 193
59846 Sundern-Langscheid
Tel. 02393/2408641
info@mosaik-team.de
www.mosaik-team.de

Segelbootverleih
www.sailpoint-sorpesee.de
www.segelmitmir.com
Tel. 0171 7474275
Am Sorpesee 193
59846 Sundern

Ruhrverband
Tel. 02924/9704-33
www.ruhrverband.de

Hillebachsee (Winterberg-Niedersfeld)

Der Hillebachtausee ist mit knapp 550 Höhenmetern die höchste Talsperre in NRW. Er wurde mit seinen Erholungs- und Freizeiteinrichtungen erst in den 1980er Jahren fertiggestellt. Die Wasserfläche ist 8,5 Hektar groß. Es gibt eine Badebucht, einen 1,6 Kilometer langen Rundweg und mehrere großzügig gestaltete Spielplätze, die als „Erlebniswelt Hillesee" 2018 aufgewertet wurden. Betreiber der Stauanlage ist die Stadt Winterberg. Der gestaute Hillebach mündet bei Niedersfeld in die Ruhr.

■ **Informationen**

Winterberg Touristik und Wirtschaft GmbH
Tel. 02981/9250-0
info@winterberg.de
www.winterberg.de

MÖHNETALSPERRE (GEM. MÖHNESEE)

Buchtenreicher Möhnesee

Staufläche von 8,76 Quadratkilometer aufwarten; d.h. mehr Wasser, aber weniger Fläche. Reizvoll und für den Tourismus in der Region unentbehrlich sind beide.

Als die Möhnetalsperre 1913 eröffnet wurde, war sie die größte Stauanlage in Europa. Während des Zweiten Weltkriegs wurde die Staumauer im Mai 1943 durch britische Bomber angegriffen und getroffen. In der Flutwelle möhneabwärts kamen etwa 1.600 Menschen ums Leben. Die Verwüstungen reichten bis nach Schwerte. Die Staumauer wurde direkt danach wieder aufgebaut und nicht mehr angegriffen.

Eine breite Palette an Wassersport wie Schwimmen, Tauchen, Rudern, Segeln, Surfen, Bootfahren steht den Gästen zur Verfügung. Segelkurse gibt es für Jung und Alt von mehreren Anbietern. Für Ausflüge von Firmen, Vereinen, Familien zu Geburtstagen werden Events organisiert.

Am See und in der Nähe gibt es einige historische und kulturelle Sehenswürdigkeiten. Dazu zählen die Drüggelter Kapelle, der Bismarckturm oben auf der Haar, die unter Denkmalschutz stehende Staumauer, die malerische Kanzelbrücke am Einlauf des Möhneflusses mit dem angrenzenden Naturschutzgebiet, das Land-

Ob die Möhnetalsperre oder die Biggetalsperre der größte See im Sauerland ist, darüber liest man unterschiedliche Meinungen. Betrachtet man die Stammdaten, so kommt der Möhnesee auf einen Stau-

inhalt von 134,50 Millionen Kubikmeter Wasser und auf eine Staufläche von 10,4 Quadratkilometer. Die offensichtlich tiefere Biggetalsperre kann mit einem Stauinhalt von 171,70 Kubikmeter Wasser und einer

schaftsinformationszentrum Liz in der alten Mühle von Günne, Künstler- und Keramikwerkstätten, der Tierpark von Völlinghausen, das Naturschutzgebiet Weidelandschaft Kleiberg.

Wer den Blick vom Wasser aufs buchtenreiche Ufer genießen möchte, geht an Bord des Katamaran MS Möhnesee. Hier finden 600 Personen Platz. Das Shuttle Boot MS Körbecke für 60 Personen kann während der Fahrt an das „Mutterschiff" andocken. Lohnenswert ist der Aufstieg auf den 2014 errichteten, 42 Meter hohen Möhneseeturm im Arnsberger Wald. Wer die 206 Stufen der sieben Etagen erklommen hat, wird mit einem weiten Rundblick belohnt. Der quadratische Turm (sechs mal sechs Meter) besteht aus einem Stahlskelett, das mit Douglasien-Kanthölzern verkleidet ist, so dass er optisch keinen Fremdkörper in der Landschaft bildet. Von den Parkplätzen am Torhaus (B229) oder am Südufer ist der Turm auf Waldwegen zu erreichen.

Im Rahmen der REGIONALE 2013 konnte die Uferpromenade zwischen Körbecke und dem See großzügig umgestaltet werden. Durch stufenförmig angelegte Terrassen entstanden neue Aufenthaltsbereiche. Spiellandschaft, Skateranlage und Adventure-Golfplatz sind seitlich angefügt.

■ **Informationen**
Wirtschafts- und Tourismus GmbH
Möhnesee
Hauptstraße 19
59519 Möhnesee-Körbecke
Tel. 02924/981391
info@moehnesee.de
www.moehnesee.de

Möhneseeschifffahrt GmbH
Möhnestr. 10
59519 Möhnesee
info@moehneseeschifffahrt.de
www.moehneseeschifffahrt.de

ADAC Yachtschule
Brückenstr. 27 – 29
59519 Möhnesee-Körbecke
Tel. 02924/7744
info@adac-yachtschule.de
www.adac-yachtschule.de

Becker-Events Möhnesee
Christian Becker
Tel. 02925/2011

info@becker-moehnesee.de
www.becker-moehnesee.de

Segelschule Möhnesee,
Sven Höcker
Südufer 45
59519 Möhnesee
Tel. 02924/5555
info@segelschule-moehnesee.de
www.hoecker-moehnesee.de

Sporttaucher Möhnesee e.V.
info@moehnetaucher.de
www.moehnetaucher.de

Tauchausbilder prodive
Tel. 02924/7340
www.prodive.de

Ruhrverband Möhnetalsperre
Eckeystr. 4
59519 Möhnesee
Tel. 02924/9704-11
info@ruhrverband.de
www.ruhrverband.de

„Weiße Flotte" auf Sauerland-Seen, hier Möhnesee

Vergnügen in Fort Fun

FREIZEITPARKS & BESONDERHEITEN

Fort Fun Abenteuerland (Bestwig-Wasserfall)

Der schon seit 47 Jahren bestehende Freizeitpark Fort Fun bietet in reizvoller, hügeliger Landschaft zahlreiche, unterschiedliche Attraktionen und Showprogramme für die ganze Familie. Die laufend modernisierten und erweiterten Fahrgeschäfte, wie Achterbahnen, Wasserbahnen, Riesenrad oder Rundfahrten haben drei Nervenkitzel-Stufen: Herzschlag normal, erhöht oder rasend. Im Wild-West-Saloon kann man sich stärken. Im Abenteuercamp neben dem Freizeitpark laden kanadische Blockhäuser zum zünftigen Übernachten ein.

■ **Informationen**
Fort Fun Abenteuerland
Aurorastr. 50
59909 Bestwig-Wasserfall
Tel. 02905/81-0
post@fortfun.de
www.fortfun.de

Sauerlandpark Hemer

Der Sauerlandpark Hemer liegt auf dem ehemaligen Gelände der Landesgartenschau 2010. Mehrere Elemente konnten übernommen werden. Das während des Krieges als NS-Stammlager genutzte Areal diente später mit der Blücher-Kaserne der Bundeswehr. Diese gab den Standort 2004 auf. Der Sauerlandpark bietet großzügig angelegte Spielplätze für Familien, liebevoll gestaltete Gärten und einige Sportgelände. Der Jübergturm ermöglicht weite Aussichten. Im Naturpark-Infozentrum informieren sich die Besucher über die Projekte und Landschaften des Naturparks Sauerland Rothaargebirge e.V. Auf dem ehemaligen Militärübungsplatz Apricke fühlen sich heute seltene Pflanzen und Tiere wohl.

Zwölf verschiedene Gärten sind auf dem Ausstellungsgelände gestaltet worden. Die Bandbreite reicht von naturnah über architektonisch, mediterranen Teichlandschaften, lauschigen Plätzen, bis hin zu Wasserläufen aus

Edelstahl und Stahlkonstruktionen.

■ **Informationen**

Sauerlandpark Hemer GmbH
Nelkenweg 5-7
58675 Hemer
Tel. 02372/5516-16
info@sauerlandpark-hemer.de
www.sauerlandpark-hemer.de

Panorama-Park Sauerland (Kirchhundem)

Der Panorama-Park besteht aus einem Freizeit- und einem Wildpark. Familien vergnügen sich auf der Sommerrodelbahn, im Rutschen-Paradies sowie auf den Spiel- und Kletterburgen. Imbiss am See, Strohkiste und Grillplätze sorgen für das „leibliche Wohl".

Im großzügig angelegten Wildpark können Mufflons, Bisons, Lamas, Emus, Wölfe, Luchse und Waschbären sowie die heimischen Arten Sika-, Rot-, Dam- und Schwarzwild beobachtet werden. Kilometerlange Wanderwege an den weitläufigen Gehegen laden zum Entspannen ein.

■ **Informationen**

PanoramaPark Sauerland
Rinsecker Str. 100
57399 Kirchhundem
Tel. 02723/71622-0
info@panopark.de
www.panopark.de

Center Parcs Park Hochsauerland (Medebach)

Im Park Hochsauerland des

Center Parcs gibt es innen und außen kurzweilige, sportliche Aktivitäten. Bowling, Laser Battle, Minigolf (innen und außen) zählen ebenso dazu wie Geocaching draußen, Ballsportarten, E-Car-Fahren und ein Kinderbauernhof. Das Hallen- und Freibad Aqua Mundo ist als Wasserpark mit tropischem Ambiente wegen seiner vielfältigen Attraktionen für Jung und Alt überregional bekannt. Modernisierte Ferienhäuser, Restaurants, Geschäfte und ein komfortables Hotel tragen zu entspannten Urlaubstagen bei. Auch der Spiel- und Kletterberg Aventura ist beliebt.

Panorama-Park Sauerland

■ **Informationen**
Center Parcs Park Hochsauerland
Sonnenallee 1
59964 Medebach
Tel. 02982/9500 oder 0221/65031414
www.centerparcs.de

Draisinenbahn Halver-Oberbrügge

Mit einer Fahrraddraisine unterwegs auf alten Gleisen, dieses nicht alltägliche Vergnügen kann man in Halver erleben. Der etwa sieben Kilometer lange östlichste Abschnitt der ehemaligen Wuppertalbahn zwischen Oberbrügge und Halver ist von der Schleifkottenbahn GmbH auf originelle Weise reaktiviert worden. Seit Sommer 2015 nutzen Natur- und Heimatfreunde die Draisine und „strampeln" auf Schienen durch die Landschaft. Eingebürgert hat sich der Name Schleifkottenbahn, weil die Strecke am Herweger Schleifkotten vorbeiführt.

■ **Informationen**
Draisinenbahn
Bergstr. 26
58553 Halver-Oberbrügge
Tel. 02355/516163
info@schleifkottenbahn.de
www.schleifkottenbahn.de

Oben an der Volme (Meinerzhagen – Kierspe – Halver – Schalksmühle)

In der Freizeitregion „Oben an der Volme" gibt es nicht weniger als sechs, allerdings nicht sehr große Talsperren, die mehrheitlich als Trinkwasserreservoire dienen und daher nicht zum Baden und auch nicht zum Bootfahren genutzt werden dürfen. Umso mehr lohnen sich entspannende Spaziergänge in natürlicher Umgebung zwischen See und Wald. Es sind die Fürwiggetalsperre, die Genkeltalsperre, die Jubachtalsperre und die Kerspetalsperre. Zum Baden geeignet sind die Glörtalsperre (gekennzeichnete Badestelle) und die Listertalsperre. (>> einzelne Beschreibungen)

Um den Freizeitwert der Region „Oben an der Volme" zu erhöhen, konnten in den letzten Jahren – auch durch Unterstützung durch das LEADER-Programm in NRW – einige neue Projekte realisiert werden. Die Angebote für junge und erwachsene Besucher umfassen folgende Themen: Aktiv zwischen Wald und Wiesen, Spiel & Spaß für die ganze Familie, Von Alpaka bis Waschbär – tierisch um die ganze Welt, Kultur zum Entdecken und die Gewässer.

Stolz ist man in Kierspe auch auf den im Sommer 2017 eröffneten VolmeFreizeitPark. Vom Bund Deutscher Landschaftsarchitekten gab es dafür in der Kategorie „Spiel, Sport, Bewegung" den ersten Platz. Die renaturierte Volme fließt jetzt durch das Gelände und bietet den Gästen im Sommer angenehme Abkühlung.

■ **Informationen**
www.visit.oben-an-der-volme.de
www.leben.oben-an-der-volme.de
www.oben-an-der-volme.de

Sauerländer Kleinbahn (Herscheid)

Die Märkische Museums-Ei-

Jubachtalsperre, Kierspe

Märkische Museums-Eisenbahn, Herscheid

senbahn fährt mit originalge-
treuen Zügen – auf einer
Schienenspurweite von einem
Meter – zu bestimmten Zeiten
zwischen Mai und Dezember
auf der Strecke durch die herrliche Landschaft des Elsetals
von Hüinghausen zum Köb-
binghauser Hammer hin und
zurück. Gezogen werden die
Waggons mit ihren harten
Holzbänken von einer Dampf-
oder historischen Dieselloko-
motive. Früher verbanden
diese Kleinbahnen im Sauerland die abgelegenen Industriebetriebe mit den größeren
Bahnhöfen. Das Empfangsgebäude im Bahnhofsbereich
Hüinghausen steht unter

Denkmalschutz. Der Verein
Märkische Museums-Eisen-
bahn kümmert sich um den
Betrieb.

■ **Informationen**
Märkische Museums-Eisenbahn e.V. (MME)
Elsetalstr. 46
58849 Herscheid-Hüinghausen
info@sauerlaender-kleinbahn.de
www.sauerlaender-kleinbahn.de

TalVital Saalhausen
Landschafts- und Wassererleb-
nisse direkt an der Lenne sind
im Luftkurort Lennestadt-Saalhausen in den neu gestalteten
Kneipp- und Kuranlagen geschaffen worden. Sogar eine
Meditationsmulde zählt dazu;
außerdem Hängematten und

die Lenne-Balkone. Für weitere
Erfrischung im Sommer sorgt
das wunderschön angelegte
Naturerlebnisbad. Kinder fin-
den Abwechslung auf dem
Wasserspielplatz oder am
Bootshaus. Zu sportlichen Ak-
tivitäten bieten sich auch das
Bike-O-Drom sowie die in der
Nähe liegenden Mountainbike-
strecken an.

■ **Informationen**
Touristinformation Saalhausen
Kur- und Bürgerhaus
Fasanenweg 3
57368 Lennestadt-Saalhausen
Tel. 02723/8502
www.talvital-saalhausen.de
info@saalhausen.de
www.saalhausen.de

Wisente bei Bad Berleburg

WILDPARKS

Wildwald Vosswinkel (Arnsberg)

Der Wildwald Vosswinkel verfügt über ein zwölf Kilometer langes Rundwegenetz durch das Hirsch- und Schwarzwildrevier, sodass Mensch und Tier sich ohne Zaun begegnen. An Waldstationen gibt es naturkundliche Informationen. Beliebt bei den Besuchern sind auch die Fütterungen zu bestimmten Tageszeiten. Zum Bestand in Vosswinkel zählen: Rot-, Dam-, Muffelwild, Wildschweine. Schafe, Ziegen, Schweine Waschbär, Kauz, Uhu und Eichhörnchen ziehen besonders die jungen Gäste in ihren Bann. Ein Abenteuerspielplatz lädt zum Toben ein.

Man kann im Wildwald sogar übernachten: Waldhütten, Schlafkanzel, Schäfchenwagen, Baumzelte und weitere Quartiere stehen zur Verfügung. Die vor über drei Jahrzehnten gegründete, gemeinnützige Waldakademie Vosswinkel e.V. bietet für Gruppen, Schulklassen und Vereine Exkursionen und Seminare an. 2007 wurde ein Naturklettergarten angelegt. Im Bereich der Erlebnispädagogik kann man hier als Team auf die Bäume steigen.

■ **Informationen**
Wildwald Vosswinkel
Bellingsen 5
59757 Arnsberg-Vosswinkel
Tel. 02932/97230
info@wildwald.de
www.wildwald.de

Wisent-Wildnis am Rothaarsteig (Bad Berleburg-Wingeshausen)

Seit 2013 streift eine Herde Wisente („Bison bonasus") frei durch die Wälder von Wittgenstein – das ist einzigartig in Westeuropa. Mit dem Aussetzungsprojekt leisten die Verantwortlichen einen wichtigen Beitrag zur Rettung dieser vom Aussterben bedrohten Wildrinder. Der Wisent ist das größte und schwerste Landsäugetier Europas. Damit Besucher die Wisente auch zu Gesicht bekommen, hat man zu-

Im Wildpark Völlinghausen

sätzlich ein 20 Hektar großes Areal, die „Wisent-Wildnis", markiert, das sich auf einem Rundwanderweg in etwa zwei Stunden durchqueren lässt. Dabei ist die Wahrscheinlichkeit groß, tatsächlich auf die „sanften Riesen", die sich nur vegetarisch ernähren, zu stoßen. 2015 kam das „Naturerlebniszentrum Wisent-Welt" dazu. Es ist geeignet für Schulklassen aller Jahrgangsstufen. Das spielerische Lernen im Freien wird vom Ranger und Waldpädagogen gemeinsam mit den Lehrern geplant. Die Wisent-Wildnis am Rothaarsteig liegt an der Kreisstraße 42 (Weidiger Weg 100) zwischen den Orten Bad Berleburg-Wingeshausen und Schmallenberg-Jagdhaus.

■ **Informationen**
Wisent-Wildnis am Rothaarsteig
Weidiger Weg 100
57319 Bad Berleburg

Trägerverein Wisent-Welt-Wittgenstein e.V.
Wisent-Geschäftsstelle
Marktplatz 1a
57319 Bad Berleburg
Tel. 02751/92055-35
info@wisent-welt.de
www.wisent-welt.de

Panorama-Park / Wildpark Sauerland [Kirchhundem]
>> Freizeitparks

Wildpark Völlinghausen [Möhnesee]
Schon 1964 beschloss der Gemeinderat die Anlage eines Wildparks. Ein Jahr später waren die Zäune am Rand des Naturparks Arnsberger Wald gesetzt und die ersten Hirsche „zogen ein". Die Gemeinde Möhnesee übernimmt die Materialkosten, doch die Arbeitsleistungen erbringen engagierte Bürger. Ein Arbeitskreis freiwilliger Helfer gestaltet den Park so, dass sich die Wildtiere wohl-

Erlebnisbauernhöfe
Wer als Familie mal einen (Bio-) Bauernhof besichtigen möchte, mit Besuch in den Stallungen und auf den Weiden, wird im Sauerland vielerorts fündig. Einige Höfe bieten Übernachtungsmöglichkeiten für Familien und/oder einen Hofladen. Mehrere Höfe besitzen Ponys und größere Pferde für einen Ausritt. Kindergartengruppen und Schulklassen sind – nach Terminabstimmung – oft willkommen. Im Raum Schmallenberg gibt es einen Zusammenschluss von Ferienhöfen bei der Präsentation.
Schmallenberger Kinderland / Zusammenschluss von Ferienhöfen (www.schmallenberger-kinderland.de)
Die Ferienhöfe in den unterschiedlichen Regionen des Sauerlands können bei den kommunalen Tourismusbüros erfragt werden.
(>> Städteporträts von A – Z)

fühlen. Der Eintritt für Besucher ist kostenlos. Um finanzielle Belange kümmert sich der Förderverein Wildpark Völlinghausen e.V. In den großzügig bemessenen Gattern gibt es Rotwild, Damwild und natürlich auch das für die Wälder am Möhnesee so typische Sikawild. Alle drei Arten leben friedlich in einem fast sechs Hektar großen Areal zusammen. Weiterhin werden Ziegen, Schafe, Pfaue, Fasanen, Hühner, Enten und Ziervögel gehalten. Kinder schätzen den Streichelzoo.

■ **Informationen**

Wildpark Völlinghausen
Zum Wildpark 1
59519 Möhnesee
www.wildpark-voellinghausen.de

Wildgehege Mesekendahl (Schalksmühle)

Das Wildgehege Mesekendahl liegt in ansprechender Landschaft am Rand von Schalksmühle im Märkischen Kreis. Es wurde 1965 durch Privatinitiative des Bürgers Fritz Trimpop mit drei Rotwildhirschen eröffnet und hat sich zu einem beliebten Ausflugsziel in der Region entwickelt. 15 Tierarten und mehr als 100 Tiere können heute zu jeder Jahreszeit beobachtet werden. Die heimischen Arten wie Rothirsche, Damwild, Wildschweine zählen ebenso dazu wie verschiedene Schafarten, Esel, Waschbären, Wisent, Fuchs, Frettchen und Fasanen. Rundwanderwege ermöglichen gute Sicht auf die Tierwelt. Im Gastraum können sich die Besucher bei Kaffee und Kuchen stärken.

■ **Informationen**

Wildgehege Mesekendahl
Mesekendahl 1
58579 Schalksmühle

Kapitaler Rothirsch im Bilsteintal

Tel. 02351/52091
mesekendahl@t-online.de
www.wildgehege-mesekendahl.de

Wildpark Bilsteintal (Warstein)

Der Wildpark im Bilsteintal von Warstein befindet sich in einem idyllischen, von einem Bachlauf durchzogenen und von Felsen begrenzten Tal in direkter Nachbarschaft zur Tropfsteinhöhle. Er liegt an der Landstraße von Warstein nach Hirschberg. Zu sehen sind Rot- und Sikawild, Wildschweine, Waschbären, Füchse und Luchse. Seit 2015 gib es eine sogenannte „Hirschbrücke" über dem weitläufigen Rotwildgehege mit schönem Blick auf den Park und seine Umgebung.

Die „Warsteiner Waldwirtschaft" lädt mit Speis und Trank zur Rast ein. Der 2011 gegründete Verein Bilsteintal e.V. kümmert sich vorbildlich darum, dass das Bilsteintal wieder mehr Akzeptanz erfährt. Anlass war auch der drohende Abriss der ehemaligen Jugendherberge auf dem Gelände, die gerettet werden konnte. (>> Höhlen & Besucherbergwerke, Bilsteinhöhle Warstein)

■ Informationen
Naturerlebnispark Bilsteintal
Alte Jugendherberge, Im Bodmen 54
59581 Warstein
Tel. 02902/2731
info@bilsteintal.de
www.bilsteintal.de

Wild- und Freizeitpark Willingen

Der Wild- und Freizeitpark Willingen entstand 1966 als Märchenpark. Im Lauf der Jahre kamen weitläufige Wildgehege hinzu. Heute ist es ein breit aufgestellter Freizeitpark. Der Bestand im Wildgehege geht über unsere heimischen Wildarten (Rot-, Sika-, Damwild und Wildschweine) hinaus. Neben Wildkatzen und Berberaffen sind auch Braunbären zu sehen. Bei Kindern beliebt ist der Streichelzoo. Auf zwei Rundwegen durch den Park (zusammen ca. fünf Kilometer) kann man bis zu 380 Tiere (insgesamt 84 Arten) erleben. Ein Waldlehrpfad informiert über die Vielfalt des Waldes. Spannend für Besucher ist der Interaktive Naturlehrpfad. Im Jagdmuseum sind Trophäen und Tierpräparate zu sehen. Zwei Großaquarien zeigen einheimische Fischarten. Im Informationspavillon „Zur Eule" erfährt der Besucher Wissenswertes über den Naturpark Diemelsee. Außerdem gibt es eine Greifvogelstation, eine Eulenstation, einen Papageien-dschungel, einen Märchenwald, Dinoland und den Freizeitpark mit seinen Fahrgeschäften, inklusive Geisterkeller.

■ Informationen
Wild- und Freizeitpark Willingen
Am Ettelsberg 2
34508 Willingen
Tel. 05632/69198
info@wildpark-willingen.de
www.wildpark-willingen.de

Alpaka-Höfe Arnsberg – Kierspe – Lennestadt – Meinerzhagen

Auch Alpaka-Höfe gibt es im Sauerland. Die aus den südamerikanischen Anden stammenden Tiere werden aufgrund ihres ruhigen und friedlichen Wesens gern in der tiergestützten Therapie eingesetzt. Kinder mögen sie besonders wegen ihrer großen, braunen Knopfaugen und ihres kuscheligen Fells. Auf den Höfen, die die geselligen Tiere halten, kann man begleitete Führungen, Kindergeburtstage und weitere Events buchen.

■ Informationen
Ennerthof, 59821 Arnsberg,
www.ennerthof.de
Alpaka-Farm Inti, 58566 Kierspe,
www.alpaka-farm-inti.de
Laki-Ranch, 57368 Lennestadt,
www.alpaka-trekking.de
Alpakahof Blomberg,
58540 Meinerzhagen,
www.alpakahof-blomberg.de

Alpaka

Massenstart bei der
Montgolfiade in Warstein

FESTE & EVENTS

Traditionsreicher
Schützenhut

SCHÜTZENFESTE

Aufgrund der Beschränkungen durch das Corona-Virus konnten in 2020 auch im Sauerland die publikumsstarken Veranstaltungen nicht wie geplant durchgeführt werden. Bei der Beschreibung der Feste und Events wird wieder von „normalen" Bedingungen ausgegangen.

Schützenfeste

Im Sauerland haben Schützenfeste in den Städten und Dörfern eine lange Tradition. Die Ursprünge reichen oft bis ins Mittelalter zurück, als die Bürger sich zusammenschlossen, um ihren Ort vor feindlichen Angriffen zu schützen. (Die Schützengesellschaft Attendorn stammt von 1222, der St. Sebastianus-Schützenverein Olpe von 1311, die St.-Hubertus-Schützenbruderschaft Brilon von 1417, die Arnsberger Bürgerschützengesellschaft von 1608, der Iserlohner Bürger-Schützen-Verein von 1705.) Unter dem Motto „Glaube, Sitte, Heimat" wird einmal im Jahr ausgiebig gefeiert, in zumeist grün-weißen Uniformen marschiert, paradiert und ein neuer König ausgeschossen, der sich für sein „Regierungsjahr" eine Königin zur Seite wählt. Beim Feiern in der Schützenhalle (mancherorts sagt man: „auf der Halle"), im Festzelt oder „unter der Vogelstange" beim Schießen auf den hölzernen, kunstvoll geschnitzten Vogel sind Gäste stets willkommen. Viele fortgezogene Bürger besuchen ihre Heimatstadt zum Schützenfest gern wieder, um beim Feiern ehemalige Nachbarn und Freunde zu treffen. Seit 2015 ist das Schützenwesen in Deutschland sogar „Immaterielles UNESCO-Weltkulturerbe". Die Schützenvereine unterhalten eigene Musikgruppen (Tambourcorps, Blasorchester) und widmen sich dem Schießsport.

■ **Informationen**
www.sauerländer-schützenbund.de
www.kreisschuetzenbund-arnsberg.de

KARNEVALSFEIERN & -UMZÜGE

Weil das kurkölnische Sauerland seit der Zeit, als hier die Kölner Kurfürsten noch das Sagen hatten (bis 1802), rheinländische Bräuche pflegte, wird hier vielerorts zünftig Karneval gefeiert. Im Kreis Olpe und im Hochsauerlandkreis heißt es an Weiberfastnacht und den „drei tollen Tagen" Hellau und Alaaf. Jeder Gast mit Humor ist willkommen. Büttenreden, Parodien, Tanzdarbietungen und Schunkel- oder fetzige Musik prägen die „Kappensitzungen", zu denen man gern kostümiert erscheint. Karnevalistische Festumzüge haben in erstaunlich vielen Städten und Dörfern Tradition:

In Drolshagen, Hallenberg-Liesen, Marsberg-Obermarsberg, Schmallenberg-Kirchrarbach, Olpe-Eichhagen, Marsberg-Beringhausen, Marsberg-Essentho, Marsberg-Erlinghausen, Arnsberg, Sundern, Medebach-Oberschledorn, Bestwig-Heringhausen, Schmallenberg-Niederberndorf, Olsberg-Bruchhausen, Wenden-Schönau, Winterberg-Züschen, Brilon-Madfeld, Marsberg-Meerhof, Brilon-Thülen, Medebach, Eslohe-Reiste, Eslohe-Cobbenrode, Medebach-Medelon, Attendorn (Kinderkarneval), Lennestadt-Saalhausen, Lennestadt-Grevenbrück, Attendorn, Marsberg-Giershagen,

Warstein, Belecke.
In Menden im Teufelsturm gibt es ein Karnevalsmuseum. Es zeigt auf vier Ebenen die Entwicklung des Brauchtums Karneval im Wandel der Jahrhunderte.

■ Informationen
Bund Westfälischer Karneval e.V.
www.bwk-online.de

Teufelsturm – Heim der westf. Fastnacht
An der Stadtmauer 49
58706 Menden
Tel. 02373/12666
info@mkg-kornblumenblau.de

Infos zu Umzügen/Feiern:
Touristikbüros in den einzelnen Kommunen
(>> Städteporträts von A – Z)

Kirmes in Wenden

TRADITIONELLE KIRMES- UND JAHRMARKTVERANSTALTUNGEN

Hüstener Kirmes (Arnsberg)

Die jährlich im September gefeierte Hüstener Kirmes ist das größte Volksfest im nördlichen Sauerland. Urkundlich wurde sie bereits um 900 erwähnt. Krammarkt und Tierschau gehören ebenfalls zur Tradition.

■ **Informationen**
www.kirmes-info.de
www.arnsberg.de

Reister Markt (Eslohe)

Der in der zweiten Augusthälfte stattfindende Reister Markt kann auf eine lange Tradition zurückblicken. Heute ist es nicht nur eine Tierschau, sondern auch ein Volksfest mit Kirmes und Krammarkt. Jährlich bewerten die kritischen Preisrichter auf der Tierschau etwa 120 Milchkühe, 50 Pferde und rund 65 Kaninchen. Mit über 140 Ständen ist der Krammarkt gut gefüllt.

■ **Informationen**
Landwirtschaftlicher Verein Reiste e.V.
Beisinghausen 3
59889 Eslohe
Tel. 02973/4080000
info@reister-markt.de
www.reistermarkt.de

Wendener Kirmes (Wenden)

Die traditionsreiche Wendener Kirmes („Wendsche Kärmetze") im Ortskern der Stadt zählt zu den größten Volksfesten in Südwestfalen. Sie findet jährlich im August statt. Der Krammarkt und die Tierschau gehören dazu.

■ **Informationen**
www.wenden.de

Kettenkarussel

EVENTS

Schnadezug Brilon

Der seit über 620 Jahren stattfindende Briloner Schnadezug gehört zu den größten und originellsten Volksfesten Westfalens. Erstmals fand er am 24. Juni 1388 statt. Alle zwei Jahre heißt es „Brilon, auf zur Schnad!" Die Zeremonie, in der traditionell blaue Schnadekittel getragen werden, beginnt bereits um 6.30 Uhr auf dem Marktplatz. Die Männer ziehen mit Forst- und Bürgermeister sowie Stadtrat in die weiten Wälder ihrer Gemeinde, um die Grenzen, zum Beispiel zum hessischen Waldeck, zu „kontrollieren". Ausgewählte Teilnehmer werden mit Schwung auf den Grenzstein gesetzt, das nennt man „stutzäsen". Die ganze Stadt ist auf den Beinen. Auch in Warstein, nach Brilon zweitgrößter kommunaler Waldbesitzer, findet traditionell ein Schnadezug statt.

■ **Informationen**
www.brilon.de
www.schuetzen-brilon.de

Schnadezug in Brilon

Internationales Brass-Festival „Sauerland-Herbst", Meschede

Rund 20 Konzerte mit international bekannten Künstlern, die jährlich im Rahmen des Sauerland-Herbstes im Oktober an ungewöhnlichen Orten im Hochsauerlandkreis stattfinden, bilden die große Bandbreite der Blechbläsermusik ab. Die Orchester und Ensembles gastieren zum Beispiel in Autohäusern, Fabrikhallen, Schützenhallen, Kirchen, Museen und Kurhäusern. Für die Aktiven werden Workshops angeboten.

■ **Informationen**
HSK-Fachdienst Kultur/Musikschule
Steinstr. 27
59872 Meschede
Tel. 0291/941800
sauerland-herbst@hochsauerlandkreis.de
www.sauerland-herbst.de

Montgolfiade Warstein

Die Warsteiner Internationale Montgolfiade hat sich zu Europas größtem jährlichem Ballon-Festival entwickelt. Direkt neben dem Brauereigelände steigen Anfang September zahlreiche bunte Ballone mit unterschiedlichen Motiven in den Himmel. Die Piloten kommen aus aller Welt. Tausende Besucher beobachten das Szenario aus der Nähe. Spektakulär ist auch das Ballonglühen (Night-Glow), wenn sich die Himmelsgiganten am Abend mit einbrechender Dunkelheit farbenprächtig entfalten, ohne aufzusteigen.

■ **Informationen**
Warsteiner International
Montgolfiade GmbH
Domring 4-10
(Veranstaltung: Am Hillenberg)
59581 Warstein
Tel. 02902/881400
montgolfiade@warsteiner.com
www.warsteiner-wim.de

Osterfeuer

Zu den seit Generationen gepflegten Veranstaltungen zählen in vielen Kommunen des Sauerlands die Osterfeuer, mit

denen zu Ostern der Winter „vertrieben" und der Frühling begrüßt wird. Ein besonders wichtiges Fest mit Fackelumzug und anschließendem Feuerwerk ist das vom Arnsberger Heimatbund traditionell auf dem Kreuzberg veranstaltete Osterfeuer.
(Informationen >> Städteporträts von A – Z)
www.arnsberger-heimatbund.

Spektakuläre Sprünge beim Mountainbike-Festival

REITSPORTEVENTS

Die Reitertage im Arnsberger Ortsteil Vosswinkel finden jährlich im Spätsommer statt und zählen zu den größten Reitturnieren in der Region.

Beim „Balve Optimum" auf dem Gelände von Schloss Wocklum, wird internationaler Spitzensport geboten. Gleichzeitig werden die Deutschen

Meisterschaften im Dressur- und Springreiten ausgetragen.
■ **Informationen**
www.zrfv-vosswinkel.de
www.balve-optimum.de

Reitturnier Balve Optimum

RADSPORTEVENTS

Ambitionierte Rennrad- und Mountainbikefans können im Sommer / Herbst zwischen mehreren Top-Events wählen: Die „Sauerlandrundfahrt durch Südwestfalen" führt die deutschen Spitzenfahrer mit ihren Rennrädern durch die schönsten und steilsten Regionen des Sauerlands. Berühmtberüchtigt ist die Hirschberger Wand mit ihren 33 Prozent Steigung. 2017 nahmen die Teilnehmer des Rennrad-Bundesliga-Rennens erstmals wieder diese Hürde. Tausende Zuschauer feuerten sie an. Start des Rennens ist in Arnsberg-Neheim, das Ziel in Winterberg.

■ **Informationen**
www.bike-arena.de

Das im Mai stattfindende Mountainbike-Festival „iXS Dirt Masters" im Bikepark Winterberg lockt das Publikum mit spannenden Downhill Rennen, waghalsigen Jumps und spektakulären Tricks.

■ **Informationen**
www.dirtmasters-festival.de

Im Oktober findet jährlich in Willingen an der Ettelsberg-Seilbahn das spektakuläre Bike Festival mit einem Marathon-Wettbewerb und der größten deutschen Outdoor-Messe im Mountainbike-Bereich statt.

■ **Informationen**
www.willingen.bike-festival.de

Radsport-Wettbewerbe

Im Sauerland gibt es angesichts der hügeligen Topographie zahlreiche Wettbewerbe im Bereich Radsport, sowohl für Mountainbike- als auch für Rennradfahrer.

Hier eine Auflistung von Wettbewerben für Mountaibiker:

CTF-Rund um den Möhnesee, Möhnesee (Februar)
CTF-Durchs Märkische Sauerland (Westfalen Winter Bike Trophy / WWBT-Veranstaltung) Neuenrade (Februar)
Westfalen Winter Bike Trophy (WWBT) Iserlohn (März)
Shark Attack Bike Festival Saalhausen (März)
Germany's Finest TrailGround Brilon (April)
Megasports-Bike-Marathon Sundern-Hagen (April)
CTF-Durch den Naturpark Ebbegebirge Lüdenscheid (September)
MTB-3-Täler-Marathon Medebach-Titmaringhausen (September)
P-Weg Marathon Plettenberg (September)
IXS Dirtmasters Winterberg (September)
Enduro One Winterberg (September)
Langenberg Marathon Olsberg-Wiemeringhausen (Oktober)

Bikefestival Willingen (Oktober)

Rennradfahrer nehmen im Sauerland gern an RTFs teil. Radtourenfahrten (RTF) sind die am meisten verbreitete Veranstaltungsform des Radsports für jedermann mit dem Rennoder Tourenrad. In der Regel gibt es keine Zeitnahme; drei Streckenlängen (zwischen 40 und 170 Kilometer) stehen zur Verfügung.

In der Sauerland-Radwelt haben sich mehr als 30 Kreise und Kommunen aus dem Sauerland zusammengeschlossen, um die Infrastruktur für das Radfahren im Sauerland weiter zu optimieren.

RTF-Hochsauerland Klassiker des RSC Hochsauerland, Eslohe (Juli)
Iserlohner RTF, Iserlohn (Juli)
RTF In die Börde und das Sauerland, Hansa Soest (Juli)
Lippstädter RTF, Lippstadt (August)
Sauerland Rundfahrt (Bundesliga Radrennen) Arnsberg-Neheim – Winterberg (September)
Bildchen-Sprint Winterberg-Siedlinghausen (September)

■ **Informationen**
www.bike-arena.de
info@bike-arena.de
www.sauerland-radwelt.de
lajana.kampf@sauerland-radwelt.de
Tel. 02974/9698-89

Beschneite Pisten verlängern
im Hochsauerland die Skisaison

WINTERSPORTEVENTS

Bobbahn Winterberg

Der Bobsport in Winterberg konnte noch bis in die 1960er Jahre auf einer Natureisbahn betrieben werden. Auf der heutigen Kunsteisbahn, Veltins-EisArena, am Sporthügel Kappe werden im Winter nationale und internationale Wettbewerbe, vom Weltcup über EM bis hin zu WM, in den Sportarten Rodeln, Skeleton und Bob ausgetragen. Auch junge Sportler/Innen aus dem Sauerland schaffen es regelmäßig, im deutschen Kader ganz vorn dabei zu sein. Die in den letzten Jahren mehrfach modernisierte Bahn trägt auch durch die TV-Übertragungen zur Popularität des Sauerlands bei.

■ **Informationen**

Bobbahn Winterberg
Kappe 3
59955 Winterberg
Tel. 0291/941559
info@veltins-eisarena.de
www.veltins-eisarena.de

Mühlenkopfschanze Willingen

Mühlenkopfschanze Willingen

Die Mühlenkopfschanze im Strycktal von Willingen ist seit 1995 als weltweit größte Sprungschanze Austragungsort der Weltcup-Skispringen des Internationalen Skiverbandes. Rund 30.000 begeisterte Zuschauer beobachten jährlich im Februar die bis zu 150 Meter weiten Sprünge der „fliegenden Adler". Im Sommer kann man zwecks Besichtigung mit einer Standseilbahn vom Auslauf zum Anlaufturm fahren. (156 Meter Höhenunterschied). Oben im Restaurant „Aufwind" hat man einen spektakulären Blick.

■ **Informationen**

Skiclub Willingen e.V.
Zur Mühlenkopfschanze 1
34508 Willingen-Stryck
Tel. 05632/9600
info@sc-willingen.de
www.weltcup-willingen.de

Eissportevents

Iserlohn Roosters >> Städte von A – Z, Iserlohn

Bobbahn Winterberg

Die Seilbahnstation in Winterberg

REGISTER NACH STÄDTEN

WINTERBERG

BILDNACHWEIS

S. 5 l. Mechttild Heidrich, S. 5 r. Heike_Wiggers, S. 6 l. Sauerländer Besucherbergwerk Ramsbeck, S. 6 r. Plettenberger KultTour, S. 7 l. Ruhrverband, S. 7 r. Fort Fun Abenteuerland, S. 10/11 Andre Geißler, S. 12/13 Tourist-Information Willingen/Maik Julemann, S.14/15 Open Street Maps, S. 16/17 Stadt Altena/Dirk Klöppel, S. 19 Flycam Sauerland, S. 20 Andre Geißler , S.21 Kurt Hardenacke, S. 23 Stefan Ziese, S. 24 Stefan Ziese, S. 26 Iserlohn/Stadtwerbung, S. 28 Stefan Ziese, S. 29 Stadtmarketing Marsberg, S. 31 Touristk-Gesellschaft Medebach mbH , S. 32 Stefan Ziese, S. 33 Stadtmarketing Meschede, S. 34 Hans Blossey, S. 36 Volker Schneider, Olpe aktiv, S. 38/39 Stadt Rüthen, S. 40 Schmallenberger Sauerland Tourismus/ Klaus Peter Kappest, S. 42/43 Hans Blossey, S. 44 Stefan Ziese, S. 45 Gemeinde Wenden, S. 47 Winterberg Tourismus, S. 48/49 Heinz-Dieter Wurm, S. 50/51 Stephan Sensen, S. 53 Stefan Ziese, S. 54 Stefan Ziese, S. 55 Jürgen Funke, S. 56 Jürgen Funke , S. 57 Stefan Ziese, S. 58 Stadtmarketing Meschede, S. 59 Jürgen Funke, S. 60 Klaus Peter Sasse, S. 61 o. Jürgen Funke, S. 61 u. Mechtild Heidrich, S. 62 Stefan Ziese, S. 63 Plettenberger KulTour, S. 64 Jürgen Funke, S. 65 Zoomfaktor, S. 66 Zoomfaktor, S. 67 o. Schmallenberger Sauerland Tourismus/Klaus Peter Kappest, S. 67 u. Stefan Ziese, S.68 Klaus Peter Kappest, S. 69 Jürgen Funke, S. 70/71 Heiner Maas, S. 72 Jürgen Funke, S. 73 Photomanufaktur R. Rohmann, S. 74 Werner J. Hannappel, Stiftung Industriedenkmalpflege und Geschichtskultur, S. 76 Gemeinde Nachrodt-Wiblingwerde, S. 77 Stefan Ziese, S. 78/79

Stefan Ziese, S. 80 Stefan Ziese, S. 81 Kurt Hardenacke, S. 82 Stadt Hallenberg, S. 83 Iserlohn/Stadtwerbung, S. 84 Stefan Ziese, S. 85 Photogracia, S. 86 Stadtmarketing Meschede, S. 88 Schmallenberger Sauerland Tourismus/Klaus Peter Kappest, S. 89 Jürgen Funke, S. 90 Ulrich Hengesbach/Stadtmarketing Meschede, S. 91 Wikipedia, ABF, CC BY-SA 3.0, S. 93 Wikipedia, Stefan Didam, CC BY-SA 3.0, S. 94/95 Stiftung Phänomenta, S.96/97 Stiftung Phänomenta, S. 98 Jürgen Funke, S. 98 Stephan Sensen, S. 99 Jan R. Schäfer, S. 101 Stefan Ziese, S. 102 Stefan Ziese, S. 103 Stadt Iserlohn/Stadtwerbung, S. 104 Stefan Ziese, S. 105 Stefan Ziese, S. 106 Phänomenta Lüdenscheid, S. 107 Hans Blossey, S. 109 Zoomfaktor, S. 110/111 Klute Waldemai, S. 112 Stefan Ziese, S. 114/115 Jürgen Funke, S. 118 Freilichtbühne Hallenberg, S. 119 Wikipedia, Asio otus, CC BY-SA 3.0, S. 120/121 Firma MENNEKES, S. 122/123 GROHE Armarturen, Jürgen Funke, S. 124 Stefan Ziese, S. 125 Stefan Ziese, S. 126 Stadtmarketing Marsberg, S. 128/129 Björn Dorstewitz, S. 130 Tourist-Information Willingen, S.132/133 Stephan Peters Design, S. 134/135 Sabrinity, S. 136/137 Kletterwelt Sauerland Altena, S. 138/139 Medebach-Touristik, S. 140 Golfclub Schmallenberg, S. 142 Gina Nagel, S. 143 Paul Masukowitz, S. 144 Sauerland-Radwelt e.V. / Ralf Schanze S. 145 Ferienwelt Winterberg, S.146 Jürgen Funke, S.147 Stadt Iserlohn/Stadtwerbung, S. 148 Winterberg Touristik und Wirtschaft GmbH, S. 149 Bikepark Winterberg, S. 150 Andreas Dunker/ad medien GmbH, S. 151 Papillon, Lea Diehl, S. 152 Susanne Schulten,

S. 153 Volker Schneider, S. 154/155 Bernd Aufermann, S. 156/157 Touristk-Gesellschaft Medebach mbH, S. 158 Zoomfaktor, S. 159 Michael Bahr, TVSW e.V., S. 160 Tourist-Information Willingen, S. 162 Sauerland Tourismus e.V., S. 163 Jürgen Funke, S. 164 Tourismus Brilon Olsberg/Andreas Weller, S. 166 Oben an der Volme/Ralf Thebrath, S. 168/169 Schmallenberger Sauerland Tourismus, S. 170 Stefan Ziese, S. 171 Kurt Hardenacke, S. 172 Jürgen Funke, S. 173 Stefan Ziese, S. 174 Jürgen Funke, S. 176 NRW-Stiftung/Stefan Ziese, S. 176 o. Plettenberger KulTour, S. 177 Mechtild Heidrich, S. 178-181 Stefan Ziese, S. 182/183 Hans Blossey, S. 184 Jürgen Funke, S. 185 Stefan Ziese, S. 186 o. Flycam Sauerland, S. 186 u. Stefan Ziese, S. 188 Stadt Iserlohn – Stadtwerbung, S. 189 Stefan Ziese, S. 190/191 Stadtmarketing Meschede, S. 193 Ruhrverband, S. 194 Jürgen Funke, S. 195 Wirtschafts- und Tourismus GmbH Möhnesee, S. 196 Fort Fun Abenteuerland, S. 197 Wikipedia, Michael Kramer, CC BY-SA 3.0, S. 198 Oben an der Volme/Peter Bell, S. 199 Stefan Ziese, S. 200 Wikipedia, Martin Lindner, CC BY-SA 3.0, S. 201 Jürgen Funke, S. 202 Jürgen Funke, S. 203 Stefan Ziese, S. 204/205 Warsteiner Brauerei, S. 206 Stefan Ziese, S. 207 Imago/Ralph Lueger, S. 208 o. David Frey, S. 208 u. Volker Schneider, S. 209 Wikipedia, SteveK, CC BY-SA 3.0, S. 210 o. Bikepark Winterberg, S. 210 u. Imago/Stefan Lafrentz, S. 212/213 Skiliftkarussell Winterberg, S. 214 Hans Blossey, S. 215 Hans Blossey, Seiten 216/217 Hans Blossey